회사가 원하는 건
너가 망하는 거야

오피스 게임
OFFICE GAME

초맹 저

**귀여운 피규어에 속아 이 책을 넘기는 순간,
당신은 이미 오피스 게임 끝을 보고 있을 것이다!**

브런치스토리 화제의 인기작가 초맹의 망하지 않는 리얼 회사 공략집

회사가 원하는 건
너가 망하는 거야
오피스 게임
OFFICE GAME

| 만든 사람들 |

기획 IT · CG 기획부 | **진행** 권용준 · 정은진 | **집필** 초맹
표지 디자인 원은영 | **편집 디자인** 이기숙

| 책 내용 문의 |

도서 내용에 대해 궁금한 사항이 있으시면,
디지털북스 홈페이지의 게시판을 통해서 해결하실 수 있습니다.

디지털북스 홈페이지 www.digitalbooks.co.kr
디지털북스 페이스북 www.facebook.com/ithinkbook
디지털북스 카페 cafe.naver.com/digitalbooks1999
디지털북스 이메일 djibooks@naver.com
저자 브런치스토리 https://brunch.co.kr/@notepod

| 각종 문의 |

영업관련 digital1999@naver.com
기획관련 djibooks@naver.com
전화번호 (02) 447-3157~8

※ 잘못된 책은 구입하신 서점에서 교환해 드립니다.
※ 이 책의 일부 혹은 전체 내용에 대한 무단 복사, 복제, 전재는 저작권법에 저촉됩니다.
※ 유튜브 [디지털북스] 채널에 오시면 저자 인터뷰 및 도서 소개 영상을 감상하실 수 있습니다.

머리말

매일 반복되는 회사의 일상을 게임으로 생각해본 적이 있는가?
회사에는 보이지 않는 다양한 설정과 룰이 존재한다.
이해할 수 없는 인사발령, 오르지 않는 월급, 줄어들지 않는 일, 바빠 보이는 사람들, 열심히 하지만 승진 안 되는 사람,
이상한 상사, 반복되는 야근, 해도 해도 답 안 나오는 일, 끝나지 않는 회의…
왜 하루는 늘 무기력하고 거지같은지, 왜 출퇴근길은 늘 똑같은지, 모르겠다. 아무튼 출근이다.
아직도 당연하게 받아들이는가? 그냥 버티고만 있는가? 어쩌면 당신의 다음 턴은 오지 않을지도 모른다.
라이프가 내게 주어진 시간의 합계라고 보면, 우리가 살아가는 하루하루는 죽음을 향해 달려가고 있는 것이나 마찬가지다.

오피스 게임은 인생을 고도로 소비하며 갈아넣는다. 누군가는 회사의 장밋빛 가스라이팅에 당하며 희망회로를 돌린다.
또 다른 누군가는 무념무상으로 원래 다 그렇지를 외치며, 회사를 위해 시간을 버리고 결국 죽음으로 향해간다.
이 게임은 밥줄이 걸려있는 이상 더욱 난이도가 높고 어렵다. 사방이 당신을 짓밟고 죽이려는 함정뿐이다.
아무도 말해주지 않는 차갑고 치밀하게 짜인 게임의 설정과 원리, 인간의 내재된 심리적 본능, 차가운 자본주의 욕망을 철저히 파헤친다.

스스로에게 끊임없이 질문해보자. 왜 회사에 다니는가? 먹고 살기 위해서가 근본적인 이유겠지?

그다음은 무엇인가? 돈을 벌기 위해서인가? 그럼 무엇을 위해 돈을 버는가? 아마도 행복하게 사는 하나의 수단이 되기 때문이겠지?

회사에서 높이 올라가면 그것이 성공이라고 믿는가? 많은 자기계발서들은 이를 성공이라고 말하지만 다 거짓말이다.

그 자기계발서들은 회사의 편에 서 있기 때문이다. 회사가 원하는 건 네가 깨어나지 못하는 것이다. 네가 망하는 것이다. 회사는 끊임없이 너를 삭제하려 한다.

아직도 착각하는가? 회사가 준 명함은 잠시 빌려준 것일 뿐, 당신 것이 아니다. 처음부터 아니었다. 그것이 나라고 착각해서는 곤란하다.

무엇을 하고 싶은가? 무엇이 되고 싶은가? 무엇을 할 때가 가장 행복한가? 무엇이 나에게 의미가 되어주는가?

그 답은 사람마다 모두 다를 것이다. 분명한 건 회사가 하라는 대로, 시키는 대로 넋 놓고 있다가는 당한다. 삶을 다 빨려 먹고 아주 처절하고 무기력하게….

조직을 위해 내가 있는 것인가? 아니다. 그건 회사 사정이고 무조건 내가 먼저다. 나 죽고 회사 잘 돌아가면 뭐하냐?

모든 오피서는 출근을 피할 수 없고, 업무를 피할 수 없다. 그리고 퇴사를 피해갈 수 없다.

피할 수 없으면 즐기라는 무책임한 말은 하지 않는다. 말 같지도 않은 소리다.

대퇴사의 시대이니 사표부터 내라고 말하지도 않겠다. 그러다 나락길이 뻔하다.

방향은 하나다. 모든 초점이 나로 향하는 것이다. 나를 잃지만 않으면 끌려다니지 않을 수 있다.

이 책은 눈에 보이지 않는 숨겨진 회사의 비밀과 원리들을 담고 있다. 오피스 게임의 난이도를 낮춰줄 것이다. 이제부터는 회사에 목줄 잡혀 끌려다니지 말고 설정한 방향대로 주도해 나가라.

아무것도 모른 채 회사에게 게임 오버당하기보다는, 지금이라도 잠들어 있던 자아를 각성시켜 나를 찾아가는 게 더 낫지 않을까?

| 프롤로그

반복되는 무기력한 일상의 시그널

매일 아침. 졸린 눈을 억지로 떠 가며… 머릿속은 아무 생각 없는데, 몸이 먼저 나간 다는 게 이럴 때 하는 얘기일까….
어느 순간 오토메이션 되어버린 나는 자동인지 반사적인지, 익숙한 발걸음으로 총 총총! 익숙한 지하철 똑같은 플랫폼 번호에서 쑥쑥쑥! 몸뚱이를 낑겨 밀어넣고는… 얼마나 갔을까… 똑같은 풍경을 지나 똑같은 시간이 되면 도착하는 그곳…. (돌아보 면 어떻게 왔는지 생각 안 날 때도 많지.)

아주 익숙하게 맞이하는 오토매틱 모닝 워킹.

이름하여 "회사"!! '모일 회(會)', '일 사(事)'
일하는 사람들이 모이는 곳? 일하러 오는 모임? 그냥 '일터' 이거잖아. 근데 '회사' 하니까, 뭐랄까… 꽤 있어 보이긴 한다. 그치? 뭐 대충 그렇다… 그러하다… 그렇다고 하자….

이곳 사람들의 하루 일과를 떠올려보자….

떠올려보자… 이 게임의 당신 캐릭터는 무엇인가?

출근해서… 매번 똑같은 무미건조한 톤에 아무 영혼 없는 아침인사 "안녕하세요!" 를 대충 허공에다 내뱉고 나서는, 그래 난 여유 있는 K-직장인. 우아하게 아메리카노 하나 내려서 자리에 앉아, 오늘은 무엇을 해야 되는지 끄적여 보다 어제 쌓인 메일을 대강 쓰윽 훑고 있다.

그러고 있노라면 무슨 팀 회의다 주간 회의다 하는 회의에 불려 들어간다. "아하… A가 B이고, B가 C이면, A는 C구나!" 이런 시답잖은 얘기 좀 듣고, 눈은 껌뻑껌뻑 고개는 끄덕끄덕. 대뜸 내게 의견이 어떤지 물어본다. 그냥 앞에 나온 얘기들 종합해서 나도 그렇게 생각한다고 대충 얘기한다. 원래 별 생각 없었으니까….

이따금 좋지 않은 회의 분위기. 실적이 안 좋거나 하면 사장님의 특별 지시(?) 같은 게 날아오기도 하고, 회사가 어렵다… 실적이 저조 하대드라… 이런 얘기가 나온다. 그럼 '귀 쫑긋+눈 힘빡' 해줘야 한다. 이때 정신줄 놓으면 다 뒤집어쓰니까….

가령 우리 팀에서 어떤 일을 해야 하는 이슈가 생겼다면, 팀장님 왈 "이거 누가 하는 게 좋을까?" 이때부터다! 다들 서로 지는 지금 중요한 거 하고 있어서 제일 바쁘고, 꼭 그 일은 오늘까지 해야 된다는 그럴싸한 모범답안들을 꺼낸다. '결국 결론은 다 자긴 안 된다는 거지!'

이때 걸려오는 전화! 누군가는 타이밍 오지게도 갑자기 급하게 뛰쳐나간다. (알고 보면 광고 전화다.)

다들 내가 뒤집어쓰긴 싫고 누군가는 해야겠으니, 남은 사람들은 이 난관을 헤쳐 보고자 잠시 생각을 가다듬고, 몇몇은 무언의 눈빛을 쓰윽 교환하고는… 일 떠밀고 싶은 한 명 콕 찝어 갑자기 띄워준다. 가장 잘할 수 있을 것 같네, 최고의 전문가네 이러면서. 보고 있으면 디게 웃긴다.

여튼 적당히 듣다 나오는 거면 다행이지만, 문제는 항상 거기서 또 내가 해야 되는 일거리가 떨어진다는 것이다. '아… 오늘도 한 건 낚였구나….' 그래서 또 일을 받고 노트에 추가하게 된다. 다시 자리에 앉는다. 그때부터 이 요망한 업무 퀘스트들을 어떻게 해치울까 고민이 시작된다.

잠시 멍 때리고 있다가… 그래! 아침에 보던 메일! 다시 찬찬히 읽어보면… 메일 끝 인사는 '흠… 뭐지?' 다 빠른 회신 부탁한대. 그리고 감사하대. 아직 뭐 해준 것도 없는데 말이다. 어떤 사람은 한술 더 떠서 '미리 감사합니다!' 이렇게 써놓기도 하는데, 그럼 또 순진하게 그거부터 회신하고 있다. 굳이 감사 인사 받으려고 회신하는 것은 절대 아닐 터. 회신을 빨리 주면 감사하겠다는 조건문인 것인지, 감사는 그냥 원래 깔고 들어가는 디폴트 같은 것인지. '언어의 어려움! 메일 작가의 의도!'에서 시작하여, '세종대왕! 훈민정음! 아래한글!' 이런 4자 성어가 머리를 스쳐 지나갈 때는, 시간도 어느새 30분 스쳐 지나간다. "앗 시간 가네… 빨리 해야겠다!"하고 있으면….

메신저는 항상 그때 날아온다. 어제 메일 보낸 거 다 확인하셨냐며… 정확히는 어제 퇴근 직전에 보낸 거지. '얘는 뭐가 이리 급한 건지….' 생각해보면 맨날 급하다고 했던 것 같다. 어쨌든 다 회신해주고, 다시 오늘의 업무 퀘스트로 돌아와서는 '자아 함 해볼까?' 마음을 굳게 먹으면!

'어라? 밥시간이다….' 딱히 시간은 안 봐도 된다. 그냥 이쯤 된 거 같은데 하거나 주위 사람들이 슬슬 일어나면 그게 밥시간이다. 삼삼오오 몰려서 오늘은 모 먹을까? 어디 갈까? 하면서 무리들 틈에 어디론가 껴가게 되고….

점심 먹을 때는 일 얘기하면 안 되는 게 또 국룰이다. 그럼 무슨 얘길 하느냐? 그냥 주말에 뭐 했냐부터 시작해서 집에 밥 숟가락은 몇 개냐는 꼰대들. SNS 보니까 어제 어디 갔던데 거기 어때?…에 이르기까지. 별 쓰잘데기 없는 신변잡기를 하는데… 듣다 보면 헷갈린다. 궁금해서 묻는 건지 그게 왜 궁금한지, 만만한 애 하나 호구 잡아 즈덜끼리 웃고 싶은 건지…. 그렇게 먹는 밥은 맛있게 포만감을 느낀다기보다는, 한 끼 꾸역꾸역 밀어넣고 때웠다는 느낌이 더 정확하다.

일거리 좀 그만 가져오라구!!

어느덧 나른한 오후… 하루의 본 게임은 오후부터 시작된다. 슬슬 급하거나 퀘스트 난이도 쉬운 업무부터 공략한다. 그러다 보면 또 누가 말을 건다. 왜 항상 비장하게 뭐 좀 시작해 보려고 하거나, 초집중 상태일 때만 말을 거는 것인지는 잘 모르겠다.

말 거는 사람들은 보통 크게 두 부류다. "바쁘시죠?" 나 좀 도와줘, 업무 요청, 잡다한 질문, 똑같은 거 또 묻는… 일을 말로 하는 앵무류 "안 바쁘면?" 바람 쐬러 가자, 쉬었다 하자, 티타임이나 하자…는 휴게류 보통 전자는 안 친한 사람, 후자는 친한 사람. 그러고 한 타임 보내고 나면 '아… 3시 넘었다….'

이제 시간이 없다. 본격적으로 밀린 업무 퀘스트 깨기에 집중한다. 이때부터는 손이 더 빨라진다. 이 스탯이면 사실 아침이면 끝났을 것을… 포텐셜은 왜 항상 이때 터지는 것인지… 이건 뭐라 말로 설명하긴 힘들지만, 정말 이 상태로 하루종일 하면 일주일치도 다 할 수도 있을 것 같다.

문제는 이 포텐셜이란 건 지속시간이 길지 않다는 것이다. 시간 제한이 있는 한정 버프인 셈이지. 암튼 그렇게 무적버프 시간을 다 써서 깰 수 있는 퀘스트를 다 깨고 나면… 퇴근 30분 전이다. 이 사이에 일 주거나 업무 요청하면, 마음속 나쁜놈 리스트에 올라가는 건 한순간이다.

오늘 하루는 그냥 이렇게 끝나… 별 거 없어.

음… 퇴근 무렵 오늘 일을 얼마나 했나 정리해본다. 보통은 거의 다 했거나 못한 게 조금 남아있는 정도. 도중에 어디선가 일폭탄이라도 맞거나, 중간보스를 만나 탈탈 털렸다면, 다시 업무는 상당히 쌓여있겠고… 그럼 버프도 다 썼겠다… 현타는 오겠다….

그래 오늘은 여기까지!

나머진 내일 할 일로 넘기며, 눈치 봐가면서 슬슬 퇴근을 감행한다. 퇴근 인사는 들릴 듯 말 듯 작고 나지막하게 하는 게 국룰. 인사를 한다는 느낌보다는 '나 간다고 분명 말했다!' 정도의 뉘앙스다. 왜냐고? 크게 하면 눈치도 보이고, 가다가 잡히는 수가 있다나 뭐래나…. 몰라 나두!

그렇게 퇴근을 하면 '오늘도 무사히!' 속으로 나지막히 외치며, 녹초가 된 몸뚱이를 아침과는 반대 방향으로 다시 고대로 가면 된다.

다음 날은?
크게 다르지 않다. 다람쥐 쳇바퀴 돌 듯 똑같다고 봐도 무방하다. 어제를 복사해서 오늘로 붙여넣기해도, 아무런 티도 안 날 것 같다.

다음 날은 아침부터 더 헬일 수도….

그럼 여기서 한번 생각해 보자. 출근 준비부터 퇴근까지 하루에 못해도 반나절은 쓰게 된다. 집에 와서도 이미 몸과 마음이 지쳤다. 여기에 내일 반복될 일상의 부담감에 푹 쉬게 된다. 하루 반나절을 회사에 썼지만 그 뒤의 여파를 생각하면 실은 반나절보다 더 많은 시간을 쓰는 셈이다.

그래서일까… "무슨 일 하세요?" "노비예요…." 이런 말 이제 흔해져버렸다. 공공부문이면 공노비, 사기업이면 사노비라 하지….

왜 이렇게 되어가는 걸까?

어릴 땐 그저 어른이 되면 하고 싶은 거 다 할 줄 알았는데, 어른이 되어 보니 왜 또 그게 안 되는 걸까? 왜 나 자신으로 살기가 이렇게도 어려운 걸까? 아직 회사 다닌지가 얼마 안 돼서 그런 걸까? 1년 뒤엔… 좀 낫겠지… 3년 후면… 괜찮아질 거야… 5년 후엔… 분명히 좋아질 거야…. 아님 10년 후? 그땐 정말 많이 나아지고 달라지겠지? 그래 참고 버티자… 하고 있는 바로 당신에게, 어쩌면 다음 기회란 오지 않을지도 모른다. 이미 다 속고 있으니까….

하루의 일상이 자연스러운 것 같지만 그렇지 않다. 저 일상 속에는 드러나지 않는 게임의 기본 원리와 숨겨진 장치들이 내제되어 있다. 단지 인식하지 못할 정도로 자연스러울 뿐이다.

우리는 하루하루를 그렇게 보이지 않는 게임 속에서 이를 정상적인 일상으로 받아들이게 되고, 원래 하루는 이런 것인가 보다… 하게 된다. 주변에도 다들 그러니까 그런가보다… 하게 된다. 게임의 설정에 따라 맵에서 자동사냥을 도는 그 일상… 안타깝지만 이게 리얼리티 현실판 게임이다.

다만, 그러한 현실을 마주한 채 '괜찮아 모두 잘 될 거야!' 애써 부정해가며, '수고했어 오늘도!' 애써 익숙해지며, 우리는 그렇게 오늘 하루를 보내고 있는 것이다.

일러두기

1. 이 책은 브런치스토리에 연재 중인 〈오피스 게임의 법칙〉을 바탕으로, 초맹 작가님이 새로 집필한 추가 원고를 수록하였습니다.
2. 국립국어원의 한글 맞춤법 규정을 따르되 저자 특유의 어조, 표현의 말맛을 살리기 위해 가능한 부분 내에서 수정하지 않고 되도록 그대로 살렸습니다.
3. 이 책이 독자님의 사회적 성장과 오피스 게임 수행에 작은 도움이 되기를 바랍니다.

CONTENTS

머리말 • 03
프롤로그_ 반복되는 무기력한 일상의 시그널 • 05

Chapter 01   오피스 게임 기본 설정

지켜지지 않는 약속의 다른 이름, 리더십 • 16
짤리면 안 되는데… 지금 회사는 위기!? • 22
팀워크 속에 숨겨진 비밀은 무엇일까? • 29

Chapter 02   오피스 게임 입문

기울어진 운동장에서 시작하는 디폴트 설정 • 38
모든 것이 용서받는 튜토리얼의 유효기간 • 45
좋소는 무조건 제끼는 것이다 • 52
유통기한 미리 정해진 오피서의 이름, 계약직 • 67
그래! 나 유통기한 다 되가는 계약직이다! • 76
친해질 사람 찾기보다 다가오는 사람 거르기가 먼저! • 84
내게 관심 없는 사람은 꼭 다가가야 하는 사람 • 94

Chapter 03   회사가 알려주지 않는 비밀

내가 잡일이나 하러 회사 온 줄 알아? • 104
회사가 나를 감시하고 있다고? 설마… • 111
회사에서 내 의견과 생각을 묻는 진짜 이유 • 118
회사에서 절대 전문가가 되면 안 되는 이유 • 127
재택근무 싫어하는 회사의 진짜 속내 • 137
과연 회사에 살생부는 존재할까? • 146

월급이 왜 이거밖에 안 오르는 거야!! • 154
승진했다! 회사의 진급 박스오피스 • 163
급한 일? 중요한 일? 뭐부터 해야 되는 거야? • 172
정성스러운 인수인계의 치명적 결말 • 182
사람들은 왜 자꾸 MBTI를 물어보는 것일까? • 192
회식, 오피서들을 무장 해제시키는 순간! • 200
수평적인 소통! 직급폐지의 실체적 진실 • 211
회사가 망해가는 징후! 망국의 시그널 • 219

Chapter 04 회사의 살육 퀘스트

사내에서 입지가 줄어들고 있는 다양한 신호 • 238
"너 나가!" 회사가 사람 짜르는 방법! • 247
목줄은 회사와 내가 함께 잡고 있는 것 • 255
해고에 대처하는 현명한 자세 • 262

Chapter 05 대이직의 시대

우대와 견제를 동시에 받는 경력사원의 법칙 • 276
이직하면서 연봉이 팍팍 깎이는 매직 • 285
좋소와 괜찮은 중소의 판별법 • 292

에필로그_ 청년들이 회사의 미래? 오피스 꼰대사 • 303
대퇴사의 시대! 진정한 나를 찾아가는 여정 • 312

부록_ 지금 당장 따져보자! 너네 회사 좋소 지수! • 328

종놈에게 미래를 맡길 만큼… 오너는 따뜻하지 않다. 회사는 차갑다. 회사의 거짓말과 희망고문이 여전히 계속되는 이유는, 그 미래가 나의 미래라 착각하기 때문이다.

Chapter 01
오피스 게임 기본 설정

지켜지지 않는 약속의 다른 이름, 리더십

다음에 월급 많이 올려준다고 하지 않디?

> **방전되면 버려지는 배터리**

"발전하고자 하면 기회가 열릴 것입니다!"
"성과는 공정한 평가로 충분히 보상할 것입니다!"
"여러분이 바로 회사의 미래입니다!"

이런 외침… 뭔가 가슴이 웅장해지지 않는가? 정치인들 같다구? 맞다. 이것은 경제를 정치로 풀어내는 정경유착 스킬이다. 뉴스에서 본 것처럼 경제인과 정치인이 서로 결탁을 하는 게 아니라, 정계의 오랜 속성을 재계가 배워온 것이다. 지키지 못하는 공약을 남발하고 그 거짓말을 리더십이라는 이름으로 덧칠한다.

저 웅장한 외침의 핵심 키워드를 낱낱이 분해해보자.

발전하고자 하면 기회가 열릴 것입니다!

"발전" → "기회"

발전해가는 나, 커리어의 기회, 성장 이런 것을 떠올리지만, 저 발전은 여러분이 생각하는 발전이 아니라, 전기 만드는 '발전'… 그 전기를 만드는 곳은… '발. 전. 소.' 그렇다. 등에 플러그를 꽂는 순간 당신은 배터리가 되고 마는 것이다. 방전될 때까지 돌려 쓰는 배터리. 충전은 희망고문을 받아가며 알아서 해야 하는 각자도생의 판이다.

배터리를 충전하면 처음에는 100%까지 완충된다. 어느 정도 쓰고 나면 배터리 충전량은 80%, 70% … 점차 낮아지게 된다. 그리고 거의 방전되어 못 쓰겠다 싶으면 새로운 배터리를 찾는다.

회사는 늘 다양한 약속을 쏟아낸다.

희망고문으로 충전된 배터리는 결코 100%를 유지하지 못한다. 시간이 지날수록 성능은 계속 떨어지게 된다. 거의 방전되어 갈 때 즈음 회사는 새로운 사람을 찾는다. 마치 다 쓴 배터리 내다 버리고 새로 교체하듯… 사람은 고쳐 쓰는 게 아니라 바꿔 쓰는 거란 말을 서슴없이 붙여가면서.

성과는 공정한 평가로 충분히 보상할 것입니다!

"성과" → "공정한 평가" → "보상"

여기가 핵심인데 전제가 아주 잘못되었다는 것을 눈치챘는지….

애초에 공정한 평가라는 게 존재할 리가 없다. 불완전한 존재인 사람이 하는 건 공정할 수가 없다. 그냥 공정해 보이려고 절차나 제도 같은 것으로 그럴싸하게 포장해 두는 것이다. 회사가 중요한 것은 공정 그 자체가 아니라, 공정해 보이려는 것일 뿐이다. 결국 계산기 두들겨 보고 성과를 내도 보상을 해주기 싫으면 평가를 꺾어 버리면 그만이다.

성과가 명확한데 어떻게 그게 가능하냐? 성과를 평가절하해버리거나, 그 외의 것들로 흠을 잡는 것이다. 말장난을 하면 된다.

"성과는 인정하지만, 동료들과 관계가 좀 아쉽다. 팀워크가 더 좋았으면 좋겠다."
"성과보다도 기본이 가장 중요하다. 지각이 한 번 있더라…."

답은 정해져 있지만 일단 공정해 보이려고 들어 주는 것.

별 쓰잘데기 없는 잡다한 것까지 흠을 잡아 먼지털이하는데, 안 털릴 사람이 과연 있을까? 아마 예수님이 목사에게 평가를 받는다 하더라도 분명 털릴 수밖에 없을 것이다. (바이블에도 묘사된다. 진짜다.)

미세먼지 같은 흠을 찾는다. 하나 찾으면 신나고 두 개 찾으면 즐겁다. 세 개부터는 아르키메데스라도 된 거 마냥 유레카도 외칠 기세다. 그래서 기분 잡치려는 찰나, "그래도 잘하고 있고 내년은 더욱 좋아질 거야… 힘내자." 이 지점에서 희망고문 툭 날려준다. 토닥이와 인자한 미소는 덤!

상사가 고과를 잘 써서 올려주더라도 그 윗선에서 바꾸는 일은 흔하다. 윗사람 몇 명 모여 아랫사람 줄 세우기를 한다. 체스판 말 놓듯… '얘 올리고 쟤 내려' 하면서. 내가 이룬 성과지만 숟가락 얹었던 다른 누군가에 가로채기당하는 일도 비일비재하다. 인사고과 결과는 늘 비밀이라는 룰을 정해 놓는다. 애초 이의제기를 사전 봉쇄하려는 수작인 것이다.

예를 들어보자. 일은 잘했지만 인사평가는 기본을 중시한답시고 지각 몇 번 있어, 고과 B를 받은 영업팀 김대리. 일은 보통이지만 평소 센스 넘치고 상사들의 기분을 잘 맞춰주는, 고과 A 지각대장 기획팀 이대리. 딱 봐도 이상하지 않은가? 근데 이걸 다 공개한다면 어떨까? 팀장들부터 인사팀에 이르기까지 고과 관계자들 모두 뒷감당이 안 될 것이다. 아마 혁명이 일어날지도 모른다. 그들은 반역이라고 하겠지만….

비밀이라는 미명하에 조작질이 난무한다. 결국 진실을 말하면 불리해지기 때문에, 직원들을 배려하는 척 돌려치기하며 포장한다. "인사고과는 연봉에 반영되고 개인 프라이버시와 연결되기 때문에 비밀로 해야 된다." 그러고도 불안해서 발설하면 징계, 인사불이익을 주는 정책을 세우는 곳도 많다. 기본 장착 번들값이다.

만약 인사고과에 불복해 이의제기 절차를 거치더라도, '그런 경우 다른 사람들도 비슷하게 받았다.'는 형식적인 답변에 할 말이 없어진다. 이미 비밀에 부쳐버려 남들의 고과를 잘 모르기 때문에 이의제기 따위는 애초에 거의 받아들여지지 않는다. 여기에 인사고과 불복자로 찍히는 건 덤이다.

성과는 보상으로 다이렉트로 연결되는 것이 아니라, 그 사이에 평가라는 설정이 있는 것이다. 평가는 기호에 맞춰 사람을 거르는 필터 역할을 하는 동시에, 회사의 안전마진을 지키는 버팀목이기 때문이다.

결국 연봉 올려 주기 힘들단 결론을 듣고 나온다.

여러분이 바로 회사의 미래입니다!

"여러분" → "회사의 미래"

표현 중 "여러분", "모두" 이렇게… 단체나 집단을 한꺼번에 부르는 말은 애초에 나를 말하는 것이 아님을 명심해야 한다. "응. 그때 그거 너 아냐." 나중에 책임 안 지려고 물타기 하는 얘기라는 것이다.

'회사의 미래'에 해당되는 사람들은 계속 바뀐다. 사람들이 물갈이되며 계속 누군가 들어오니까. 그럼 어떻게 된다? 저 말을 들었던 사람들은 점점 과거형이 되어간다. 회사의 미래였다. 현재였다. 과거였다. 그러했다… 이렇게 과거분사까지도 내려간다. 그때 가서, 회사의 미래라 해놓고 왜 제대로 기회나 보상을 안 주냐 따질 수 있는지… 처음부터 내게 한 말이 아닌데….

그렇다. 회사의 미래는 애초에 내 미래가 아니었던 것이다. 회사의 미래는 누구일까? 오래된 직원? 열심히 일하는 직원? 앞으로 들어올 직원? 아무도 아니다. 그건 단지 회사의 오너, 주인 것일 뿐이다.

종놈에게 미래를 맡길 만큼… 오너는 따뜻하지 않다. 회사는 차갑다.
회사의 거짓말과 희망고문이 여전히 계속되는 이유는, 그 미래가 나의 미래라 착각하기 때문이다.

짤리면 안 되는데… 지금 회사는 위기!?

위기론으로 자극하는 공포심

> **밥그릇 협박이 제일 잘 먹히는 법**

위기에는 여러 가지가 있다. 세계 경제 위기, 수출 불황, 내수 불경기, 매출 감소, 시장 침체, 금융 위기, 소비 심리 위축… 다양하다. 무엇이 회사의 위기일까? 정답은 아무도 모른다. 한 가지 분명한 건, 수많은 회사들이 앞다투어 오늘도 위기론 카드를 꺼내고 있다는 것이다!

웃긴 건 보통 연말 연초에 꼭 이런 얘기가 나온다. 업계 동향, 시장 상황, 불안한 무역, 치솟는 금융 이자, 떨어지는 주식… 이런 것들을 가져다 붙이고는, 경영 환경 악화, 쉽지 않은 올해 전망, 감소하는 매출, 급등하는 원자재 가격… 이렇게 연결짓는다. 하고 싶은 얘기의 결론은 항상 같다.
"회사가 위기입니다!"
"모두 힘을 합쳐 극복해야 합니다!"
"이 상태로 안주해서는 안 됩니다!"

보통 사장님부터 임원진들의 일장 연설이 시작되는 순간이다. 거기서 약속이나 한 듯… "회사가 어려워지면 우리도 감원이나 구조조정을 해야 될 수도 있습니다!" 이런 대사는 빠지지 않는다. 해석기를 돌려 보면 "회사 실적 안 좋으면 너네 밥그릇 뺏을 거니까, 가서 돈 벌어와!" 그냥 이 얘기다.

모두 힘을 합쳐 위기를 기회로!

　이 위기를 모두의 힘으로 극복해 나가면, 회사가 더욱 튼튼해지고 장밋빛은 시뻘게져 비 온 뒤에 땅이 굳고… 선동과 감성팔이를 적당히 섞어 휘저은 다음, 다 같이 극복하자 파이팅 한 번 한다.
　일단 회사 분위기는 급속도로 안 좋아진다. 곧 원가 절감, 긴축 예산, 성과급 하향, 연봉 동결 같은 일들이 약속이나 한 듯 일사천리로 진행된다. 실무에서는 거래처 지급 대금도 깎아봐라 오만난리를 쳐대기 시작한다. 계약 건들은 일일히 비용 타당성을 자료까지 만들어 상소문을 올려야 할 판이다. 아주 하는 것마다 즙을 쭉쭉 짜댄다.
　그래. 회사가 어려우니까 어느 정도 이해는 한다. 근데 이거 뭔가 좀 이상하지 않아? 분위기에 휩쓸리지 말고 냉정하게 생각해보자.

'지금 나 때문에 회사가 어려운 거야?'

　소위 대표부터 임원이란 사람들. 일명 경.영.진! 오피스 게임 세계관 최강자들이다. 위기인지 기회인지 그거 미리 잘 대처하고 살려 보라고 좋은 대접해주면서 그 자리에 앉혀 놓은 건데… 왜 밥그릇 협박은 아래서 받아야 되고, 즙도 아래서 짜야 되는 것일까?

위기론 뒤에는 뭐라도 해야 겠으니 모두 분주해진다.

단가 낮춰라, 예산 줄여라, 창의적 발상으로 돈 벌어봐라….

뭐라도 막 짜내는 시늉들을 한다. 이건 뭐 예나 지금이나 변하지 않는 국룰이다. 위기네 뭐네 호들갑 떨기 전에, 그 윗분들이 위기 탈출할 그림을 그려 와서 지도가 이러하니 네비 찍고 이 길로 가자! 해야 되는 거 아니냐는 말이다. 그치? 이유는 간단하다. 자기들이 답이 없는 것이다. 그래서 고스란히 아래로 전가시켜 버린다.

가령, 홍수가 날 것 같으면 윗물에서 미리 댐 좀 쌓아주고 적당히 방류해야 되는데, 일단 죄다 아래로 흘려보내고 관망부터 한다. 아랫동네는 때아닌 홍수로 대참사를 겪고 아비규환이 된다.

한편 아랫동네. 가진 아이템은 없다. 디버프에 걸려있다. 그러나 이대로 죽을 수 없다. 사활을 걸고 살기 위해 몸빵으로 부딪친다. 이 미친 난이도의 험난한 퀘스트를 간신히 이겨낸다. HP는 빨간색 딸피….

위기 상황의 불안함은 사람을 비장하게 만들기도 한다.

관망하던 윗물에서는 이를 보고 생각한다. '아… 돈 많이 들여 댐 하나 건설해야 되나 했는데… 어라? 이게 또 어째 저째 극복이 되네?' 당초 생각했던 댐 건설은 굳이 하지 않고 넘어간다. 왜냐고? 지켜보며 이미 학습이 되어버렸다. '이렇게 해도 충분히 클리어할 수 있구나!'

회사 비용도 세이브하고 탁월한 리더십으로 위기를 극복한 모범 임원 대접을 받는다. 과감한 전략, 예측의 적중, 타고난 승부사 모든 수식어를 달고 다닌다. 이 정도면 나중에 퇴임 후 리더십 강연도 가능하다.

문제는 여기서부터다. '한 번 겪어 보니 의외로 실적도 좀 나고 생각보다 괜찮더라….'는 결과를 얻은 그들. 과정 따위는 상관없다. 그때부터 위기란 위기는 다 꺼낸다. 지금 생각하는 그거 맞다. '양. 치. 기. 스킬!'

처음에는 진짜 위기의식으로 회사 문 닫고 다 길거리로 내몰릴까봐 합심하여 대동단결했다면, 그다음부턴 즙짜기용이 되는 것이다.

매출은 분명 괜찮은데, 뭔가 마음에 안 든다. 지출, 예산, 복지를 줄이고 싶은데 마땅한 핑곗거리가 없다…. 그럼 위기론! 수출 환차손이 예상되고, 뉴스 보도자료, 경제 연구소 자료, 자기들 입맛에 맞는 통계 숫자들만 쏙 찾아 꺼내들고 또다시 외친다. 위기론! 어려운 여건 속이지만 저번처럼 잘 뚫고 헤쳐나가자고 한다. 열심히 즙 짜보라는 얘기다.

자, 그 바람대로 재수 좋게 잘 헤쳐나갔다고 하자. 이제 수출 경기는 좋은데, 내수가 침체 전망이란다. 내수 실적이 살짝 줄어든 그래프를 보여준다. 이대로 가면 위기라고 한다. 내수가 튼튼해야 수출이 막혀도 자금이 순환되며 내수는 곧 브랜딩이다… 그러니 결론은 열심히 내수 영업 쥐어짜라고 한다. '이해는 잘 안 되지만 위에서 그러니까 맞겠지….' 또다시 열심히 뛰어다닌다.

평소보다 열심히 뛰어다니고 전화도 열심히 돌린다.

그렇게 즙을 쥐어짜고 나서, 다 빤 수건 한 번 더 쭉쭉 짜내 마지막 물기 한 방울 똑똑 떨어질 때 즈음… 이번에는 전반적 경기는 나쁘지 않은데 회사가 속한 업종이 어렵댄다. 조선업이 어렵다. IT 거품이 빠진다. 감염병으로 하늘문이 막혔다…. 이런 것이다. 또 위기다. 비상경영을 선포한다. 이상한 보여주기용 TF 같은 거 만들어, 제주감귤 믹서에 갈아 넣듯이 또 한바탕 갈아넣는 것이다.

얼마나 이렇게 보냈을까나? 이제는 대략 실적도 괜찮고 유지도 잘 된다. 잠시 찾아온 평화롭고 오디너리한 날들을 위기 후 보상이라 여기고 있을 때!! 위기론은 어김없이 등장한다.

'지금 안주해서는 안 된다. 위기에 미리 대비하라!'
'회사의 체질을 바꾸고 성장 동력을 찾아야 된다.'
'장기적인 먹거리 개척하자! 기왕이면 극기복례!'

이제는 예비 위기론까지… 이게 도대체 몇 번째냐…. 이제 더 갈아넣을 게 없어서 껍질까지 갈아넣는다. 뭐라도 계속 쥐어짜다 보면 몇 방울이라도 나오니깐… 결과가 마음에 안 들면 급여 동결을 하기도 한다.

호황기도 오지 않냐구? 실적이 좋으면 충분히 보상되지 않냐구? 물론 호황기도 온다. 그럼 이제 동종업계 경쟁사와 비교하기 시작한다. 예를 들어, 올해 실적이 50%가 올라도…"옆에 초맹사는 80% 올랐다! 이건 잘한 게 아니다!" "언제 불황이 올지 모른다. 물 들어올 때 노 저으라고, 이때 더 바짝 벌어둬야 된다!"며 새마을 정신을 강조한다.

위기론 뒤에 돈 버는 사람은 따로 있다.

그렇게 마지막까지 쥐어짜고 너덜너덜해지게 될 때쯤, 보너스나 격려금 좀 챙겨주고 생색은 오지게 내는 것이다. 게임은 계속되어야 하니까. 계속 지켜보다가 다 죽어갈 때 돼서야 비로소 주사 한 대 놔주는 것과 똑같은 것이다. 마약 성분 듬뿍 들어간 진통제 임시 처방과 다를 게 없는 셈이다.

왜 이런 현상이 생길까? 위기는 그냥 갖다 붙이면 다 위기다. 경영진의 즙 짜내기용 카드란 소리다.

단기 성과로 인정받아야 자리를 보전하고 영전하는 오피스 세계관 최강자들이 유능해 보이는 방법. 무능함을 감추고 실적표에 숫자를 찍어 내는 방법. 그것을 가장 빨리 달성할 수 있는 그럴싸한 방법. 그 마법의 치트키가 바로 '위. 기. 론'인 것이다!

한번 관찰해보자. 위기가 아닐 때는 아마 없을 것이다. 위기론이 나올 때는, 저것을 이용해 득을 보는 사람이 누구일까만 생각해보면 답은 금방 나온다.

팀워크 속에 숨겨진 비밀은 무엇일까?

개인의 소멸과 집단 감시 효과

> **개인 성과는 조직의 성과**

    회사의 근본 속성은 집단을 강조한다는 것이다. 개인 성과보다는 조직의 성과… 이를 위해서 협동, 협업… 용어 좀 쓰는 데는 커뮤니케이션, 코웍, 콜라보, 코크리에이션 이런 있어 보이는 단어를 좋아한다.

    언뜻 보면 좋은 말이고 맞는 말이다. 회사를 혼자 다니는 것도 아니고, 여럿이 모여 함께 일하며 각 팀들이 회사의 성과를 만들어내기 때문일 것이다. 그렇기에 모든 회사는 팀워크를 강조한다. 팀워크의 중요성을 말하지 않는 회사는 아마도 없을 것이다.

가장 이상적인 명랑 드라마 오피스

    어느 명랑 드라마에 나오는 사무실의 한 장면을 떠올려보자. 가만 보면 이상하게도 드라마에 나오는 사무실들은 책상에 그 흔한 파티션 하나 없다. 다 서로 마주 보고 앉아 있다. (이거 나만 이상한 거야?)

    팀장님이 자리에서 일어나 활기차게 웃으며 말한다. "자아! 이번에 새로 출시된 우리 감귤 로션이 어떻게 해야 고객들 관심을 끌 수 있을까요?" 여기서 보통 다 눈을 피해야 되는데, 말이 끝나기 무섭게 이대리가 갑자기 손을 번쩍 들며 대답한다. "아하! 팀장님~. 저 좋은 생각났어요! 고객들이 직접 써볼 수 있게 체험 행사를 하는 거예요! SNS에 올리면 선물로 샘플도 주는 거 어때요?!"

이때 박과장이 맞장구를 친다. "그래! 이대리 굿 아이디어! 감귤 로션이라 향도 은은하고 좋으니까 체험 행사만 한 게 없을 거야! 팀장님! 행사는 제가 좀 해봤으니까 장소 섭외부터 어레인지할게요!" 계속 고개를 끄덕이고 듣고만 있던 막내 김사원. 이 타이밍에 입을 삐죽이며 방송 분량을 확보한다. "피이! 다들 저만 쏙 빼기예요? 전 행사 샘플 물량 확인하고 발주 넣도록 할게요! 저도 빠질 수 없다구요!"

드라마 속 회사는 늘 화기애애하다.

팀장님은 매우 흐뭇해한다. "그래 정말 좋은 생각이야! 모두 서둘러 움직이자고! 난 사장님께 행사 바로 준비하겠다고 보고할게!" 급하게 자리를 박차고 나가다가 뭔가 잊은 듯 다시 돌아와서는, 법카를 꺼내 흔들어제끼며 한 마디. "아 참! 그런 의미로 오늘 우리 팀 회식 어때?"

일동 모두 환호한다. "와앙! 전 소고기요!" "열심히 일해야 되니 미리 든든히 먹겠어요!" "전 점심 굶어야겠는걸요?" 뭐 이런 유치찬란한 대사 좀 친다. "하하하! 대신 먹고 나서 이번 행사 잘해야 돼!"

여기까지 보며 어떤 기분이 들었는가? "저런 게 어디 써!" "지금 장난 똥 때리나?" 이런 반응이라면 다행이다. 아직 정상인의 범주다. 여전히 드라마에 많이 묘사되는 오피스의 광경이지만… 저건 어디까지나 드라마니깐… 픽션이니깐….

물론 막장 드라마는 좀 다르다. 샘플에 독극물도 쓰윽 넣고… 어떻게든 한 방에 나락 보내려고 무던히도 애쓴다. 일부러 나 범인인 거 알려주려고 눈을 무섭게 치켜뜨고는 요리조리 눈알을 굴리기도 한다.

어쨌든 픽션과 현실을 착각해서는 곤란하다. 픽션이 아름다울 때는 현실에 있음직한 일을 그려낼 때이다. 현실은 이런 핑크빛 오피스의 분위기와는 너무 다르다. 이건 '다.르.다'가 아니라 '틀.렸.다'이다. 방금 예로 든 드라마처럼 굴러간다면 정말 이것은 사자성어로… '집단지성', '조직성과', '참된협동', '웃는일터', '아이좋아', '나두할래' 이렇게 되겠으나… 현실이 그렇게 녹록하지 않은 이유는, 바로 이면에 숨겨진 조직의 비밀 기능이 작동하기 때문이다.

집단을 위시한 개인의 부품화와 상호 견제

회사는 집단을 우선으로 한다. 개인의 능력이 묻혀버리는 경우는 허다하다. 많은 이유가 있지만, 조직을 강조하고 서로 뒤섞이게 만들어 상호 감시 효과를 유도하는 것이다. 누가 일하고 노는지 협업하다 보면 바로 확인되기도 한다. 관리자는 진도를 체크하며 '더 빨리! 더 많이!'를 외칠 수 있게 된다. 바로 이런 조직과 집단, 패키지 속성 때문에 일이 돌아가게 되고 개인의 나태함을 방지하는 효과도 있지만, 역설적으로 개인은 철저히 파묻히게 되는 것이다.

물론 아무리 회사가 집단이라도 개인이 혼자 할 일도 있다. 사람에 따라 혼자 하는 것에 능한 사람이 있다. 반면 같이 일하기를 좋아하는 사람도 있다. 캐릭터마다 취향도 각자 다르다. 그런데 회사가 인정해 주는 성과는 보통 개인 혼자 내기에는 무리가 있다. 설사 개인이 했다 하더라도 인정이 잘 안 된다.

혼자 일하기보다는 같이 하도록 한다.

가령, 혼자 일해서 10억 버는 상품을 만들었다 치자. 이를 회사는 내가 아닌 팀에서 했다고 여긴다. 그렇게 계속 혼자 좋은 상품을 만들면 어떻게 될까? 그 회사의 속성을 알고 이용하는 사람들 때문에, 소위 말하는 '다 된 밥그릇에 숟가락 얹기'가 생기는 것이다.

아까 드라마의 예로 다시 돌아가, 아름다운 픽션을 막장 현실판으로 바꿔 성과를 한번 따져보겠다.

행사에서 감귤 로션을 10억 원어치 팔았다고 해보자. 10억을 파는 동안 여러 일을 같이 했어도, 각자 그 일의 기여도… 즉, 지분이 모두 다를 것이다.

10억 중에 기여도 지분은 어떻게 될까?

- 아이디어 내고 행사 기획해서 추진한 이대리 40%
- 장소 섭외에 경험 살려 행사 조력한 박과장 30%
- 샘플 준비하고 계산서 처리한 막내 김사원 20%
- 회식의 사기증진 리더십을 보여준 팀장… 한 10%?

대략 이 정도로 지분을 나눠 보면 적당할까? 아니라구? 그렇게 생각 안 한다구? 맞다. 정답이다.

이대리에게 물어보면 자기가 아이디어 내지 않았으면 못 했다고 할 것이다. 박과장에게 물어보면 자기 경험 없이는 못 했다 할 것이다. 그럼 김사원은 놀았나? 막내라서 노가다는 제일 많이 했을건데….

그렇다. 애초에 딱딱 나올 수 없는 구조의 함정이다. 저 팀장은 사장 보고 들어가서 과연 뭐라고 할까? 아마 자기가 지시해서 한 것처럼 말하거나, 양심 좀 있으면 뭉뚱그려서 저희 팀에서 했다고 할 것이다. 그럼 위에서는 그냥 저 팀에서 한 게 되는 것이다. 팀장이 잘 리드해서 했겠구나 하고 마는 것이다.

만약 이대리가 혼자서 아이디어 내고 행사까지 다 쳤다 하더라도, 팀장은 자기 팀에서 했다고 하겠지… 팀장의 실적은 그렇게 나오는 법이니까…. 즉, 혼자 하나 같이 하나 팀이라는 집단이 한 일이 되는 것이다. 회사는 누가 했는지 그런거 별로 관심 없다.

그럼 숟가락 얹기는 어떻게 가능해지는 것일까? 아까 이대리가 작정하고 혼자 하려 해도…. 옆 사람들이 숟가락 한번 얹어 볼라 하면 어떻게든 가능하다. 예를 들어, 박과장이 "이거 작년 자료인데 참고하면 좋을 것 같아서…" 하고 옆에서 훈수 몇 번 두면 같이 한 게 된다. 김사원이 샘플 포장만 도와줘도 같이 한 게 되는 것이다. 숟가락은 그렇게 스리슬쩍 얹혀지는 것이다. 그럼 진짜 혼자 죽어라 한 이대리는? 그냥 그 팀의 전형적인 배터리로 자리 잡게 된다. 성과는 쉽고 편하게, 함께 맛있게 나눠 먹는 특징으로 인해, 어느 팀이던 묻어가는 거지 같은 빌런들과 고독한 소년소녀 가장 한 명씩은 꼭 있기 마련이다.

저의 탁월한 리더십으로 저희 팀에서 다 한 일입니다.

성과 나눠 가질 때는 "역시 우리 이대리!" 힘들어서 배터리 좀 방전되면 "이대리 요새 왜 그래?" 이런 식이다. 이것을 파레토의 법칙이라고 하던가… 일하다 중간에 현타 와서 넋두리라도 하면, 앞에서는 잘 들어주는 동료들. 뒤에서는 '쟤 요새 이상하다….' '상태가 안 좋다….' 팀장에게 가서 쓱 찌른다.

원래 팀워크라는 것은 감시 효과를 지니고 있다. 관리자들은 그때부터 불편한 마음으로 예의주시하게 된다. 충전시켜 쓸 수 있겠는지, 교체해야 하는지… 수시로 체크한다. 그게 관리이고 그래서 관리자다. 즉 이쯤되면 감시는 더 심해진다. 업무에 있어서도 자유도가 훨씬 떨어지게 된다. 주위에서는 잡말들이 계속 나온다. 챙겨준다는 빌미로 사사건건 간섭이 들어온다. 주도적으로 일을 해 나가기가 점점 힘들어지게 된다. 이 지점에서 쌓이는 피로와 멘탈의 탈출로 번아웃이 오는 경우도 많다.

요새 좀 이상하단 말이지… 저거 버려야 하나?

안타깝게도 조직과 팀워크, 나보다는 우리를 강조하는 이 게임의 근본 속성이, 결국 캐릭터의 제 기능과 강점을 충분히 발휘하지 못하게 만드는 것이다.

이유는 간단하다. 그 속에는 바로 '나!'라는 캐릭터가 없기 때문이다.

이런 말 많이 들어봤지? "회사의 부속품!"
회사는 결코 나라는 존재가 필요한 것이 아니다.
그냥 쉽게 잘 굴러가는 부속품이 필요할 뿐이다.

모든 시작의 출발점과 기울기는 사람마다 다르다. 단지 자진해서 '을'이 되어가는 과정이 똑같을 뿐… 새로운 시작이 아닌 불리한 시작… 이것이 시작하기도 전에 '노비'로 전락시켜 버리는 오피스 게임의 원리다.

Chapter 02
오피스 게임 입문

기울어진 운동장에서 시작하는 디폴트 설정

시작부터 불리한 게임의 법칙

> **시작부터 노비 마인드로 전락하는 과정**

'시작'… 참으로 우아하고 희망찬 멋진 단어다. 그렇게 학교를 벗어나 '시작'이라는 단어를 가슴에 품고, 사회라는 곳을 향해 그 첫발을 내딛는다. 누군가는 꿈을 이루고자, 누군가는 돈을 벌고자, 누군가는 백수가 되지 않으려고… 그들의 목적과 내면은 모두 제각각이겠지….

졸업이라는 마지막이 다가올수록 차오르는 조바심에 뜬눈을 지새우며 열심히 찾는다.

'좋. 은. 회. 사!'
"뭐가 좋은 회사지?"

유명한 회사? 높은 연봉? 잘 맞는 직무? 복지?
모르겠다. 취업 스터디도 해 보고, 특강도 듣는다.
"지원하려는 회사의 인재상과 비전을 보고, 거기 맞춰서 자소서를 작성하세요."
"여러 곳에 무작정 지원하기보다, 소신 지원으로 집중해서 확률을 높이는 것이 유리합니다."

스터디나 특강에서 자동암기되도록 많이 듣는 얘기다. 그러나 저건 정답이 아니라 어디서나 통용되는 모범 해설일 뿐이다.

'전문가들의 이야기와 경험담이니까 맞겠지….'
처음에는 수많은 회사 중 어디를 지원할지 고민한다. '이 회사는 산업군이 나와 맞지 않아….', '여긴 야근이 많다던데….', '너무 멀잖아.', '연봉이 왜 이래….'. 온갖 이유로, 고개를 들고 두 눈을 들어 하늘을 바라보며 '제 눈에 안경'이라고 지원서를 쓰기보다는 거르는 것을 우선하게 된다.

그렇다. 기본적으로 사람에게는 자기 관대화 경향이라는 패시브가 있다. 아무것도 모르는 잼민이가 어느 순간 자신을 과대평가한 나머지, 회사와 나와의 게임에서 스스로 나홀로 '갑'이 되어 있던 것이다. 그러나 '제 눈에 안경'이던 것이 '내 코가 석자'로 변하는 데는 그리 오랜 시간이 걸리지 않는다.

'귀하의 자질은 높게 평가하지만 이번에 저희와 인연이 되지 않았습니다. 귀하의 건승을 응원합니다.'

취업이 하고 싶다. 하늘을 보던 눈은 어느새 땅을 보고 있다.

한 번, 두 번 서서히 불합격 메시지를 받는다. 어쩜 저리 모든 회사의 멘트들이 짜고 친 듯 똑같은 것일까… 자질을 높게 평가하는 데 왜 안 붙여줘? 그냥 다 거짓말이다. 더 볼 필요 없다는 뜻이 되겠다.

처음 몇 번 불합격 메시지를 받을 때는 '감히 이 따위 회사가 날 떨어뜨려? 더러워서 안 간다! 캬악~ 퉤!' 인정할 수 없다는 의지를 가래와 함께 뱉어낸다. '아직 갈 곳은 많아!' 이내 다른 회사를 지원한다. 그다음 수차례 불합격 메시지를 받게 되고….

'하다 보면 잘 되겠지….'
'나와 잘 맞는 곳이 있을 거야….'

스스로를 위로한다. 높은 하늘을 바라보던 고개를 살짝 내려, 눈앞에 펼쳐진 세상을 마주하게 된다. 또 다시 연이은 불합격 메시지를 받게 되면

'내가 이토록 볼품 없었는지….'
'세상이 날 원하지 않는 것인지….'

한숨을 뒤로하고 고개는 땅바닥을 응시하고 있다. 푸른 하늘과 대지의 지평선을 바라보던 시야는, 그렇게 어느 순간 땅바닥으로 푹 꺼져버린 것이다.

여튼… 서류 지원 결과 3연패, 5연패… 점점 패전수가 늘어날 때마다, 누구는 어디 붙었대… 하는 승전보가 전해지고, 명암이 엇갈리며 조급함은 커져만 간다. 딱 이런 공식이 성립하게 된다.

 초맹의 취업시즌 불안지수 공식
(내 지원 합격수 - 불합격수) - (남의 합격소식수/2) + (남은 합격발표수/3)
= 내 불안감 지수 (- 조급 지수, + 여유 지수)

그때부터 이름 좀 들어 본 회사, 대략 얼추 나쁘지 않은 조건이면, 일단 어디라도 붙고 봐야 겠다 싶어 지원서 복붙을 마구 시전하게 된다. 하다보면 이제는 어디를 언제 지원했는지도 잘 생각나지 않게 되고… 심지어 지원을 하긴 했었나 싶기도 하다. 이때부터는 이미 '을'이 되어버린 것이다. 아쉬운 자는 회사가 아니라 나였다는 것을 절실히 깨닫는 순간이다.

면접 대기 중에는 심박수가 올라간다.

운 좋게 몇 개 회사에 서류 합격 통보를 받는다. 안도의 한숨도 잠시 뿐… 또 다시 걱정이 앞선다. 이제까지는 예선전이었던 것이고, 직접 현피를 떠야 하는 '면접'이라는 본선 게임이 남아있기 때문이다. 다시 특강과 스터디, 서칭에 의존해서 게임 준비를 한다.

회사 면접장에 가면 나 말고도 많은 사람들이 와 있다. 저마다 긴장한 표정이 역력하다. 그렇다. 그들도 '을'이었던 것이다. 나와 같은….

옆에 지원자가 대답을 잘 하면 그 순간 기분이 나빠진다.

    면접이라는 게임은 면접관이라는 보스에게 내가 좋은 캐릭터라는 것을 최대한 어필해야 하는 것이다. 이미 '을'이기 때문에… 그전에 몰랐더라도 여기까지 오는 과정에서 이미 잠재적 깨달음을 얻었기 때문일 것이다.

    내가 왜 뽑혀야 되는지, 이 회사에 어떤 도움이 되는지… 우수한 캐릭터라는 것을 보여주기 위해 짧은 시간에 필사적으로 모든 스킬을 동원한다. 여기서는 면접관만 집중 공략해도 미션 클리어를 장담할 수 없다. 다른 지원자의 스펙이나 답변이 상당한 영향을 주기 때문이다. 그래서 옆 사람 답변에 관심도 없으면서 '나는 남 애기도 잘 듣는 사람이에요.' 이거 보여주고 싶어, 일부러 고개를 끄덕이는 리액션도 하게 되는 것이다.

    옆 사람이 말을 잘 하면 불안하고, 답변을 잘 못하면 속으로 고소하고… 어떻게든 애를 제끼고 내가 이 회사에 들어가고 싶은 마음만이 가득하다. 그래서일까… 삐져나온 옷 매무새. 흙이 살짝 묻은 구두. 흰 먼지가 내려앉은 머리. 한 개 똑 떨어진 단추. 번져있는 화장. 그 무엇도 서로 말해주지 않는다. 암묵적 룰이다. 이유는 간단하다. 너가 죽어줘야 내가 사니까… 즉, 이 면접이란 것은 지원자들끼리 서로 죽여 보라고 경쟁을 유도하는 시스템이라는 것이다.

　게임이랑 다를 게 없지… 유명한 길드는 소위 지원자가 많아 치열하다 보니 내 레벨과 아이템, 현질 수준 이런 게 스펙이 되는 것이고, 길드에 어떤 공헌을 할 수 있는지를 짧은 시간에 필사적으로 어필해야 하는 것이며 길마의 간택을 받아야 하는 것이다.
　취업도 마찬가지다. 물려받을 사업체가 있거나 놀아도 먹고 살만해 취업이 구독형 부캐인 사람은 급하거나 아쉬울 것 없는 반면, 생계형 본캐인 사람은 자신의 현재와 미래를 모두 걸고 덤비게 되어 있다.

　물론 대부분은 후자다. 회사는 이들의 절박함과 불안감을 보고 즐기며 이를 '도전'이라고 아름답게 포장해 부른다. 학교라는 튜토리얼 맵에서 학점, 어학 같은 소위 스펙을 잘 쌓아놓지 못하게 되면, 사회라는 실전 맵에서 차가운 현실을 맛보게 되는 것이다.
　블라인드 채용이고 공정하게 심사한다고 해도 다 거짓말이다. 이미 수많은 서류전형은 아웃소싱을 준다. 심지어 AI로 조건 입력해서 필터링해버린다. 그것이 회사의 효율화 방식이다. 공들여 쓴 입사지원서가 인사 담당자에게 제대로 읽히지도 못하고 있으며, 심지어 기계에게 인간이 평가를 받고 낙인이 찍히게 되는 것이다.
　지금껏 배워 온 동등한 쌍방 간 평등한 근로계약, 투명한 채용, 사회생활의 장밋빛 미래… 모든 것이 와르르 무너지는 것을 느끼는 순간이다. 게임은 현질로 스펙 따라잡기라도 가능하지만 취업은 그것도 힘들다. 대한민국 최고의 스펙으로 통하는 소위 '빽'이라는 치트키가 없다면 말이다.

　아무리 문질러도 거품 하나 나지 않는 메마른 비누처럼, 영혼의 흐느낌조차 한없이 말라갈 때 즈음…. 이 서바이벌 게임에서 간신히 살아남게 되면, 회사라는 길드와 입사라는 아이템, LV 1. 사원… 이라는 레벨이 주어지게 된다. 이렇게 피를 말려버리고 처절히 짓밟아 멍자국 얼룩지게 만들어 놓고서야 입사를 시켜주기 때문에, 날 살려준 회사가 감지덕지 눈물겹게 감사하다. 그때부터 자동으로 '을'이 된 상태로 오피스 게임을 시작하게 되는 것이다.

사회에서 '을'의 법칙은 여기서 간단하게 설명된다. 상대가 있는 곳으로 찾아가면 '을'이 되는 것이다. 유명한 사람은 회사가 친히 모시러 가고, 이를 영입이나 초빙이라 부르며 어렵게 모셔왔다 '갑'의 품격을 높여준다. 무명인 사람은 회사가 이리 오너라 ~ 하고, 이를 채용이라 부르며 잘 선별해서 골라 뽑겠다 '을'의 위치를 되새겨준다.

모든 시작의 출발점과 기울기는 사람마다 다르다.
단지 자진해서 '을'이 되어가는 과정이 똑같을 뿐….
새로운 시작이 아닌 불리한 시작….
이것이 시작하기도 전에 '노비'로 전락시켜 버리는 오피스 게임의 원리다.

합격 전화! 드디어 고생 끝 행복 시작이다.

모든 것이 용서받는 튜토리얼의 유효기간

"전 신입인데요!" 면책특권의 유효기간

> **과연 언제까지 웃을 수 있나 보자!**

학생 때는 대부분 모든 것이 용서받는다. 수업에 지각하면 죄송하다고 하면 된다. F 학점을 받으면 다시 재수강으로 세탁할 수 있다. 시험기간에 공부는 필수가 아닌 선택사항이다. 어떤 결과가 돌아오더라도 용서받을 수 있기 때문에 가능하다.

사회로 나와 오피스 게임 뉴비가 되는 순간, 용서라는 버프는 사라지고 책임이라는 디버프가 생긴다. 빛나는 졸업장이 무색해지는 순간이다. 어쩌면 '빛이 난다'보다는 '빚이 된다'가 더 가까운 표현이겠다.

회사에 처음 들어오면 새로운 환경은 누구에게나 낯설다. 하는 것마다 어설프다. 점차 시간이 지나며 익숙함이 더해지고 숙련도는 올라간다. 게임이 익숙해지는 과정, 이것을 적응이라고 한다. 게임에는 튜토리얼이라는 것이 존재한다. 연습을 해보고 룰을 익히는 과정이다. 모두 유저를 배려하는 게임사의 친절한 설정이라고 말하지만 실상은 그렇지 않다. 유저가 적응 못하면 게임은 계속될 수 없고 돈이 벌리지 않는다. 그래서 유저를 붙잡아 두기 위한 술책이 바로 튜토리얼의 존재 이유다.

쉬엄쉬엄해! 오자마자 너무 열심히 하는 거 아냐?

차가운 오피스 게임에도 튜토리얼은 존재한다. 회사가 착하고 친절해서 튜토리얼을 제공하는 것이 아니다. 오피스 게임에 입성한 뉴비가 도망가지 못하게 하기 위해서다. 즉, 뉴비가 노비로 진화하는 과정이다. 이것을 회사는 수습기간이라고 한다. 수습기간은 법에도 나와 있다. 이 말인즉 나라님도 이 게임의 튜토리얼을 인정하고 있다는 의미이다. 기본적으로 수습기간을 튜토리얼이라고 보면 된다.

보통 수습기간은 3개월로 둔다. 수습기간에는 월급을 덜 줘도 되고 해고도 가능하다. 회사의 입장에서는 말 그대로 개꿀이다. 그래서 대부분 신입, 경력 할 것 없이 수습기간을 떡하니 붙이고 들어간다.

해고? 이런 말이 겁나서 더욱 잘 보이려 애쓰는 사람들도 있다. 딱히 그러지 않아도 된다. 악성 유저 아닌 이상, 이 게임 한번 제대로 해보겠다고 이제 막 들어온 뉴비를 회사는 굳이 돌려보내지 않는다. 아직 돈도 못 벌어왔는데 수지타산이 안 맞기 때문이다.

이미 오피스 게임을 해보고 이직한 경력사원은, 수습기간 3개월 동안 새회사 적응을 끝내야 한다. 이들에게는 수습기간이 곧 튜토리얼 유효기간이다. 충분히 게임 적응을 마친 경력직이라면 이 시기 뭔가 보여주려고 요술을 부리기도 한다. 때로는 갈고 닦은 필살기를 시전하기도 한다.

신입사원의 경우는 조금 다르다. 액면에는 경력사원과 똑같이 수습기간 3개월로 되어있다. 그러나 이들은 오피스 게임 자체가 처음이다. 당연히 경력직에 비해 시간이 더 걸릴 수밖에 없다. 그래서 보통 암묵적으로 튜토리얼 유효기간은 1년이 된다. 신입 전용 +9개월 튜토리얼 연장 쿠폰이 추가 지급되는 셈이다.

튜토리얼 시기에는 익숙함이라는 것이 없다. 당연히 모르는 것도 많고 실수도 많다. 이 시기 실수나 잘못을 저지르는 것에 대해 사람들은 아무도 뭐라고 하지 않는다. 먼저 와서 할만하냐며 말도 붙여 주고 친근하게 대해준다. 어려움에 혼자 끙끙거리면 여러 도움을 주기도 한다. 낯선업무, 잦은실수, 나만몰라, 깊은한숨, 지각한번, 나의사정, 서툴지만, 이런모습, 제발한번, 봐주세요… 모든 것이 이해받고 용서받는다. 그렇다. 튜토리얼에서는 면책특권이 주어진다!

힘들면 언제든지 눈치보지 말고 얘기해!

원래 나쁜 사람은 없다고 했던가? 아니면 내가 운이 좋은 것인가? 이때는 친구들을 만나 그리고 가족들에게도 당당히 얘기하고 다닌다. "여기 회사 분들 다 너무 좋아!" 주로 이 시기 회사 사람들 좋다는 얘기를 많이 한다. 아… 아니다… 정확히 딱 이 시기에만 사람들 좋다는 얘기를 한다.

오피스 게임의 튜토리얼은 철저히 할만한 게임으로 인식하게 만드는 것이 목적이다. 게임의 재미는 어디까지나 초반 뿐이다. 게임에 중독되는 이유는 재미있어서가 아니다. 시간과 노력, 비용을 너무 많이 들였기 때문에 아까워서 끊어 내지 못하는 것이다. 오피스 게임도 이 기간 그리 높지 않은 난이도, 어렵지 않은 일, 거기에 가성비 있는 월급 보상을 맛본다. 이후 점차 들인 시간과 노력, 소모한 에너지가 아까워 이 게임을 계속하게 된다.

보통 수습기간에 회사가 사람을 내보내기보다는 제발로 나가는 사람들이 더 많다. 오자마자 나가는 이유는 딱 두 가지다. 회사가 막장 드라마를 찍던가 아니면 내 선견지명이 탁월해서이다. 중독되기 전에 일찌감치 접고 다른 게임을 하러 떠나는 것이다.

괜찮아 괜찮아! 실수할 수도 있지. 뭐 어때?

수습기간이란 서서히 게임에 중독시켜 가는 시간인 셈이다. 해 본 사람(경력)은 중독이 빠르다. 안 해본 사람(신입)은 중독이 느리다. 그래서 신입과 경력의 튜토리얼 기간은 달라지게 된다.

수습기간 외에도 게임 곳곳에는 중독 효과를 위한 다양한 장치들이 있다. 보험사는 고객을 만나 첫 계약을 하고 돌아오면, 통과의례처럼 모두 박수를 쳐주고 상장도 준다. 자동차는 고객과 첫 계약을 하고 돌아오면, 모두 꽃다발을 안겨주고 그날 영업소 회식을 한다. 오피스 게임은 튜토리얼 맵에 소소한 이벤트 보상을 발생시켜 게임 중독을 촉진시킨다.

수습기간이 주는 착각은 크게 세 가지다.

> 사람들이 천사라는 망상!
> 일이 할 만하다는 공상!
> 다닐 만한 회사라는 허상!

사람들이 배려하고, 실수해도 용서받고, 몰라도 이해받는 일상을 보내며 자연스럽게 상상하게 된다. 그러나 착각은 자유라고 했던가? 미안하지만 이 세 가지는 오직 튜토리얼에서만 존재한다. 수습기간이 끝나면 이때부터 갑자기 일거리가 쓰나미처럼 몰려오며 혼미해지기 시작한다.

"아직까지 이런 것도 몰라?" "이거 안 배웠어? 지금까지 뭐했어?"

이런 얘기를 가장 많이 듣게 된다. 알지도 못하는 이 회의 저 회의에 마구 불려다닌다.

사람들의 친절도가 확 떨어지고 상사들은 화를 낸다.
"오늘 중으로 다시 해 와!"
"이게 벌써 몇 번째야!"

사람들은 더 이상 배려해주지도 이해해주지도 않는다. 실수하면 바로 직격탄이 날라온다.

"자료 이렇게 주시면 어떡해요! 빨리 양식 맞춰서 다시 보내주세요."

모르는 것들을 평소처럼 물어본다. 상대는 눈도 마주치지 않고 뒤통수로 답해준다.

"…최종 폴더에서 한번 찾아보세요."

"아… 네에…."

바로 소심해진다. 왜 다들 돌변한 걸까? 꽤나 혼란스럽고 당황스럽다. 가끔 멘탈이 흔들린다.

장난하는 거야 모야! 보고서 이 따위로 밖에 못 써?

사람들이 변했다고? 아니다. 달라진 건 아무것도 없다. 수습기간에는 유효기간이 있다는 것을 몰랐을 뿐이지. 튜토리얼에서 실체는 바로 유효기간이다. 수습이 해제되면 이해와 용서, 배려도 해제된다. 햇살의 따스함은 얼어붙어 차가움이 된다. 신호등의 파란불은 빨간불로 바뀐다. 더 정확하게 말하자면, 배려, 이해, 용서 이런 건 애당초 수습기간에 없었다. 원래 있었다고 믿었던 나만의 어리석은 착각일 뿐… 튜토리얼은 그냥 시간 한정 실드다.

오피스 게임 튜토리얼 모드에서는 플레이어 킬이 불가능하다. 죽이고 싶어도 죽일 수 없게 되어 있다. 절대 사람들이 변한 게 아니다. 단지 룰에 따른 것뿐이다. 그들은 튜토리얼 유저의 레벨이 낮아 공격할 수 없기에 안 한 것뿐이다. 그들도 게임의 유저다. 누군가는 당신을 공격하는 것이 미션일 수도 있다. 이벤트 미션일 수도 있고, 고정 미션일 수도 있다. 그리고 끔찍하게 매일 해야 하는 데일리 미션일 수도 있다.

튜토리얼의 유효기간 종료란 본 게임의 시작이다.
오피스 맵을 돌며 똑같이 사냥해야 하는 한 명의 유저가 되었다는 의미이다. 수습기간이 끝나면 모든 것을 수습해야 한다. 이미 지나간 모든 것까지도….
이것이 오피스 게임의 튜토리얼이다.

좆소는 무조건 제끼는 것이다

보지도 말고 무조건 제껴야 하는 좆소의 특징

> **좆소 꼭 가서 해 봐야 알겠어?**

    우리나라의 회사는 99%가 중소기업이다. 전체 오피서 중 85%가 중소기업에 다니고 있다. 나머지 15% 중 절반은 대기업, 나머지 절반은 중견기업이나 외국계 되겠다. 중소기업 중 소위 말하는 좆소의 비중은 약 2/3 정도라고 보면 된다. 중소기업도 괜찮은 중소는 얼마 없다는 소리다.

    좆소를 피해야 되는 이유는 더 설명 안 해도 이미 충분히 알 것이기 때문에 언급하지 않겠다. 아무리 취업이 어렵고 이직이 순탄하지 않아도 좆소는 그냥 인생의 낭비인지라 피하는 게 상책이다. 좆소들의 만행으로 인해 중소가 싸잡아 좆소로 전락하는 행태가 되기도 한다. 미지급 임금체불의 95%가 중소기업이며 이를 면밀히 살펴보면 임금체불 중 2/3 정도가 좆소들의 만행이다. 그리고 전체 체불임금의 50%는 퇴직금이다. 이것만 봐도 정상적인 오피서라면 좆소는 거르고 봐야 한다. 오피스 게임은 잘 선택하는 것이 아닌 잘 거르는 자가 이기는 게임이다.

    좆소는 채용 공고에 이미지 배너 하나도 안 달린 경우가 많다. 이전 공고를 보면 사람을 한없이 계속 뽑고 있다. 직무도 애매하게 써있다. 읽어보면 가서 뭐하는 곳인지가 감이 안 온다. 자본금이나 직원 수도 매우 적거나 제대로 등록되어 있지 않다.

    위치를 보면 빼박이다. 소위 말하는 오피스 지구나 직장가가 아닌 이상한 위치에 있다.

면접 보러 왔는데 가정집 대문. 여기 맞나? 이상하다….

회사 이름도 이상하다. 초맹솔루션, 초맹시스템, 초맹테크, 초맹네트웍스, 초맹산업. 암만 봐도 뭐 하는 데인지 잘 모르겠다. 가끔 사명으로 현혹시켜 장난질을 하는데도 있다. 세계적 초우량 기업 (주)초맹을 한끗 바꿔 '초맨통상' 요롷게 물타기한다. 그럼 지원자가 확실히 늘긴 한다. 속지 마라.

회사 이름에서 보듯 사업 내용도 애매하다. 무역업, 전자상거래 이런 식이다. 무역업이면 해외직구 구매대행이고, 전자상거래면 스마트스토어에 물건 떼다 팔기를 한다. 대중국 수출업이면 대리점 돌며 중고 휴대폰 매입해서 중국업자에게 파는 폰팔이다. 그렇다. 마땅한 사업 아이템이 없는 것이다.

복지에는 주5일 근무, 가족 같은 분위기, 커피·차·다과 상시 제공, 여름휴가, 4대보험가입 이런 게 써 있다. 저런 당연한 게 복지로 써있다? 어때? 좋소의 스멜이 물씬 풍기지 않는가? 채용 공고가 이런 식이라면 더 볼 것 없다. 시간낭비하지 말고 뒤로 가기를 누르자.

시간이 남아돌아 할 일이 없다면 경험 삼아 면접을 한 번 가 보자. 사무실이 어디 정상적인 빌딩에 입주되지 않는 경우도 많다. 이상한 오피스텔 건물 205호. 번지수로 지도 조회해서 찾아가야 하는 경우도 많다. 가보면 간판도 제대로 안 붙어 있거나 허접하다. 입구는 대부분 외부 손님 접객을 위해 그럴싸하게 꾸며 놓는 게 상식이다. 그러나 좋소는 그냥 원래 달려 있던 철문을 쓰는 경우도 많다.

다 쓰러져 가는 건물에 엘리베이터 없는 3층에 있기도 하다. 1층은 보세 옷가게가 망해 임대중이고 2층은 시계수리점이다. 그래서 이들은 여러 꼼수를 쓰기도 한다. 근처 카페에서 면접을 보자고 하거나, 시간을 퇴근시간 이후로 잡기도 한다. 그럴 땐 그냥 안 가면 된다.

좀 더 오른쪽으로 걸고, 천장에 형광등도 하나 빼!

회사에 도착해 들어가 보면 더욱 가관이다. 몇 명 있지도 않는데 누가 왔는지 내다 보지도 않는다. 그렇다. 평소에 오는 사람이 없기 때문이다. 지나가다 안에 누구 마주치면 그제서야 면접 안내를 해준다. 면접 안내를 받고 따라갈 때 사무실 분위기를 자세히 살펴보라.

몇 명 있지도 않는데 지나치게 조용하다. 이건 둘 중 하나다. 사장이나 가족 누구 하나가 다 휘어잡고 있어, 찍소리 못하는 분위기거나 일이 없는 거다. '저 안쪽 자리에 있는 저 아줌마는 뭐지? 높은 사람 같은데….' 이런 장면이 보인다면, 실장 직함을 달고 있는 사장 마누라일 거다.

회의실이 있기는 한데 안에 무슨 박스가 많이 쌓여있다. 회의실이라기보다는 창고 느낌이다. 이거 뭔지 알지? 면접을 보면 이런 데서 보거나 심지어 그냥 사무실 한가운데 파티션 뒤쪽에 의자 갖다놓고 면접을 본다. 이때 내오는 건 믹스 커피나 녹차 둘 중 하나다. 면접은 사장이나 실장(사장 마누라), 이사(사장 동생) 같은 사람이 면접을 본다. 여기가 뭐하는 회사인지 설명해주고 시작한다.

"관상이 딱 일 잘하게 생겼네!" 면접을 이렇게 본다구?

"우리회사는 대중국 무역과 전자상거래를 전개하는 회사고, 다각도로 변화를 도모하며 신사업을 확장하는 중입니다."

중국으로 뭔 물건 떼어다 판다는 소리고, 그 물건을 스마트스토어에도 파는데, 벌이가 시원찮아 다른 돈 되는 걸 찾는 중… 이라고 해석하면 딱 맞다. 이력서를 보고 가장 먼저 살피는 건, 이력서 사진 언제 찍은 건가와 집 주소다. 이들에게 중요한 1순위는 관상이요. 2순위는 근거리다. 스펙이나 경력은 별로 따지지 않는다. 그리고 일장 연설이 시작된다. 보통 사장이 자기 경력이나 인맥 자랑을 하고, 중소 예찬론을 펼친다.

"초맹건설 알죠? 내가 원래 거기서도 한 7년 일했지. 큰 회사 그거 별 거 없어요. 삭막하기만 하고. 사람은 하고 싶은 일을 해야 하고, 성장을 할 수 있어야지. 여긴 하고 싶은 건 뭐든 다 할 수 있어요. 일은 무엇보다 신뢰가 중요하거든요. 사장은 직원을 믿고 맡기는 거고, 직원은 회사를 성장시키는 경험을 하고 보람을 얻는 겁니다. 스타트업이란 건 그런 모든 경험을 할 수 있어요. 짧은 시간 내에 굵은 커리어를 쌓는 장점이 있는거지. 허허허."

이들의 화법은 비슷하다. 중간중간 말을 놓는다. 자기 얘기에 바쁘다. 좆소를 스타트업으로 포장한다. 면접 말미가 되서야 궁금한 걸 물어본다. 할 줄 아는 게 어떤 게 있는지 대충 훑는 정도다. 그리고 술을 잘 마시는지, 출근은 언제부터 할 수 있는지다.

취미가 뭔지도 꼭 물어본다. 이걸 묻는 이유는 사람적인 관심이 아니다. 취미와 연계되서 또 뭘 시킬 수 있을까 재 보기 위해서다. 가끔 운전면허가 없다고 흠을 잡기도 한다. 지원한 포지션과 아무 상관이 없는데도 말이다.

"여기 오면 어떤 일을 하게 되는 건가요? 경력도 좀 있는데 직급과 연봉은 어떻게 되는지도 궁금합니다."

"음…. 일은 상거래 운영, 마케팅 쪽을 생각하고 있는데, 추가로 다른 걸 더 할 수도 있구요. 직급이나 연봉은 여기서 얘기하기는 섣부르고, 내규가 들어오고 나서 협상을 통해 정하는 겁니다."

그렇다. 일은 이거저거 다 해야 되는 거다. 내규고 나발이고 그런 거 없다. 일단 오란 소리다.

나 안 해! 도망가자!

면접을 보고 나오면 뭔가 자꾸 찌뿌둥한 기분이 든다. 똥 싸다 중간에 짜르고 나온 느낌. 소개팅 나갔는데 실물 보고당한 것 같은 느낌. 오늘 하루 내가 뭐한거지? 하는 기분. 인생의 하루가 무의미하게 썰려나간 기분. 오늘 저녁을 뭐 먹을지 생각 안 나는 공허함. 이런 느낌이 든다면 좋소일 확률이 무척 높다. 무조건 거르는 게 답이다.

"작으면 어때? 가서 한번 키워봐!"

옛날 어른들이 많이 하던 말이다. 물론 틀린 말은 아니다. 클 수 있는 싹수를 보이는 중소는 따로 있다. 다만 그것이 모든 중소는 아니라는 것이다. 시대가 바뀌었다, 아주 많이. 키우는 건 직원 몫이 아니다. 사장 몫이지. 낭만파 오피서들의 시대에는 그게 가능했다. 사장은 직원을 챙겼다. 직원은 함께 성장했다.

가족같은 분위기로 대변되는 좋소. 원래 가족같은 분위기는 좋은 것이다. 낭만파 오피서 시대에 각광받던 문구다. 집이 없는 직원들을 위해 사장은 회사에서 숙식을 할 수 있도록 해줬다. 직원은 충성했고, 회사가 잘 되면 그 직원을 지점장으로 보내거나 집을 사는 데 돈도 보태줬다.

에이 말도 안 돼! 그치? 말도 안 된다. 시대가 그만큼 바뀌었으니까. 가족같은 분위기라는 문구는 IMF 이후 사라져갔다. 좋소들도 가족같은 분위기라는 말은 안 쓴다. 분위기란 가 봐야 안다. 취업 커뮤니티를 봐도 안다. 좋은 얘기는 반 정도 맞다고 보면 된다. 나쁜 얘기는 대부분 맞다.

출근하면 사장과 처우를 협상한다. 물론 잘될 리 없다.
"최저 시급과 전 직장에 받은 액수를 고려할 때, 연봉 4,000은 받아야 적합할 것 같습니다."

좋소는 청소나 정리 같은 잡일부터 가르친다.

"으음… 다른 사람들과 형평성도 감안을 해야 되거든. 그리고 여기서 아직 뭐 성과를 달성한 것도 없고 하니 3,300으로 합시다. 우리가 성과연봉제라 내년에 다시 성과로 협상해서 올려 줄께요. 원래 3,000 정도가 적당한데 특별히 10% 더 쳐서 3,300 맞춰주는 거야. 회사에서 보험료도 반씩 내주고 연금도 반 내주잖아. 회사는 5,000도 넘게 나가는 거야. 연봉이 5,000이나 다름없는 셈이지. 그리고 연봉은 절대 어디 얘기하지 말고! 형평성 문제가 생겨버려요 이게….″

"네. 알겠습니다. 그럼 직급은 어떻게 되는 건가요?"

"어떻게 했으면 좋겠나? 원하는 게 있어?"

"새로운 프로젝트도 진행해야 되고 경력도 좀 있습니다. 추진력을 얻기 위해서는 최소 대리 정도는 받고 가는 게 좋을 것 같아요."

"직급에 기대서 하는 건 헤더십이지. 진정한 리더십은 직급 그런 것과 상관없이 발휘되는 법이거든."

"네? 그게 무슨 얘기신지….″

"우선 직급 없이 하도록 해봐. 리더십을 발휘해보고 동료들과 융화가 되어야 직급도 의미가 있을 테니, 그때 가서 적당한 직급도 생각해보자구.″

"쓰레기 더 꾹꾹 눌러 담아!" 사장 마누라가 실세다.

Chapter 02 _ 오피스 게임 입문   59

그렇다. 아무런 체계가 없다. 하향 형평성을 매우 중시한다. 다 돈과 연관되어 있다. 저 연봉 3,300도 뭔 청년 채용 수당 이런 거 알아보고 1,000 정도는 국가지원을 받아서 채워 넣는다.

PC가 잘 안 되서. 그냥 계산기 쓰시는 게 더 빨라요.

직원이 전부 12명이라고 하던데, 그래도 두 자릿수다. 두 자릿수면 좋소는 아니겠지 하는 생각이 든다.

나와서 자리 안내를 받고 천천히 주변을 돌아본다. 일단 밸런스가 안 맞는다. 꽉 차 있어야 할 곳이 텅 비어있고 전반적으로 낡았다. 파티션이 흔들거린다. 이쪽 파티션은 높고 저쪽은 낮다. 가운데 테이블에는 무슨 박스가 많이 쌓여있다. 회의실도 다를 바 없다.

요즘은 잘 쓰지 않는 말이지만 여전히 탕비실이라는 곳이 있다. 창고 공간을 활용하거나, 파티션 하나 쳐놓고 A4용지로 '탕비실'이라고 써 붙여둔다. 인테리어에 쓸 비용이 없거나 아깝다고 생각하는 것이다. 여기는 십중팔구 청소 도구가 있다. 청소 쓰레기통 비우기 이런 건 다 직접 한다. 청소 용역을 쓰면 관리비에 추가되기 때문에 관리비를 줄이려는 것이다. 하여 가르치는 일도 청소가 먼저다. 청소 당번제, 탕비실 당번제 같은 걸 운영한다. 청소하고 믹스 커피 떨어지면 채워두고 컵이나 쟁반 씻어서 정리해 놓는 일이다. 퐁퐁 수세미 다 떨어지면 아래 수납장 열면 있는 거 알지? 윗 수납장은 간식이랑 종이컵 채우는 거고.

일단 사람들 표정이 힘아리가 없다. 사람이 와도 뭐 쓱 쳐다보지 않는다. 그래도 누군가 텐션 좋은 사람은 꼭 한둘씩 있다. 맞다. 좋소는 분위기 처짐 방지를 위해 일 못하고 바보여도 텐션이 좋고 리액션 좀 치면 뽑는다.

좋소의 점심시간은 다같이 모여서 싸게 먹는다.

PC는 전에 있던 사람이 쓰던 걸 물려받는다. PC에는 온갖 게 다 들어있다. 이 PC의 정체가 궁금해진다. 마케팅 담당자가 쓰던 PC인지… 경리가 쓰던 PC인지… 아님 다른 회사에서 쓰다 가져온 PC인지 헷갈린다. 열어서 보면 지난 주 파일도 있다. 안에 자료들을 뒤지다 보면 여러 이름들이 나온다. PC의 전 주인 계보를 금방 파악할 수 있다. 궁금해서 옆 동료에게 물어보면 대답은 한결같다.

"아 그거요? 박대리님이라고 전에 계신 분인데 1주일하고 떴어요. 뭐 갑자기 귀농에 뜻이 생겼다나?"

"야 이대리. 쉿! 아 뭐 쓸데없는 얘길 하고 그래… 허허."

팀장은 와서 다급히 입막음한다. 그렇다. 정상인이라면 며칠이면 알아보고 서둘러 탈출한다.

꼭 프린터 연결이나 인터넷이 잘 안 된다. 물어보면 아는 넘이 없다. 옆 부서에서 컴퓨터 게임 좀 한다는 사람 한 명이 와서 봐준다.

"아 이거 접선이 불량인 것 같은데요?" 랜선 뽑았다 꼽았다 반복하고, 프린터에 가서 전원 껐다 켰다 반복한다. 그래도 안 된다. 머리를 긁적이다 PC를 재부팅한다.

"네. 이제 되네요. 하하" 옆자리 뺀질이가 말한다. "저희 회사 컴잘알이세요."

프린터 쪽에 가보면 이면지함이 있고, 벽에 A4용지로 '이면지 사용하세요.'가 붙어 있다. 용지함을 열어 보면 역시나 이면지로 채워져있다. 물론 새용지도 있는데 쓰면 뭐라 한다. 새용지는 어디 제안서나 입찰서 같은 서류를 낼 때 쓰고, 내부에서는 이면지를 쓰는 게 공식이다.

프린터도 직접 고쳐 쓴다.

좋소의 경우 높은 확률로 자리마다 스탠드가 있다. 스탠드가 상징하는 바는 야근이 많다는 것이다. 그리고 야근 때는 사무실 불을 끈다는 의미다. 또 하나는 회의실이나 구석진 곳에 소파베드나 캠핑용 야전침대가 있냐의 여부다. 이게 있다면 철야가 있다는 의미다. 탕비실에 침낭이 구비된 곳도 있다. 위생은 당연히 좋지 않다. 세탁을 잘 안 한다. 그냥 냄새나고 더럽다. 탕비실에는 색 바랜 원룸형 냉장고가 있다. 열어 보면 볶음김치, 당근쥬스, 녹즙 이런 게 몇 개 들어가 있다. 당연히 악취 쩐다.

건물을 볼 때 관리가 잘 되는지를 알고 싶으면 화장실을 보면 된다. 화장실이 깨끗하면 다른 곳은 안 봐도 된다. 관리 잘되는 건물이란 뜻이다. 이런 곳은 대부분 화장실도 개더럽다. 화장실은 오피서들의 아늑한 공간이 되어야 하나 일단 악취에 찌들어 있어 빨리 나가고 싶게 만든다. 변기는 수압이 약하고 자주 막힌다. 뚫어줄 사람이 없어 뚫어뻥이 항상 구비되어 있다. 휴지가 없을 때도 많아 아침에 보고 사무실에서 두루말이 휴지 세팅해두어야 한다. 거울은 반투명하고 이끼가 끼어있다. 셀카 찍을 맛이 안 난다. 타일은 전형적인 흰색 타일에 모서리가 좀 깨져있다.

서류함도 정상적인 게 없다.

Chapter 02 _ 오피스 게임 입문

> 이게 사람이 다니는 데 맞나?

업무 파악이 필요해 서류함을 본다. 낡은 캐비넷이 구석에 있고, 잘 안 쓰는 티가 많이 난다. 먼지가 많이 쌓여 있다. 문짝이 아다리가 잘 안 맞는 것도 많다. 열어 보면 서류를 보관한다…기보다는, 쑤셔 박았다는 느낌에 더 가깝다. 사실 정리하려고 마음 먹으면 태반이 없어도 되는 버려야 할 것들이다. 별 게 다 나온다.

5년 전 국책과제 입찰 서류부터 정체 모를 초맹각 중국집 전단지, 그동안 지원한 지원자들 이력서 뭉텡이들… 워크샵 갔던 프로그램 자료들과 화이팅을 외치는 단체 사진들. 그 사진들을 자세히 보면 더 경악스러운 것은 저 사진 속에 있는 사람들 중 두세 명만 알아볼 수 있고, 나머진 여기 없는 사람들이다.

서류함의 복잡함을 보고나면 머릿속도 복잡해진다. 이걸 어디 가서 회사 다닌다고 말할 수 있겠는가? 중소는 다 원래 이런 건가? 아무리 길어도 며칠 만에 고민 포인트가 찾아온다.

이때 보통은 좀 더 다니면서 생각해보자는 마음을 먹는다. 그렇게 며칠 안에 끝낼 수 있는 것을 수개월에서 1년 이상을 끌게 되는 것이다. 저런 생각이 들었다면 너가 한 생각이 맞다. 중소라고 다 그런 생각이 들지는 않는다. 그건 좋소이기 때문에 드는 생각이다. 지금 이런 생각이 들고 있다면 빨리 구명보트를 띄우고 일단 탈출해라. 어디로 갈지 좌표는 안 찍어도 좋다. 탈출이 먼저다.

좋소는 이런 기념사진을 좋아한다.

오해 않기 바란다. 중소는 대기업들이 하지 않는 작은 산업 분야를 받치고 있으며 지역 경제를 견인한다. 또한 건실한 중소기업은 새로운 산업혁명을 이끌어내는 기폭제의 역할을 해주는 핵심적인 경제 주체다. 여기서는 중소를 모두까기하는 것이 아니다. 좋소도 중소의 범주에 있으나, 그 행태에 따라 중소와 좋소는 엄연히 다르다. 가장 보고 배울 거 없고 얻을 거 없는 오피서들의 무덤이 바로 좋소다. 그런 좋소들의 만행으로 모든 중소가 싸잡아 좋소로 매도당하는 것이다. 이를 오피서들의 탓으로 돌리지 마라.

> 못해 먹겠다! 니네끼리 해라 이 색끼들아!

그래도 자신이 있다는 오피서들이 있다면? 그럼 어디 키워봐! 좆소를 키우느니 새로 창업해서 키우는 게 더 빠를 것이다.

좆소는 걸러야 하는 곳이지, 몸담아야 할 곳이 아니다.

오피스 게임은 시작이 반이다. 어디서 시작하냐에 따라 게임의 판도가 많이 달라진다. 당장 생계의 어려움이 있어 좆소라도 가야 한다면, 그냥 알바를 해라. 받는 돈은 얼마 차이 안 날 것이다.

아무리 급하더라도 좆소는 가는 게 아니다.

유통기한 미리 정해진 오피서의 이름, 계약직

너 대기업 계약직이라며?

> **2년 안에 리셋하는 오피스 게임**

"입사 축하 드립니다!" 말로만 듣던 대기업 초맹에 입사했다. 취업난을 뚫고 입성한 오피스 게임 입문의 최상위 레벨 대.기.업! 남들은 환호를 부를 법도 하지만, 표정이 밝지만은 않다. 왜일까? 이유는 간단하다. 계.약.직.이라서.

많은 회사가 계약직을 고용한다. 값이 싸기 때문이다. 주로 반복적이고 쉬운 잡일용이다. 그렇다. 태생부터 이들은 유통기한이 정해져 있는 자동 사냥 용도다. 오피서를 위한 오피서인 셈이다. 노비를 위한 노비다.

처음부터 계약직을 노리는 청년들은 없다. 취업이 너무 어렵다. 보통 입사 퀘스트에서 많은 좌절을 맛보고 눈을 돌려 계약직에 지원한다. 남자보다는 여자가 훨씬 많다. 들어오는 루트는 크게 두 가지다. 회사가 직접 계약직을 뽑거나, 인력파견 업체를 통해 파견직으로 받는 경우다.

계약직은 보통 1년 계약, 2년 계약 기간을 미리 박는다. 그래도 대기업 계약직이면 연봉은 괜찮을까? 아니다. 적다. 최저시급 살짝 넘는 수준이다. 사회 초년생이 많은 특성상, 처음에는 조금 신기하다.

'아. 회사는 이런 곳이구나. 대기업은 이런 분위기구나.'

여기가 말로만 듣던 대기업인가?

자리는 대개 출입구 쪽이다. 미리 준비도 안 해놓고 사람 오고 나서야, 거기 올라가 있던 박스나 잡동사니를 치우고 여기 물티슈로 한 번 닦고 쓰랜다. 막내 같이 보이는 애가 시스템 사용법이나 해야 할 일을 며칠 알려준다. 일을 배우며 유심히 본다. 일 가르쳐주는 막내의 사원증 테두리는 파란색이고 내건 빨간색이다. 노트북은 딱 봐도 좀 낡아 보이는 게 켜보면 안에 뭐가 많다. 누가 쓰던 건가 보다.

"계사원 이 자료 회의할 때 써야 되니까 5부 출력해서 주세요."

계약직은 부서에 배치되면 간단한 시스템 사용법을 배우고 잡일을 담당한다. 주로 세금계산서 처리. 비용 정산 같은 경리 업무부터, 출력, 복사, 서치, 자료 정리, 대리님들 업무 보조 이런 것들이다.

몇 달 지나 적응을 마치고 한참 뒤섞여 바쁘게 일하다 보면 어느 순간 계약직이란 생각이 들지 않는다. 그냥 팀에서 잡일하는 막내 같이 느껴질 뿐이다. 사람들도 딱히 선을 긋고 대하지 않는다. 그때부터 생각한다.

> 야! 이거 출력해 와!

'그냥 계약 기간만 있을 뿐, 뭐 일하는 건 똑같잖아.'

그래서 가끔 팀에 도움이 되고자 좀 더 열심히 해본다. 책임감 있게 남아서 일도 더 한다. 그러나 계약직의 차가운 현실을 되새겨주는 데 오래 걸리지 않는다. 입장 난처해지는 순간들이 있다. 현타가 오는 순간들이 있다.

친구들을 만나면 묻는다.
"너 어디 다녀?"
"응. 나 초맹 들어갔어."
"뭐? 초맹? 거기 완전 대기업이잖아!"
이 지점에서 망설여진다. 계약직이라고 덧붙여서 말해줘야 되는 건가? 괜히 거짓말한 느낌이다.

회사에서도 점심 먹던 중 사람들이 말한다.
"이달 명절 떡값 없어서 월급 두둑이 들어왔는데, 차 한 대 뽑을라구!"

Chapter 02 _ 오피스 게임 입문

"저는 명절 껴서 해외여행 갈 거예요. 전부터 보스포루스 해협을 보고 싶었거든요."

으음… 그랬구나. 계약직의 급여에는 떡값이 없다. 월급도 적다. 입에 풀칠하기도 힘든데, 쟤네는 차도 뽑고 여행도 가네? 분명 같은 팀 사람들끼리 하는 일반적인 대화지만, 여기서 정규직들의 대화로 들린다. 계약직은 할 말이 없다.

그 와중에 누가 눈치 없이 여행 안 가냐고 묻는다. 아… 뭐라고 대답하지? 괜히 계약직이라 월급 적다고 말하긴 그렇다. 안다. 저들도 평소에 정규직이니 계약직이니 생각 안 했기 때문에 자연스럽게 나온 말이라는 거.

그렇지만 자연스럽게 느껴지지 않는다. 월급에서 신분차를 느껴 버린 탓일까? 결국 그냥 별다른 계획 없다는 말로 대충 퉁쳐 버린다. 연말. 정규직들이 성과급 잔치라도 벌릴 때면 서러움이 복받친다. 그 겨울은 유난히 춥기만 하다.

일 시켜놓고 정규직들은 커피 빨고 있네?

신입사원이 배정되었다. 나이는 비슷해 보인다. 친하게 지내기 좋을 것 같다. 새로 온 신입사원에게 필요한 물품을 챙겨준다. 신입이 인사를 한다.

"앞으로 친하게 지내요. 잘 부탁드립니다. 선배님."
"아… 네. 근데 저… 선배님은 아니구요…."
"그럼 대리님이신가요? 설마 동기?"
난감하다. 뭐라 말하기가 그렇다. 먼저 왔으니 선배인가? 계약직이니 아니라고 하는 게 맞나?

신입이 옆에서 대리님들께 혼난다. 아직 미숙한가 보다. 힘들어 보인다.
"저분은 저랑 비슷해 보이는데, 자료 정리 이런 편한 일 하잖아요? 저는 왜 어려운 일을 주는지 이해가 안 돼요."
"쟤는 계약직이잖아! 정규직이랑 같애?"

아. 그렇구나. 저들끼리의 대화지만 비수는 내 가슴을 후벼판다. 계약직과 정규직. 한 공간에서도 저들만의 세계가 따로 있었구나. 그 세계는 내가 들어가지 못하는 곳이었다. 어떤 노력을 해도 들어갈 수 없는 곳이었다.

"제가 내일까지 시장조사 좀 해야 하는데 여기 자료 좀 채워주시겠어요?"
"네? 이거를 왜 제가…."
"언니, 계약직이라면서요?"

할 말을 잃는다. 개킹받는다. 지가 하면 되지. 계약직이면 아무나 와서 사냥시켜도 되는 건가? 심지어 얼마 전 친하게 지내자던 신입도 계약직인 걸 알고 나서 하대한다. 같은 공간에서 숨 쉬고 있지만 서로 다르다. 계약직에게는 한숨뿐이다.

뭔가 발전적인 것을 찾아본다. 대기업이라 여러 직무 교육도 신청할 수 있다.
있는 동안 혜택도 누리고 교육도 받자는 생각으로 신청해본다. 에러인가? 신청이 안 된다. 물어보니 정규직만 할 수 있댄다. 김샌다. 어떤 직무 교육이 유익할까 한참 뒤져보고 신청했는데….

신입사원이 선배인 줄 알고 인사하면 당황스럽다.

팀 주간 회의. 모두 회의자료를 챙겨 속속들이 미팅룸으로 들어간다. 매주 월요일 오전은 혼자 있는 시간이다. 처음에는 한 팀이어서 당연히 같이 들어가는줄 알았다. 궁금했다. 팀이 어떻게 돌아가는지, 회의는 어떻게 진행되는지. 내가 할 수 있는 것들이 뭐가 있을지. 나도 아이디어 많이 낼 수 있는데. 더 보탬이 될 수 있는데.

그러나 기회는 주어지지 않는다. 애초에 참석 대상이 아니다. 계약직이 들으면 안 되는 얘기가 있는 것도 아닐 텐데. 그래서 모든 팀원들이 회의를 하는 동안 자동으로 휴식 시간이 주어진다. 가만히 앉아 있다. 이따금 타 부서에서 오는 문의는 선임들을 찾는 문의 정도? 마치 식구들이 때 빼고 광내며 '우린 놀이동산 다녀올 테니 넌 집 보고 있어.' 이런 느낌이랄까? 계약직이더라도 한 팀 식구인 줄 알았는데, 착각이었던 것이다. 같은 열린 공간 안에 있지만 곳곳에 무수한 벽들이 가로막고 있는 기분이다.

앞으로 뭘 해야 할까? 답답한 마음에 홀로 산책을 하고 돌아온다.

"계약직은 회의 안 들어가!" 입구 컷당한다.

지나가다 우연히 남자 직원들의 대화가 들린다.
"나도 이제 연애 좀 해야 되는데… 어디 괜찮은 애 없나?"
"너네 팀에 입구 쪽 자리 걔 있잖아. 가까운 데서 찾아."
"걔는 다 괜찮은데 계약직이라서 좀 그래. 기왕이면 제대로 된 애 만나야지."
"뭐? 걔 계약직이었어?"

저거 내 얘기 같은데. 아 킹받네. 생긴 건 두부 대가리 맷돌에 빻은 것처럼 생겨 가지고! 계약직이면 어디 하자 있는 거야? 누가 만나준대? 계약직이면 뭐 쉬울 줄 알어? 선택권은 지들이 가지고 있는 건가?

계약직이라는 이유로 사람을 제멋대로 저렇게 평가해버리는 건가? 좀 챙겨주길래 좋은 넘인지 알았더니 다 똑같구나. 현타는 계속된다. 돌아오는 길. 안내데스크가 보인다. 데스크 직원과 눈인사를 주고받으며 생각한다.
'저기서 일하는 저분들도 다르지 않겠지?'

옆 부서에 심부름을 많이 다니다 보면 서서히 옆 부서 계약직들과 안면을 트게 된다. 이 무렵부터 친해지는 사람들은 옆 부서 계약직들이다. 우선 말이 잘 통한다. 같은 처지에 있다. 이따금 같이 어울려 맛집도 다닌다.

"난 그냥 일이 편해서 이거 해. 다음 달에 1년 돼서 재계약 준비해야지."
"여기서 열심히 할 필요 없어. 월급도 적고 해주는 것도 없는데 뭐."

'차라리 저래야 하는 건가? 계약직 기간이 아무 도움도 되지 않는 것일까?'
이들끼리 말은 잘 통하지만, 생각은 복잡해져만 간다. 말이 좋아 계약직이고 회사원같이 보일 뿐, 그냥 '알.바.생'이나 다름없던 것이다.

처음에는 계약직이더라도 열심히 하면 기회가 주어지고 인정받을 수 있다고 생각한다. 그러나 서서히 벽을 느낀다. 그 벽은 보이지 않는다. 보이지 않기에 앞으로 가다 부딪치게 된다.

비슷한 계약직들끼리 어울리게 된다.

세상에 나의 쓸모가 겨우 돈 계산에 자료 정리였나 싶기도 하다. 6개월 정도면 계약직의 현실을 충분히 깨닫는다. 다가오는 유통기한. 계속되는 차별. 번져가는 상처. 꼬라박는 자존감. 지금껏 살아온 인생이 부정당하는 기분이다.

오피스 게임. 더러운 이 자본주의 게임은 노비들에게 차갑다. 다만 노비를 위한 노비들에게는 더욱 차갑다. 상대가 회사만이 아니다. 노비마저도 외면하기 때문이다.
늘지 않는 스킬. 주어지지 않는 보상. 썩어가는 유통기한을 마주하며 점점 내면이 타들어간다.

계약직. 그들은 노비를 위해 존재한다. 그래서 늘 서럽다.
2년 안에 모든 차별의 디버프를 감내하게 되는 것. 이것이 오피스 게임 계약직의 법칙이다.

"약직아 이거 먹어!" 누군가 잘해주는 사람은 있다.

그래! 나 유통기한 다 되가는 계약직이다!

계약직 퀘스트 중점 공략

> **퀘스트 공략은 2년이면 충분하다**

한 공간에서 일하며 함께 있어도 남다른 벽을 마주하는 이들. 계약직. 계약직에는 꼬리표가 늘 따라다닌다. 늘 서러움을 마주하며 자존감은 땅바닥에 꼬라박는다.

계약직에게는 아무 희망도 없는 것일까? 아니다. 점점 경력직을 찾는 시장 추세를 볼 때 충분히 가능성이 있다.

화장실에 홀로 앉아 울 때도 많다.

계약직도 어딘가 마음을 터놓을 곳이 필요하다.

　일단 계약직은 대기업이나 최소 네임드 회사에 가서 하는 거다. 절대 좆소 가서 하는 게 아니다. 좆소에서의 계약직은 하는 일이 정규직이나 구분이 없다. 그냥 값만 쌀 뿐이다. 근데 이후를 기대하기 어렵다. 결국 싼 가격에 빨아먹히고 끝난다.

　백수라 놀기 그래서 대충 계약직을 하면 시작부터 망한다. 계약직 자체를 아무 부서나 하지 말고 원하는 직무에 맞춰서 시작하는 게 첫 번째 포인트다. 알바도 편의점 알바를 해야 그다음에 편의점 매니저라도 할 수 있고, 그다음 편의점을 차리는 거다. 여차하면 편의점 본사에 지원하는 데도 유리하다.

　계약직을 하면 마음을 비우고 시작하면 된다. 그냥 취업했다는 생각 대신, 오피스 게임 트라이얼 베타 버전 2년 하면서 용돈 받는다고 생각하는 게 좋다. 부서에서 아무 쓰잘데기 없는 잡일 위주로 준다. 그런 거 열심히 해봐야 실력이 늘거나 하지 않는다. 그냥 회사는 이렇게 돌아가는구나 이해하는 정도다. 그래서 그 경력을 2년 쌓아봐야 뭣도 안 되는 것이다.

열심히 하면 정규직 전환도 될 수 있어!

부서에서는 계약직이고 잡일이라고 대충할 것이라는 우려가 있다. 그래서 처음부터 가스라이팅에 들어간다.

"일을 많이 배워나간다는 데 중점을 두고, 책임 있게 해주시기 바래요."
"잘 해서 계약직 기간 평가가 좋으면, 정규직이 될 수도 있습니다."

우선 계약직에는 티오가 다르다. 그 자리가 원래 계약직을 돌려 쓰는 자리가 있다. 반면 휴직으로 인한 공석이나 정규직을 줘야 하는 자리를 HR에서 계약직으로 막고 있는 경우도 있다. 전자라면 계약직에게 찬스는 없다. 반면 후자라면 찬스가 나올 수 있다. 2년 안에 부서의 누군가는 퇴사를 지르기 때문이다.

일단 처음에 이런 가스라이팅은 믿어서는 안 된다. 마음을 비우는 게 우선이다. 일은 잡일만 온다. 회의 참석도 못 한다. 부서가 어떻게 돌아가는지 잘 모른다. 여러 차별과 벽을 경험하다 보면 오는 잡일만 대충하다가 유통기한이 도래하게 된다. 보통 그렇게 생각 없는 잡몹 사냥질 끝에 계약직 퀘스트를 깨지 못한다.

적응기에 잡일들을 받아 익히고, 그 일을 눈에 들게끔 하는 게 중요하다. 다른 편리한 방식으로 바꾼다던가, 일 자체를 수월하게 만들 방안을 만들어 제안한다던가 하는 것이다. 그럼 곧 눈에 들게 된다. 어느 부서라도 좋은 오피서나 이를 알아보는 오피서는 있기 마련. 그들과 친해져라. 이들이 문을 열어줄 것이다. 팀장은 계약직에게 관심 없다. 무리해서 잘 보일 필요 없다. 공략 대상은 대리~과장 정도다. 나이대 비슷하다고 신입이랑 어울려 노는 거 아니다. 신입은 자기 앞가림도 못한다.

선임들과 친해지면 질문을 많이 해라. 계약직의 잡일 수준을 넘는 정규직들의 업무나, 팀 업무 현황, 잡일을 하다 이상한 점들을 많이 물어보면 좋다. 오히려 계약직인데도 생각보다 수준이 되네? 좀 다르네? 할 거다. 그럴 수밖에 없다. 왜냐하면 그 전에 그 자리를 거쳐 간 계약직들은 그러지 않았기 때문이다. 이미 계약직에 대한 편견이 심어져 있기 때문에 오히려 더 쉽다.

각성한 계약직은 일도 척척이다!

점차 친한 선임들이 업무를 같이 상의하거나, 평소 안 하던 다른 일을 부탁할 때가 생길 것이다. 물론 그 일을 제대로 하더라도 실적은 선임에게 뺏기게 된다. 계약직은 애초에 실적이라고 할 게 없으니까.

그 선임이 해줄 수 있는 나에 대한 호평이나 리뷰를 노려야 한다. 그렇게 되면 서서히 계약직의 입지를 점차 탈피하게 된다. 간간히 회의에 참석할 수 있는 기회가 생긴다. 더 여럿을 대상으로 어필할 수 있다. 자연스럽게 업무 참여의 범위가 늘어난다. 이를 통해 부서 업무가 어떻게 돌아가는지가 보인다. 계약직이지만 다른 선임들과 협업거리가 늘어난다.

여기가 두 번째 핵심 포인트다. 저 업무들을 어떻게 처리하는지를 다 보고 익혀 두면 된다. 모르겠으면 겉이라도 훑으면 된다. 그러다 보면 1년이 지난다. 특별히 사고를 치지 않는 한 2년 차 재계약이 어렵지는 않을 것이다. 선임들은 팀장에게 나쁘게 말하지 않을 것이기 때문이다. 2년 차가 되면 업무 영역이 좀 더 넓어진다. 점점 발언권도 생긴다. 이 시점에서 친한 선임들을 통해 이 자리가 원래 계약직 자리인지 티오 여부를 알아봐도 좋다. 원래 계약직이 돌려먹는 자리라면 여기서 정규직으로 전환될 가능성은 없다고 봐도 된다.

각성한 계약직은 발표도 척척 해낸다.

1년간 쌓은 이력을 잘 포장해서 중고 신입으로 지원서를 넣으면 된다. 이름 들어본 회사의 계약직. 근데 그 이상의 업무를 했다. 나름 그럴싸해 보인다. 기회는 만들어 가는 것이다. 그리고 하던 일은 계속하면 된다. 그러면서 찬스의 순간은 또 온다. 지금 계약직의 자리가 원래 정규직의 자리였다면 팀에서 HR과 협의를 해서 정규직으로 돌릴 수도 있다. 계약직이 잘하고 있는지 못하는지는 다른 부서 계약직의 업무와 내 업무를 비교해 봐도 된다. 팀 내에서 신입들이 하는 일과 내 일을 비교해 봐도 된다. 최소 그 이상 치고 있다면 계약직 범주를 넘어서고 있다고 봐도 된다.

이런 스탯을 계속 찍어 대면, 2년 다 되어 갈 때는 타 부서에서도 말이 나오기도 한다.
"정말 계약직이시라구요? 많이 아서서 대리님인 줄 알았어요!"
이 무렵 선임들도 오히려 신입보다 낫다고 생각하고 대우해주고 있을 것이다. 문제는 2년의 유통기한이 다가올 무렵이다. 1년 안에 다른 데 중고 신입으로 들어가지 못했다면 아직 한 번의 찬스가 더 남은 것이다. 2년 정도면 다시 한번 중고 신입으로 딜을 해볼 수도 있고, 애매하지만 네임드 회사인 점을 살려 다른 데 경력직으로 지원을 하면 된다. 게임의 문은 더 넓어진다.

그리고 아직 하나 더 남았다. 정규직 전환이다. 이것은 HR에서 틀어막지 않는 한 부서에서 어떻게 챙겨주느냐에 달려있다. 계약직 기간 2년 안에, 부서에서 누가 나갔다? 그동안 착실히 해왔고 스탯을 잘 쌓았다면 사람들은 고민할 것이다. 지금 계약직을 계약 끝내고 저 자리에 경력직으로 앉히면 오히려 더 잘할 수 있지 않을까 하는 고민이다. 이미 2년간, 이 부서에서 일했다. 돌아가는 것도 웬만큼 안다. 계약직인데도 단순 잡부가 아니다. 그럼 이상한 경력직 새로 들이는 것보다 나을 수도 있기 때문이다. 그리고 계약직 자리는 다시 새로운 계약직을 뽑고 잡일을 던지면 되는 것 아니겠는가?

물론 회사의 제도에 따라 부서에서 밀어붙여도 정규직 전환이 안 되기도 한다. 그러나 이후에 부서에서 경력 채용 공고를 내고 연락을 주기도 한다. 아직 다니는 데 없으면 지원하라고. 꼼수기는 하지만 그렇게 다시 들어오는 케이스도 있다.

정규직 전환, 중고 신입, 경력직 3가지 모두 보장할 수 있는 건 없다. 그러나 계약직 2년을 허투루 보낸 자들은 3가지 중 아무런 문도 열 수 없다. 계약직 2년은 오직 스스로를 위해 용돈받고 체험 학습을 한다. 그렇게 가능성을 높이고 노크할 수 있는 기회의 문을 여러 경로로 만들어두는 것이다. 분명한 건 2년간 하기에 따라 유통기한 후 '원점에서 다시 시작해야 하는가? 좀 더 나은 환경을 만들어 시작하는가?'의 차이다. 이 둘의 차이는 확실하게 난다. 밑져봐야 본전이다.

계약직의 퀘스트 돌파는 모든 철벽에 둘러싸여 어려울 것 같다. 그래서 다들 포기한다. 근데 아니다. 쉽다. 계약직에 대한 기대치가 매우 낮기 때문이다. 뭔가 엄청난 것을 보여주지 않아도 된다. 오피스 게임은 기대치가 낮을 때 쉬워진다.

점점 계약직은 늘어난다. 각종 사회 문제에서도 많이 다룬다. 그러나 없어지지 않는다. 값이 싸기 때문이다. 많은 오피서들에게 물어보면 계약직을 차별하지 말자는 데 별다른 이견이 없다. 다들 좋은 사람 같지?

유통기한 내 정규직 전환이 안 되면 나가야 한다.

몇 년 전 공공부문과 대기업에서 계약직을 모두 정규직으로 전환시킨 일이 있었다. 근데 다들 쌍심지를 켜고 집단 반발을 했다. 이들은 정규직이었다. 차별하지 말자며? 근데 왜 그러는데? 추악한 민낯은 곧바로 드러났다. 자격이 안 된다. 우리는 공부를 잘했다. 좋은 대학을 나왔다. 그래서 안 된댄다. 실력되면 뭐든 하는 거고, 안 되면 못 하는 거지. 계약직이 뭐 지들 월급 뺏어간 것도 아닌데. 그냥 남 잘되는 거 배알이 꼴리는 거잖아? 맞지? 그러면서 뭘 그렇게 젠틀한 척하는지 모르겠지만. 그게 본심이다.

어른들이 만든 이 사회의 실체다. 국영수로 인생의 계급을 정한다. 국영수 못한 애는 돈을 잘 벌면 안 된다. 이게 기본 인식이기 때문이다. 그런 어른들에게 길들여진 아이들은 열심히 학원 뺑뺑이 돌며 사교육에 돈을 때려 박고 힘겹게 대기업을 간다. 그리고 그들은 결국 똑같은 인식을 가지게 된다. 그렇기에 계약직은 없어지지 않을 것이다.

괜찮다. 오피스 게임은 국영수로 하는 게 아니다. 계약직 무시하지 마라. 세상에 정규직보다 나은 계약직은 얼마든지 있다. 다만 세상이 미쳐 돌아가는 것뿐이지.

내 딸일세. 여기 본부장으로 올 거야!

친해질 사람 찾기보다 다가오는 사람 거르기가 먼저!

오피스 게임에서 무조건 걸러야 할 사람은?

> **"**
> **그런 인맥 따위 다 갖다버려! 지금!**
> **"**

    오늘도 많은 사람들이 퇴사를 고민한다. 이직을 선택하면 확실한 장점은 게임을 초기화할 수 있다는 것이다. 새로운 캐릭터 구성이 가능하다. 다른 컨셉을 잡을 수 있다. 공간이 바뀐다. 사람이 바뀐다. 생활이 바뀐다. 그리고 주위 사람들이 바뀐다.

회사는 사람들과 부대끼며 생활한다.

사회적 동물 인간에게 사람이란 떼어놓을 수 없다. 회사 역시 마찬가지이다. 오죽하면 중요한 맥은 동맥, 정맥, 인맥이라고까지 할까? 회사에 가면 처음에는 적응을 위해, 그리고 이후에는 인맥을 쌓기 위해 다양한 사람들과 친분을 쌓는다. 오피스 게임 초반은 보통 룰에 적응하는 동시에 사람들을 알아가고 친분을 키워 가며 전개된다.

"사람과 일을 하고, 사람과 소통하며, 사람을 통해 정보를 알게 된다."
그러니 사람이 얼마나 중요한가… 가끔은 먼저 와서 친하게 대해주는 착한 사람들도 있다. 그렇게 서로 어울린다. 일을 배우며 친해지게 되고, 다른 부서 직원들을 소개받으며 다양하게 사람들을 익혀 간다. 특히 처음에는 길잡이가 되어줄 동료를 찾느라 혈안이 된다. 다가오는 사람들에게 쉽게 의존하게 된다.

회사 사보에는 이런 연출된 샷이 단골로 등장한다.

"사람 많이 알아서 나쁠 거 없잖아?"
"자고로 사회생활은 인맥이지!"
사람 그리고 관계의 중요성을 부정하지는 않는다.
다만 게임 초기에는 가장 주의해야 한다. 내 캐릭터가 이상하게 세팅되기 때문이다.

Chapter 02 _ 오피스 게임 입문　85

이때 까딱 잘못했다가 나중에 울면서 계정 다시 파야 하는 수가 있다. 이 게임은 특히 초반에 여러 캐릭터들이 먼저 다가온다. 그러나 좋다고 마구잡이로 덥석 물면 안 된다.

공식은 아주 간단하다. "절대 아무도 믿어서는 안 된다!"

회사의 처음 1년 정도는 업무와 사람들에 익숙해지는 시기다. 반대로 이 시기는 회사가 나를 파악하는 시기다. 내 약점을 찾아 목줄을 쥐고 있으려는 것이다. 그래야 시키기 쉬워지고, 길들이기 쉬워지며, 내치기도 쉬워지기 때문이다. 물론 회사가 대놓고 누군가를 시켜 약점을 찾아오라고 하지는 않는다. 그러나 항상 귀를 열고 소식을 접하는 루트를 마련해 둔다. 절대 공식이다. '회사는 사람을 통해 감시하고, 사람을 통해 경계하며, 사람을 통해 길들인다.'

게임 초에는 보통 친해져야 할 사람을 찾기 마련이다. 하나라도 더 물어보고 배우기 위해서다. 그러나 순서가 틀렸다. 친해져야 할 사람이 아니라 걸러야 할 사람을 찾는 것이 우선이다. 그래야만 캐릭터 설정을 유리하게 할 수 있다.

걸러야 할 사람을 먼저 거르고, 그다음 친해야 할 사람을 찾는 게 유리하다. 걸러야 할 사람의 유형은 사실 매우 많지만, 이는 나중에 빌런 공략 편에서 자세히 다루기로 하고, 여기서는 게임 초반 믿고 걸러야 할 유형의 캐릭터들만 살펴보자!

광대

처음 걸러야 할 1순위는 광대다. 어느 팀이든 1명씩은 있기 마련이다. 입사하면 가장 먼저 다가오는 사람이 바로 광대다. 올라간 입꼬리. 쫑긋 세운 귀. 이쪽저쪽 쉬지 않고 굴러가는 눈. 광대는 알아보기 매우 쉽다.

만능 엔터테이너 기질로 중무장한 그들. 고요와 적막이 흐르는 것을 견디지 못한다. 이들은 사내 소재거리 발굴에 특화되어 있다. 특유의 친화력으로 발이 넓다. 아무 말 대잔치가 주특기다. 여러 루트로 섭렵한 최신 개그와 개드립을 남발한다. 어쩔 때는 경박스럽기까지 하다. 썰 풀려고 회사 다니는 부류다.

캐릭터가 유쾌하고 재미있어 주변에 많은 사람들이 모인다. 사람들을 즐겁게 해주며 삶의 에너지를 얻는다. 그렇기에 자신이 망가지는 것도 주저하지 않는다. 처음 긴장감을 풀어주는 캐릭터의 역할로 사람 좋은 이미지를 준다. 그래서 대부분 광대에게 낚인다. 그러나 이들은 공과 사의 구분이 없다.

심심하지? 다들 모여봐! 모여봐! 아까 이부장이 말야….

첫날 점심 식사는 보통 팀에서 모두 함께 먹는다. 이때 유심히 관찰하자. 웃겨야 한다는 사명감에 과몰입한 나머지 이들은 모든 것을 개그 소스로 사용한다. 사람들 많은 데서도 쉽게 다른 사람의 사적인 뒷담을 마구 흘려대는 것을 볼 수 있다.

대화는 보통 이런 식이다.

광대: "반갑습니다. 어디 사세요?"
초맹: "아… 네… 저는 초맹동 살아요."
광대: "아 초맹동 잘 알죠. 마케팅팀 김대리도 거기 살잖아요."

사람1: "김대리가 그 동네였어?"
광대: "주말에 거기 갔다가 우연히 김대리 봤는데, 소개팅하는 거 같더라고요. 이거 이거 조만간 국수 먹나요? 아하하"
초맹: (아… 얘 말 참 드럽게 많넹… 밥 좀 먹자!)
사람2: "엇? 김대리님 남친 있잖아요. 깨졌나?"
사람3: "야 몬데? 몬데? 김대리 양다리야?"
광대: "아 다들 모르셨구나! 김대리님 작년에 결혼 쫑 났잖아요. 그게 어떻게 된 거냐면… 모여봐! 모여봐!"

누군지도 모르는 김대리… 의문의 1패를 당한다.

이렇게 자리에도 없는 몇 사람을 일시에 소환시켜 딜을 넣는 모습을 심심찮게 볼 수 있다. 웃길 수만 있다면 아무나 까내린다. 자극적으로 클릭을 유도하고 조회수를 아주 그냥 쭉쭉 빨아댄다. 연예부 기자를 했으면 대박은 아니어도 최소 중박은 충분히 치고 남았을 광대들. 진로를 잘못 찾아온 케이스가 대부분이다.

이들과 처음부터 친해진다면 그다음 개그 소재는 바로 내 차례다. 일단 거르고 보는 게 좋다. 게임 중반부터는 새나갔으면 하는 얘기를 일부러 흘려주면, 스피커로 꽤나 유용하다. 그러나 아무것도 모르는 초반에는 처음부터 무조건 걸러야 한다. '광대가 어디 사냐고 묻거든 그냥 집이라고 하자!'

상냥이

이들은 보통 온화하다. 나긋나긋한 화법을 구사한다. 걸음걸이가 경박하지 않고 용모가 단정하다. 시끄럽지 않다. 말투가 동글동글하고 어조는 차분하다. 상냥이들은 주변 맛집을 꿰뚫고 있는 경우가 많다.

아침 9시. 이들의 자리에는 토트백이 던져져 있고, 의자에는 허수아비 세워둔 것처럼 외투만 걸쳐져 있다. 오직 사람만 없다. 모닝커피 타임이다. 10시부터는 점심 메뉴를 검색하며 맛집 정보를 모은다. 리뷰와 별점에 민감하다. 구내식당이 있는 경우, 오늘과 내일의 메뉴 정도는 기본으로 암기하고 있다.

"요것 좀 드시면서 하세요!" 상냥이들은 간식으로 환심을 산다.

상냥이들의 발달사를 보자. 이들은 어중간한 캐릭터가 대부분이다. 튀는 유형도 아니고 업무력이 높지 않다. 대개 부서에서 사이드 업무를 담당한다. 그렇다고 다른 스킬이 있는 것도 아니다. 딜러나 탱커로서도 적합하지 않다. 이들은 게임에서 살아남기 위한 방법으로 힐러가 되기를 선택하는 것이다.

상냥이들은 주로 기존 캐릭터보다는 뉴비를 공략한다. 뉴비들은 이들의 조용한 친절과 은근슬쩍 챙겨주는 간식의 매력에 빠지게 된다. 친해지면 맛집 투어도 시켜준다. 같이 밥 먹으러 가서 자리에 앉으면, 어느 순간 이미 내 앞에 가지런히 냅킨, 수저, 젓가락이 세팅되어 있다. 딱 2/3 맞춰 채워둔 물컵은 보너스. 원래 세팅되어 있었나 싶을 때도 있다. 실수로 국물이라도 흘렸다면, 이미 두 장의 냅킨이 내 앞에 도착해 있다. 마치 내가 흘릴 줄 알고 있던 것처럼… '사람 손이 저렇게 빠른가?' 가히 놀라운 스킬이다.

일하는 중간에도 힘든 건 없는지 티 나지 않게 물어봐 준다. 얘기도 잘 들어주고 공감력도 좋다. 심지어 칭찬도 잘해준다. 그래서 좋은 사람, 믿을 만한 사람으로 여기기 쉽다. 그러나 이 친절은 자신들의 게임 방법일 뿐 좋은 사람이라서가 아니다.

그 온화한 상냥함 뒤에는 어중간한 캐릭터로서의 설움과 한이 맺혀 있다. 친해지고 나면 회사 돌아가는 얘기를 자세히 들을 수 있다. 물론 과장이 반이다. "이건 비밀이야! 너만 알고 있어."라는 화법이 많다. 과장과 왜곡을 진짜 같이 말한다. 눈물 연기와 미화에 능하다. 이들 얘기를 자세히 들어보면, 핵심은 결국 자신들을 위해 등 떠미는 가스라이팅이 많다는 것을 알 수 있다. 그렇다. 나를 이용해서 부족한 능력치를 메꿔보려는 것이다. 동정과 연민을 MSG로 사용한다. 다 듣고 한 줄 요약해 보면 결국 가스라이팅이다. 안 먹힌다 싶으면 공략 대상을 갈아탄다. 다만 그때는 어김없이 내 뒷담이 터져 나오고 자기는 미화된다. 여차하면 뒤에서 조용히 폐급 쓰레기가 되는 것이다.

처음 의존할 사람이 없다고 해서 상냥이들에게 어깨를 기대는 순간, 항상 뒤통수를 조심해야 하는 수가 있다. 상냥이들의 숨은 의도와 칼날은 쉽게 발견하기 어렵다. 다 알고 나서 거르려 하면 이미 늦는 경우가 많다. 처음부터 일단 걸러야 한다. '만약 탕비실에 갔는데, 상냥이가 둘 이상 모여있다면 조용히 뒤로 가기를 클릭하자!'

라떼

투박한 걸음걸이. 갈지(之)자를 그리며 걷는 그들. 지그재그로 사냥감을 찾아 두리번거리는 눈가에는 적당한 주름이 꿈틀거린다.

라떼들은 보통 10년 차 이상에서 많이 볼 수 있다. 전형적으로 강자에게 약하고 약자에게 강하다. 이들이 다가오는 이유는 권위와 명예를 각인시켜주기 위해서이다. "라떼는 말이야! 내가 말이야!"

🧱 라떼는 이거 언제 끝나요? 저… 저 일해야 돼요!

　꼰대로도 불리는 이 라떼들은 연차에 따라 그 모양새와 변천사가 조금 다르다.
　10년 차 이상 라떼들은 쎈 척과 허세가 고정 스킬이다. 입신양명과 부귀영화에 목이 멘 이들은 주로 팀장 주위에서 서식한다. 궁극 필살기 실적 가로채기를 비롯해, 가르치기, 사서고생, 말짜르기, 남탓하기, 이랬다저랬다를 심심치 않게 시전한다. 한 문장의 반 이상을 이상한 영어로 물타기 한다. 정상적 사고와 이해에 혼동을 주어 그 틈을 노린다. 남캐는 "형이 말이야!", 여캐는 "언니 믿어라!" 화법이 이들의 특징이다.

　15년 차 이상의 라떼들은 현란한 인맥을 자랑한다. 주로 윗선과 라인이 좋은 척을 많이 한다. 주 업무는 회의다. 일하려고 회의를 한다기보다는 사람 만나고 입지를 확장하려 회의를 벌린다. 팔아먹는 사람 레벨이 팀장, 부장 이런 게 아니라 임원이다. 의전에 강하다. 자기 줄을 잡으면 잘될 것처럼 얘기한다. 인맥과 정보력을 소중히 여긴다. 뒤에서 일하기를 선호한다. 공유를 잘하지 않는다. 항상 연마 중인 최애 스킬은 골프다.

20년 차 이상의 라떼들은 조금 다르다. 추억을 회상하며 살아간다. 특별한 목적의식이나 악의는 없다. 이들의 특징은 했던 말 하고 또 하고를 반복하는 데 있다. 기억에 서서히 깜빡이를 켜기 시작한다. 말 한번 받아주기 시작하면 20년 치 인생 드라마를 다 들어줘야 한다. 근데 들어봐야 별 거 없다. 이뤄 놓은 게 별로 없기 때문이다. 그래서 그 우여곡절 인생 드라마의 결말은 항상 자식 자랑으로 끝난다.

무조건 연차로만 라떼를 따져서는 안 된다. 5년 차 이상 젊꼰들도 많다. 이들은 공정과 형평성을 가장 중시 여긴다. 그래서 당한 게 많은 이들은 자연스럽게 '너도 당해야 공평해!'라는 내면의 논리로 라떼가 되어간다. 아무튼 라떼들은 시대상과 정체성에 혼돈을 더해줄 뿐이니, 다가오면 일단 거르도록 해야 한다. '라떼들이 주관식으로 묻거든 예, 아니오로만 답하자! 그냥 피식 웃어도 좋다.'

다가오지 매!! 가까이 오지 말라구!

다가오는 사람 중 여기까지만 걸러줘도 그다음 게임 전개에 상당한 도움이 될 것이다. 다시 강조하지만, 초반은 무조건 사람 걸러내기가 우선이다.

잘 모르겠다면 이것만 기억하자!
'절대 아무도 믿어서는 안 된다.'

결국 남는 건 사람밖에 없다고? 결국 잃는 건 사람뿐만이 아닐 것이다.

 추가로 이런 행동을 보이는 사람은 더 보지도 말고 무조건 거르자!
1. 엘리베이터 안에서, 저 앞에 사람 오는 거 보고 닫힘 버튼 더블클릭하는 사람
2. 중국집에서 탕수육 나오자마자, 그 위에 바로 소스를 드래그앤드랍하는 사람
3. 지하철 문 반쯤 닫혀가는데, 거기다 대고 점프+엔터키 눌러 몸뚱이 날리는 사람

내게 관심 없는 사람은 꼭 다가가야 하는 사람

회사에서 무조건 친해져야 하는 사람!

> **찾아보면 어딘가에 핀은 있기 마련!**

회사가 처음 나를 파악하는 1년의 기간. 간파당하지 않고 적응을 마치는 동시에 유리한 고지를 점하는 방법이 있다. 회사에서 상대적으로 자유로운 사람들을 찾아 친밀도를 높이는 것이다.

오피스 맵을 기웃거리며 찾아보자. 누가 착한 애인지….

처음에는 어색하기만 하다. 아무것도 모른다. 그래서 먼저 다가오는 사람들을 중심으로 관계가 형성된다. 그래서는 안 된다. 다가오는 사람은 거르기가 우선이다. 여기까지 잘 해냈다면 그다음은 진짜배기를 찾아내야 한다. 눈여겨봐야 되는 캐릭터들이 있다. 이들은 절대 먼저 내게 다가오지 않는다. 다른 이유는 없다. 그냥 나에게 관심이 없어서이다.

눈여겨볼 캐릭터 Top 3는 다음 유형이다. 이들은 친해지면 무조건 유리하다.

퇴사 예정자: "난 곧 떠나. 지금 아니면 기회는 없어!"

주변에 냉기가 흐른다. 사람이 잘 오지 않는다. 말이 별로 없다. 처음 와서 보면 언뜻 이상한 분위기가 감지된다. 퇴사할 사람이란다. 곧 나갈 사람인데 친해질 이유가 없다. 그래서 거의 대부분이 이들을 일단 거르고 본다. 그러나 잘못하고 있는 거다. 이들이 1순위인 이유는 여기 오래 머물지 않기 때문이다. 시간이 없다. 일단 말이라도 붙여봐야 한다.

퇴사할 사람은 스킬, 공격력 이런 게 필요 없다. 일단 나가는 그날까지 무적의 상태를 유지한다. 아무도 건들지 못한다. 그래서 주위에 사람들이 잘 다가가지 않는다. 전투력 높은 사람들도 이들에게는 각별히 조심하는 모습을 볼 수 있다. 광대들도 이들 앞에서 다소곳해지며, 꼰대들도 말을 걸지 않는다. 팀장님은 쟤 언제 나가나 눈치만 살핀다.

퇴사 예정자는 보통 시니컬하고 냉소적이며 매사가 귀찮다. 별로 하는 게 없어 시간도 잘 안 간다. 퇴사할 사람에게 다가가려 한다면, 이를 감지한 주위 직원들이 커트를 치는 경우가 많을 것이다. 그러나 은근슬쩍이라도 다가가야 한다.

😊 짐 정리 도와드릴께요. 같이 일하면 더 좋았을 텐데.

이들에게는 의외로 많은 정보를 적나라하게 들을 수 있다. 조금이라도 친해지면, 맵에서 조심해야 할 괴수들 리스트, 전반적인 팀 분위기 찐 패치 버전, 각종 히스토리 매뉴얼, 숨겨진 보물 지도, 인수인계 안 한 비밀 레시피 같은 아이템을 얻을 수 있다. 곧 나가기 때문에 아무 뒤탈이 없다. 또한 나에게 마지막 굿릭을 빌어주며, 숨어있는 장인을 소개해주기도 한다.

이제 수명이 얼마 안 남았다. 맵에서 사라지기 전에 얼른 공략하자!

장인: "경쟁? 그런 건 너네끼리 해! 내가 믿는 건 내 실력뿐이야!"

일단 차림새가 남루하다. 여캐는 뿔테 안경에 머리끈을 질끈 동여매고 의자 위에 공중부양 자세로 앉아있다. 남캐는 수염이 덥수룩하고 츄리닝 바람인 경우도 있다. 엉덩이가 무겁다. 한번 가부좌를 틀면 잘 일어나지 않는다.

귀에는 이어폰 깊게 꽂은 채로 세상과의 소음을 단절한다. 주로 구석진 곳에 서식하는 경우가 많다. 자리에 뭐가 많다. 목 베개, 무릎 담요, 조금 남은 커피 텀블러, 에너지 음료, 먹다 남은 간식, 비상용 컵라면, 보다만 책, 선풍기, 가습기, 멀티 충전기 등등… 그렇다. 자취방을 연상케 한다. 의자에 앉은 건지 누운 건지, 경계가 애매한 자세를 취한다. 똑같은 자세로 업무, 간식, 식사, 휴식, 취침 모든 것을 해결한다.

자리에 앉은 채로 모든 것이 해결 가능한 그들은 장인이다.

스스로 아웃사이더를 자처하는 이들이지만, 의외로 여러 사람들이 찾아오는 것을 목격할 수 있다. 대부분 뭔가 부탁하러 오는 사람들이다. 인상 쓰고 틱틱거린다. 잘 웃지 않는다. 쉽지 않아 보인다. 그래서 우리는 일단 이들을 제껴 버리는 우를 범한다. 그러나 이들의 언성이 높아지는 이유는 성격 파탄자라서가 아니다. 남들이 한 가지를 부탁할 때 열 가지를 생각하기 때문이다.

"어딜 이런 답답한 소리를!"
이들에게는 보인다. 그렇다. 그들은 장인이다.

Chapter 02 _ 오피스 게임 입문 97

속세에 별다른 관심이 없다. 선의나 악의도 없다.

맡은 일은 계란으로 바위를 쳐서라도 끝까지 부숴버리는 캐릭터다. 가끔 계란이 바위를 부술 때도 있다.

"이제 그만! 참 잘했어요. 이 정도면 충분해요."

이런 건 소용없다. 자기가 맘에 들어야 한다.

이들이 무거운 엉덩이를 일으켜 회의실에 도달했을 때는 여러 명의 희생자가 나오게 된다. 밖에서 지켜보면 줄줄이 격파당해 고개를 떨구는 캐릭터들을 볼 수 있다. 자신의 스테이지가 열렸다 하면, 혼자서도 능히 열을 상대해 내는 '장.인.'이기 때문이다.

장인을 지탱하는 원동력은 바로 '프.로.페.셔.널!'이다. 주 사용 스킬은 커트이다. 업무 요청을 전문성 있게 자르는 데 매우 능하다.

"요청하신 대로 수정하면, ETL 배치 돌 때 다른 엔진 다 페일오버 나요. 그럼 EKS가 인시던트 감지하고 다시 롤백하죠. EC2로 하면 아키텍트 새로 해야 되고, 나중 생각하면 엘라스틱서치 인티그레이션해서 ECS로 묶어야 하거든요. 근데 그렇게 하면 그래피큐엘은 애매해져요. 자아… 어떻게 하란 거예요?"

상대는 몰라서 어버버하다가 고개를 떨구며 패배를 당하고 돌아간다.

항상 부탁받는 포지션에서 오는 삽질을 일상으로 경험하는 그들. 너도나도 등에 빨대를 꽂으려 하기 때문에 방어 패시브를 기본 장착하고 있다. 초반 접근이 어렵지만 의외로 공략은 쉽다. 그냥 가서 많이 물어보고 리액션을 아주 찰지게 쳐주면 된다.

"오아! 오아! 이거 아무도 모르던데, 어떻게 다 아시는 거예요? 치트키 들고 다니세영? 와… 폼 미쳤당…."

그러면 갑자기 머쓱해지며 그 쑥스러움에 볼에는 홍조가 돌고 소녀 감성이 나온다. 방어력이 해제된다.

이들과 가까워지면 많은 페이버를 누릴 수 있다. 뒤로 몰래 도와주기. 어려운 일 쉽게 만들어 주기. 한 개 할 거 열 개 해주기 등이다.

"저… 요거 차트 보는 게 좀 어려워서 그러는데요. 여기 기능 하나만 고쳐도 훨씬 나을 것 같아엉. 헤헤."

"어디 보자… 이거 이제 올드한데 이참에 아예 싹 다 새로 만들어 버리죠, 뭐."

"앗? 그럼 넘 어려운 거 아니에요?"

"후후. 세상에 안 되는 게 어됐습니까? 제가 하면 다 됩니다."

"아…제가 방법이라도 알면 좀 도와드릴 텐데…."

"후후. 모르셔도 되구요. 다 알아서 해 둘 테니 가서 산책이나 하다 오세요."

장인은 자신의 진가를 알아주고 인정해주는 이에게만 베풀어준다. 아낌없이 주는 나무가 된다.

부캐: "미래를 걸려면 너 자신에게 걸어라!"

언뜻 봐서는 티 나지 않는다. 무리 중에 적당히 섞여있는 원오브뎀으로 보인다. 잘 찾아야 한다. 거기 없을 수도 있다. 이들은 평범하다. 평범한 용모, 평범한 말투… 다 페이크다. 눈에 안 띄려고 기본셋을 중간으로 세팅해두어서 그런 것이다.

주 사용 스킬은 워프다. 중간에 언제든 조용히 도포 깃을 휘날리며 오피스 주변으로 마실을 다녀온다. 퇴근시간 1분 후. 뒤돌아보면 자리는 가지런히 정돈되어 있고 사람은 이미 자리에 없다.

필요 이상의 말을 하지 않고 어렵게 하지도 않는다. 업무 얘기에만 절대 한정한다. 주제를 벗어나는 법이 없다. 어디서나 일잘러로 통하는 이들. 일 처리도 깔끔하고 정확하다. 민폐도 없고 과시도 없다.

특이한 건 서로 분야가 전혀 다른 업무를 5개 이상 광대역으로 해낼 수 있다는 것이다. 공격, 방어, 기술, 마법 모든 스킬이 다 준수하다. 그래서 이들은 멀티 플레이어의 포지션을 취하는 경우가 많다. 불을 꺼야 하는 상황이면 어김없이 등판한다. 이들의 진가는 여기서 나온다. 3개 부서가 연합해야 할 일을 혼자 끝장내 버린다. 그럼에도 칼퇴를 해낸다.

그러나 이들은 부서에서 에이스가 되지는 못한다. 회사에 충성을 맹세하지 않기 때문이다. 갈아넣지 않는다. 빨아대지 않는다. 성과나 실적도 별로 관심 없다. 그렇게 스스로 에이스가 되기를 거부한다.

　공사 구분이 뚜렷한 이들은 출퇴근을 눈치 보지 않는다. 남 일에도 그닥 관심 없다. 같이 오래 일한 사람들조차 뭘 하고 다니는지 잘 모른다. 이들은 결코 자신을 드러내지 않는다. 자기 얘기를 안 하는 것은 기본. 능력치도 숨긴다. 그러나 위기에서 쓸 초필살기 몇 개는 항상 구비하고 있다. 이들은 매사에 여유로움이 묻어난다. 자리는 깨끗하고 걸음은 빠르지 않다. 팀장님의 노발대발에도 초연하다. 짖던가 말던가….

사람이 여유가 있어야지. 여기서 무슨 부귀영화를 누리겠다고….

　어찌 이럴 수 있을까? 그렇다. 본캐가 아니라 부캐여서 그런 것이다. 본캐는 회사에 없다.

　이들의 사내 능력치가 준수한 이유는 다른 캐릭터들과 좀 다르다. 본캐 집중을 위해서는 부캐의 기본 능력치가 받쳐줘야 한다는 것을 알기 때문에, 남몰래 폐관 수련으로 연마해둔 것이다. 실제 능력치는 더 높지만 적당히 무난한 수준으로 낮춰 사용한다. 그 정도만 해도 남들에 비해 충분하기 때문이다.

　회사는 자기계발이나 세금 납부, 자금 순환을 위해 다니는 곳이다. 영혼이 자유롭다. 회사에서 한몫 잡아보겠다는 야심도 없다. 아쉽지 않다. 이들의 관심은 자신의 본캐다. 눈을 들어 모니터를 응시하고 있지만 머리는 본캐에 가 있다. 회식 때면 늘 사정이 생기며 제껴버리는 이들.

늘 여유로워 보이지만 본캐와 부캐, 게임 두 개를 돌리느라 실제로는 제일 바쁘다. 친해질 기회를 잡는 것도 어려울 수 있지만, 가까워지면 최고의 귀인이다. 일단 사내 능력치 자체가 좋다. 도움이 되면 되었지… 뒤통수에 칼을 꽂거나 이용당할 일도 없다.

또 반대로 생각해보자. 부캐의 능력치가 이 정도면 본캐는 더 어마무시하다는 뜻이다. 본캐로 가면 뭐가 더 많이 있다. 부캐와 친해지면 본캐로 가는 길이 열린다. 무조건 터지는 우량주도 알려 주고, 상급지 재건축 급매도 잡아 준다. 나의 어려운 사정을 알고, 카페초맹 15호점을 한번 해보라며 선뜻 내주기도 한다. 때로는 이 오피스 세계관에서 보기 드문 다른 현자를 소개해주기도 한다. 본캐에 이르지 못해도 괜찮다. 옆에만 있어도 보고 배울 게 넘쳐흐른다. 더 젤 것도 없다. 망설이지 말고 무조건 잡자! 이들은 슈퍼노멀 현자다. 절대 부캐만 보고 속지 마라!

걸러야 할 사람은 반드시 내게 먼저 찾아오고, 잡아야 할 사람은 반드시 내가 찾아내야 한다!
게임 초기 절대 공식이다. 처음 1년의 초기 설정을 잘못하면, 다른 곳에 가서 계정을 다시 파야 한다.

 추가로 이런 행동을 보이는 사람은 일단 잡고 보자!
1. 지하철이나 버스에서 아이를 보면 자리 양보하는 사람
2. 다 같이 커피 주문할 때 갔다오기를 주저하지 않는 사람 (단, 막내 제외)
3. 가성비 따질 때와 가심비 따질 때를 제대로 구분하는 사람

의견. 모두 참고하려고 물어본다고 한다. 대체 뭐가 참고인데? 회사에서 생각이나 의견을 순수하게 묻는 경우는 없다. 낚이지 말자. 답하기 전에 뭘 원하는 것인지부터 파악하고 답해도 늦지 않는다. 오피스 게임은 여기저기 곳곳이 다 함정이다.

Chapter 03

회사가 알려주지 않는 비밀

내가 잡일이나 하러 회사 온 줄 알아?

막내에게 쓰잘데기 없는 잡일만 몰리는 이유

> **착각하지 마! 날 편하게 하는 게 너의 일이야!**

처음 회사에 가면 팀 선임들이 잘해준다. 딱히 나쁜 사람은 없어 보인다. 이제부터는 프로의 세계가 펼쳐지는 것 같은 느낌이 든다. 사실 프로의 세계란 별 게 아니다. 돈 받고 일하면 그게 프로다. 그래서 뭔가 보여줘야 한다는 부담감이 들기도 한다.

오피서가 되기 전까지 사회가 원하는 고등교육도 충분히 받아왔다. 약육강식의 차가운 취업 경쟁시장에서 당당히 선택받았다. 선배들 자리나 내 자리나 다 똑같은 모양으로 생겼다. 이내 내가 저들과 같은 클라스가 되었다고 생각하게 된다. 처음이라 약간은 미숙할 수는 있겠지만, 곧 잘 해낼 수 있을 것 같다. 그런데 이상하게도 선임들은 신입사원에게 그럴싸한 멋진 일을 주지 않는다. 팀장님은 차근차근 잘 가르쳐주라고 했지만, 선임들은 여유가 없어 보인다. 열심히 하려는 의지를 표출하고자 도와드릴 거 없냐고 물어봐도 반응들은 고만고만하기 마련이다.

시키는 건 보조 수준의 일이다. 자료 서칭, 계산서 처리, 스케줄 확인, 서류 정리… '아! 하나 더 있다. 도시락 배달 주문! 이거 중요한 일이라고 했는데… 하아….'

프린트 한 장도 정성과 열정으로 한다.

딱 봐도 거지 같은 잡일이다. 이것들이 잡부를 뽑은 건가? 도시락 주문 맛깔나게 하면 승진시켜주냐? 처음에는 잘 몰라서 그냥 한다. 한 달 정도 지나면, 괴리감이 스물스물 올라오기 시작한다.

당초 생각했던 것은 전혀 이런 그림이 아니었다. 체계적인 분위기 속에서 팀 내 업무들을 안내받는다. 매일 선임들은 돌아가며 전문적인 업무 교육을 시켜준다. 실제 진행 중인 업무에 극적인 순간 게임 체인저로 투입된다. 그리고 기발한 아이디어를 내면서 선임들과 손발을 맞춰가는 모습을 상상해왔다. 떠오르는 당찬 신예의 모습! 그 정도는 충분히 해낼 수 있다고 생각했다.

근데 어째 일이라고 하기도 애매한 것들만 준다. 처음에는 자료 프린트나 서류 정리 같은 일만 받아도, 보다 퀄리티에 신경 쓰며 남다르게 해본다. 그러나 별 관심을 받지 못한다. 그들은 이런 일에 관심이 없기 때문이다. 이 현상은 반복되고 곧 자괴감이 든다.

저… 프린터는 어떻게 쓰나요? 몰라 나두!

선임들이 제대로 된 업무를 주지 않는 데에는 나름의 이유가 있다. 여기에는 세 가지의 현실적이고 이기적이며 심리적인 이유가 존재한다.

현실적: 신입을 시킬 수 없는 현실의 이름, 배려

선임들은 이미 신입 레벨을 겪어봤다. 단위 업무를 통째로 맡기면 말아 먹을 것을 이미 알고 있다. 업무를 망쳐버리면 아직 튜토리얼 기간인 신입사원에게는 면책특권이 있다. 그 책임은 오롯이 선임에게 돌아간다. 혼나고 뒷수습할 것까지 미리 예상되기 때문에 쉽게 일을 시키지 못한다.

또한 촉법소년과도 같은 신입사원 입에서 힘들다는 얘기가 나오는 순간, 선임들은 윗선에 소환되어 탈탈 털리게 된다. 신입사원이 고통을 호소하면 오피스 게임에서는 일단 반칙부터 불고 본다. 진실은 중요하지 않다. 결국 신입사원의 능력 부족과 선임들의 눈치 보기가 함께 작용하는 것이다.

이를 회사는 문화적 표현으로 '배려'라고 한다. 굳이 배려하지 않아도 어차피 시킬 수도 없다. 그러나 회사는 신입사원에 대한 배려라고 둘러대는 것이다.

이기적: 시간과 노력의 한계

선임들은 신입에게 많은 시간과 노력을 투자하고 싶어하지 않는다. 하고 싶어도 이미 중요한 실무 중인 선임들은 시간과 노력을 쏟기가 어려울 수도 있다.

그렇다면 선임 입장에서는 당장 해야 될 업무를 제쳐두고 신입사원 코칭에 집중하는 것이 좋을까? 아니면 신입에게 문제없을 만한 잡일을 던져놓고 자기 할 일에 집중하는 것이 좋을까? 이렇게 두 가지만 놓고 생각해보면 답은 금방 나온다.

차갑고 냉정한 얘기일지 모르겠지만, 아무리 함께 일한다 하더라도 똑같이 월급 받는 남이다. 신입사원 잘 가르쳐 봐야 당장 그 선임 일을 처리할 사람이 없다. 회사는 이런 여건까지 배려해주지 않는다. 신입을 팀에서 잘 성장시키라는 말만 할 뿐이다. 그리고 팀장은 이를 그대로 선임들에게 지시한다.

선임들의 기대감은 단 하나. 신입이 어서 일을 덜어가 내가 편해지면 좋겠다는 것이다. 다만 신입을 성장시키는 선임의 노력과 시간, 그리고 해야 하는 업무량 사이에는 아무런 관계가 없다는 것이 문제다.

신입사원의 성장이 늦을 경우 선임들은 어떻게든 이를 신입사원 탓으로 전가시킬 수 있다. "계속 가르치고 있는데 신입이 잘 못 따라오네요." 이런 식이다. 그러나 자신의 업무에 내놓은 구멍을 신입사원은 메꿔줄 수 없다. 팀의 다른 동료들도 절대 메꿔주지 않는다. 그 망한 일에 대한 책임은 자신이 져야 한다. 또한 자신이 잘 가르쳐 놓은 신입사원이 꼭 내 업무를 덜어간다는 보장도 없다. 이건 팀장이 정하는 것이기 때문이다. 그리고 팀장의 말은 종종 바뀐다.

선임들은 경험상 이 암묵적인 룰을 모두 알고 있다. 그래서 서로 하기 싫은 것이다. 다만 시간을 벌고자 신입사원에게는 천천히 하라고 둘러댈 뿐이다.

또 서류 정리. 슬슬 현타가 온다.

심리적: 자기 자신의 투영

　주요 실무를 담당하는 대리, 과장 중 신입 시절 업무를 제대로 배운 사람은 얼마나 될까? 단언컨대 어디 가서 귀인을 만나지 않는 이상… 거의 없을 것이다.
　쌍팔년대도 아닌 현대 사회에서 일도 제대로 가르쳐주지 않는 것은 너무하다고 생각할 수도 있다. 쌍팔년대에는 도제식 문화라도 있었다. 일단 멱살 잡고 딜부터 넣는다. 패서라도 가르친다. 알 때까지 팬다. 확실하게 익힌다. 차라리 이게 더 나았을지도 모른다. 그러나 그 쌍팔년대 오피서들은 모두 은퇴했거나 이미 물갈이 당해 더 이상 회사에 남아있지 않다.
　문명의 발전이 거듭될수록 세상의 변화 속도는 더욱 빨라지고 있다. 회사는 더 많은 돈을 벌고자 더 빨리 움직이고 있다. 회사 안팎의 개인화는 이미 일상이 되어있다. 이 가운데 회사는 사람 넣어 주며 알아서 적응하고 알아서 가르쳐 쓰라는 식이 되는 것이다. 회사에게 신입의 성장은 우선순위가 아니다.

신입사원을 가르쳐야 하는 선임들도 제대로 일을 배워본 적이 없다. 이 대목에서 자신의 라떼를 투영하게 된다. 뭐부터 어떻게 가르쳐야 할지도 잘 모른다. 체계적인 커리큘럼 같은 건 더더욱 만들어본 적 없다. 그래서 짬짬이 시간 날 때마다 매뉴얼 정도 알려 준다. 그다음 모르는 거 물어보면 대답 정도 해준다.

실제 일이 어떻게 돌아가나를 알려줄 때는 그냥 자신들이 참석하는 회의에 데리고 간다. 분위기 익히고 내용들 유심히 보라며… 뭘 익히고 봐야 하는지 사실 자기들도 모른다. 신입사원은 회의 중 뭔가 한마디라도 해보고 싶지만, 아는 게 없어 이조차도 쉽지 않음을 직감한다. 분명 같은 나라 언어지만 외국어같이 느껴진다. 현타는 또다시 찾아온다. 이 현상의 원인은 크게 특별한 이유가 없다. 부서 선임들이 오피스 게임을 그렇게 해왔기 때문이다.

회사의 시스템은 합리적인 것처럼 보여도 배려가 없다. 회사는 개인의 숙련도라는 스킬셋을 고려하지 않는다. 인건비가 나가고 있으면 그냥 1/n인 것이다.

신입의 잡일에는 아무도 관심 가져주지 않는다.

Chapter 03 _ 회사가 알려주지 않는 비밀   109

신입사원이 들어오면 팀이라는 울타리 안, 수많은 무리 속에 던져버린다. 신입에게는 선임들에게 많이 배워 열심히 하라고 말한다. 팀장에게는 신입 뽑아줬으니 팀 업무에 도움 되게 잘 육성해보라고 한다.

수단이나 방법은? 그런 건 없다. 알아서 하는 거다. 수단 방법 안 가리고 알아서 잘하는 것을 '리. 더. 십.'이라고 뻔뻔하게 용어 써 가며 정의하는 것이다. 당연히 신입사원은 괴리감과 불만이 생길 수밖에 없다. 선임들은 역할 갈등에 놓일 수밖에 없게 된다.

일단 울타리 안에 던져지면 스스로 생존하고 알아서 레벨을 높여가야 한다. 누가 챙겨 주는 건 없다. 이것이 차가운 오피스 게임 초기의 룰이다!

회사가 나를 감시하고 있다고? 설마…

막내에게 쓸데기 없는 잡일만 몰리는 이유

> **모든 것은 너희를 감시하고 있다!**

출근해서 사원증을 태그한다. 삐익! 문이 열린다.

오피스에는 업무에 필요한 다양한 환경이 마련되어 있다. 사무용품, 비품, 회사에서 알아서 채워 준다. 복합기가 고장 나면 알아서 고쳐 준다. 노트북은 때 되면 새 거로 바꿔 준다. 나름 시스템도 잘 갖춰져 있다. 회사 메일, 메신저, 인트라넷도 제법 괜찮다. 업무로 돈 쓸 일이 생기면 법인카드를 지급해준다. 외근은 회사 차량을 이용하면 된다. 업무 공간도 모두 평등하다. 윗사람들이 좋은 위치 차지하는 게 조금의 불만일 뿐….

당연한 거 아냐? 일 시키려면 업무 환경을 마련해줘야지! 그럼 내돈내일 하라는 거야? 맞다. 이런 반응은 이미 예상했다. 그럼 이게 뭐? 뭐가 이상한데?

모든 업무 환경을 제공해 주는 이면에 숨겨진 진짜 이유는 무엇일까? 회사에는 생각지 못한 온갖 감시 장치들이 곳곳에 도사리고 있다. "알아! 안다구! CCTV?" 이런 생각이면 오산이다. CCTV는 대개 방범용이지 직원 감시용이 아니다. 물론 CCTV는 감시 장치지만 보통 사무실 안에는 없다. (설치 못 한다.)

회사는 눈에 보이는 그런 뻔한 방법을 쓰지 않는다. '근. 무. 환. 경.' 지금부터 그것을 돌아봐라. 거기 모두 스며들어 있다. 겉으로는 직원들의 편의를 위하는 것 같지만 이면의 목적과 이유가 따로 존재한다.

이동 경로와 시간 감시

사무실 입구에서 흔히 태그를 하는 이유는 낯선 사람이나 잡상인이 못 들어오게 하기 위해서다. 시설과 직원 보호 그리고 쾌적한 근무 환경을 조성하기 위한 셈이다. 뭐 회사 얘기로는 그렇다고 한다.

내 집에 남이 함부로 못 들어오게 하는 건 당연하잖아? 과연 그럴까? 우리는 항상 그 이면을 들여다볼 필요가 있다. 그보다 중요한 이유가 있다.

오피스 게임의 환경. 모두 회사가 마련해준다.

출근시간이 임박하면 반사적으로 뛰는 이유를 생각해보자. 근면 성실해서 지각은 절대 안 된다는 신념으로 뛰는가? 아니다. 시간이 찍히니까 뛰는 것이다. 맞다. 출입 태그를 하는 이유는 제시간에 출근하는지, 자리는 얼마나 비우는지, 퇴근은 언제 하는지, 시간을 체크하기 위해서다.

사무실 출입은 회사마다 조금 다르다. 큰 회사로 갈수록 입구에 게이트를 놓고 사원증을 태그한다. 사무실 출입문도 태그나 지문으로 한다. 보통 출근 시간에만 목이 매어 있는 경우가 많은데, 들락날락하는 모든 시간은 다 찍히고 있다. 참고로 도어락 비번 누르는 곳은 아직 안심해도 된다.

법인카드와 회사 차량은 근무 편의 제공이 아니다. 회사 밖에서의 이동 경로를 추적하는 수단이다. 법카는 사용 시간부터 어디 가서 뭐 먹었는지 다 기록된다. 많이 사용하는 사람은 맛집 취향부터 거래처에 무엇을 사 들고 가는지 스타일까지도 다 알 수 있는 것이다.

직원 보호? 회사 밖이 더 안전하던데….

나가서 언제 들어오나 한번 볼까?

　법카는 절대 공짜가 아니다. 내 정보를 가져다 바치는 것이다. 당연히 이상한 곳에 사용하면 안 되겠지만, 굳이 쓸 일 없다면 안 쓰는 게 최고다.
　회사 차량의 블랙박스는 사고 났을 때를 대비한다고 한다. 그러나 이면에는 네비에 무심코 찍은 이동 경로부터 블랙박스에서 기록되는 뒷담 내용들까지 고스란히 나온다. 가급적 대중교통을 권장한다. 만일 회사 차로 운전할 일이 있다면 네비는 무조건 폰에 달린 것을 쓰자. 차 안에서 대화는 가급적 하지 말되, 하려면 회사와 윗분들의 칭송만 하면 되겠다. 뒷담은 내려서 하자.

족쇄 차단 감시

　회사는 사무용품부터 여러 업무용 장비들을 지급해준다. 다른 건 볼 것 없다. 프로토타입 개발 중인 상품이나 노트북 이게 핵심이다. 어디 S사 중국에 몇백억 기술 팔아넘겼네…. 이런 것들을 인용하며 보안이라는 목적을 들이민다. 즉, 가지고 나가지 못하게 하려고 지급해주는 것이다. 물론 내꺼 아니면 함부로 들고 나가서는 안 된다.

근데 여기서 가만 생각해보자… 일반 실무자들이 들고 나가면 큰일이라도 나는 핵심 기술이나 비밀스러운 게 과연 얼마나 있을까? 오히려 이런 일로 사고 치는 사람들은 보통 고위 관리자나 임원이다. 그런 고급 정보나 기술 자료는 아랫물까지 오지도 않는다. 그런데도 그냥 온갖 족쇄는 노비들에게만 채운다.

사무용 컴퓨터에는 무수한 각종 보안 프로그램들이 하루 종일 삐걱대며 돌아간다. 그래서 회사 컴은 항상 느리고 버벅대는 것이다. 아닌 것 같으면 설치 프로그램 목록을 보라. 이건 삭제도 안 된다. 근데 임원들이 불편하다고 노발대발하면, 가서 친절하게 프로그램도 지워주고 그런다. 사실 이게 수백억 중국 기술 유출 이런 일이 일어나는 이유다.

이건 내돈내산인데 왜 못 가져가게 해요?

이직하는 사람들의 공통점이 하나 있다. 그동안 일했던 자료들을 정리하고 새회사에서 참고하려 한다. 그러나 회사는 대외비와 영업비밀을 내세워 못 가지고 가게 한다. 또한 이미 프로그램으로 차단되어 있기 때문에 어렵기도 하다.

근데 정말 중요해서 그럴까? 뭔가 문제가 심각하게 일어나는가? 아니다. 그냥 딴 데 가서 잘되는 게 배 아프고 싫어서 못 하게 차단하는 것이다. (엄밀히 법대로는 안 되는 게 맞다.)

쉽게 말해 우리가 일해 준 모든 것들은 생산품이고 회사 소유다. 노비는 일단 소유권을 주장할 수 없다.

더 웃긴 건 퇴사할 때는 못 가지고 나가게 하면서, 다른 데서 온 경력직들이 이전 회사 자료를 들고 오면 아주 좋아한다. 문익점이 붓두껍에 목화씨 숨겨 온 것마냥 대우해준다. 이런 내로남불이 따로 없다. (실은 그냥 길거리에 널린 목화를 주워온 것이고, 반출 금지 품목도 아니었다. 다 나중에 미화된 거다.)

회사가 가장 두려워하는 상황?

그럼 왜 굳이 귀족들 말고 노비들에게 족쇄를 채우는 것일까? 피지배 계층이기 때문이다. 그래서 그들이 감시와 차단의 대상이 되는 것이다.

이들에게 언제 터질지 모를 큰 거 한 방을 막기 위해, 애초에 자잘한 소음부터 미리 차단한다.

"우리 회사는 연차를 강제 삭제해요."

공지 사항 캡쳐라도 하나 떠서 기자들에게 전달하는 것. 어디 인터넷 커뮤니티에 올려 하소연하는 것. 이런 잡음이 번질까봐 미연에 막으려는 것이다.

그 진원지로 회사가 항상 예의주시하는 것은 바로 누구일까?

회사가 근무 환경 중 가장 위험하다고 여기는 것은 바로 여러분이다!

회사에서 내 의견과 생각을 묻는 진짜 이유

무심코 지나쳤다면 다시 돌아보자.

> **텍스트가 아니라 컨텍스트를 읽어라!**

Q. 회의 시간 중 누군가 의견을 물어봤다. 속내에 가장 가까운 것은?
"이 안건. 제 의견은 이런데 어떻게 생각하세요?"

① 너도 동의해라! ② 혹시 더 좋은 생각 없어?
③ 너의 의견을 참고하도록 할게. ④ 너 생각 없지?

정답은 ①번이다. 이제 이 정도는 쉽지? 저건 동의를 구걸하는 표현이다. 오피스 게임 중 사냥을 하며 가장 난감한 경우는 누가 의견을 구하는 경우다. 의견을 먼저 말했다가 다양한 어택을 받기 때문이다.

"그럼 니가 해!"
"야! 생각이 있는 거야 없는 거야!"
"쟤가 이렇게 하랬는데요?"

공격의 종류는 다양하다. 아마 다들 그런 경험이 있을 것이다. 난 아닌데? 하는 거기 너! 그래! 너! 지난주에 의견 말했다가 일 옴팡 뒤집어쓴 거 다 안다.

반대로 상대의 의견이나 생각을 물어보는 경우도 비일비재하다. 여기서 문제는 순수하게 의견을 물어보는 사람이 없다는 거다. 대부분은 물어보는 사람은 숨겨진 의도를 가지고 있다. 그들은 의도를 말해주지 않는다. 그럼 어떻게 알아내느냐? 관심법을 구사해야 한다. 한마디 들을 때 설렁설렁 듣지 말고 잘 관찰하자. 저들이 원하는 걸 쉽게 알아낼 수 있다. 그리고 쉽게 역공을 날릴 수 있다.

회의 중에는 동의를 구하려고 의견을 물어보기도 한다.

"쟤가 그랬어요!" 뭐? 이러려고 의견 물어본 거야?

동의를 구하는 표현

"제 의견은 이런데 어떻게 생각하세요?" = 너도 동의해라!

본인 생각이나 의견을 먼저 밝히고 물어보는 경우에는 상대에게 동의를 구하는 거다. 한 명보다는 여러 명의 입김은 크게 먹히는 법이다. 그래서 지금 나한테 표를 얻어 보겠다는 심산이다. 만약 친한 사람이거나 빚이 있는 상대라면 한번 도와주는 셈 치고, 동의와 호응을 찰지게 해줘도 된다.

그러나 일을 떠밀려고 '그러니 너가 해줘'를 시전할 수도 있다. 그럴싸한 이유를 들어서 바로 방어해내야 한다. 이런 경우는 보통 상사가 불러서 말할 때다. 나이스하게 동의를 구함과 동시에 나한테 일을 전가하려는 수작이다. 단전에 기를 모으고 핑곗거리와 딜할 만한 걸 생각하며 기브 앤 테이크 받으면 된다.

"아! 그럼 초맹이도 그렇게 생각하는 거네? 잘됐다. 잘 이해하고 있으니 이거 한번 해주자!"

"아웅… 다 할 수는 있을래나? 항상 시간이 문제거든여. 이거 한번 해드리면 저 모 해주실꺼에영? 헤헤."

몰라서 물어보는 표현

"어떻게 처리하는 게 나을지 고민 중인데 생각이 어떠세요?"
= 좀 알려줘봐. 지금 털릴 각이다.

이 경우는 뭐 좀 상의하자고 대화를 시작한다. 핵심은 본인의 의견을 밝히지 않는다는 것이다. 모르는데 물어보기가 좀 그럼에도 자신의 무식을 탄로 내지 않을 수 있기 때문이다.

보통 업무 중간에 이런 얘기를 할 때는, 어디선가 막혔거나 모르는 경우다. 그래서 알만한 사람에게 물어보는 거다. 의견을 참고하고 싶다. 어떻게 풀어갈지 생각을 듣고 싶다. 이렇게 돌려 말하지만, 결국 지가 모른다는 소리다.

여기서 오피서들은 업무 지식을 총동원해 '이렇게 하면 될 것 같다.' 대답해주는 실수를 많이 범한다. 저렇게 물어보는 사람들의 특징은 똑같다. 대답을 듣고 나면 자기도 그렇게 생각했는데 똑같다고 할 것이다. 약아빠진 것들. 저런 유형의 질문을 받았을 때, 너는 어떻게 생각하고 있는지 반드시 역으로 먼저 물어보자. 모른다는 밑천이 금방 탄로 날 것이다.

자. 여기까지 파악되었다면 이제 칼자루는 내 손에 있는 셈이다. 살려줄지 모른 척 할지는 상대에 따라 알아서 하면 된다.

흐음… 모른다는 거지? 요거 함 살려줘 말아?

총대를 메게 하는 표현

"이런 사안이 있는데 의견을 참고하고 싶어요." = 좀 알려줘봐!

몰라서 묻는 표현과 언뜻 비슷해 보이지만, 대상과 뉘앙스가 다르다. 보통 다른 부서와 미팅할 때 많이 나온다. 생각을 물어보는 것은 똑같다. 다만 차이가 있다. 몰라서 물어볼 때는 대체로 업무와 관련된 모범답안이 있는 경우다. 반면 이 표현은 어떤 사안을 결정해야 하거나 정답이 없는 경우에 쓰인다.

자기도 헷갈리기 때문에 확신이 없는 것이다. 확신을 얻고 싶어 찾아온 거다. 이건 대답을 잘해야 한다. 하기 따라 상대를 멕일 수도 있고, 내가 먹힐 수도 있다. 잘못 대답했다가 덤탱이 쓰기 딱 좋다.

"쟤가 이렇게 하랬어요."

"니 얘기 들었다가 망했잖아."

이렇게 책임전가로 독박 씌우기용이다. 자칫 위기상황이 올 수 있다. 질문자의 생각과 의견을 역으로 물어보자. 이건 그냥 물어보는 거다. 넌 어떻게 생각하는지. 그 생각이 옳다 틀렸다 하지 마라. 제3자 화법으로 회피하는 스킬을 발동하자.

"생각하고 계신 방법도 가능성 있어 보여요. 제가 잘은 모르겠지만 그 부서에서 미래지향성과 현실 타당성의 가능성을 열고 주도면밀하게 검토하여 실행한다면 좋은 결과 있으실 겁니다. 자 화이팅!"(그니깐 니가 알아서 잘하세요!)

공식적으로 의견을 물어보는 경우가 있다.

형식적으로 물어보는 표현

"이 안건에 대한 생각이나 의견을 편하게 말씀해주세요."
= 이미 답은 정해져 있어.

이 경우 한 명에게 물어보기보다는 여러 사람에게 물어보는 경우가 많다. 사내 정책, 제도, 서비스 개선 의견을 받는 건 거의 대부분 그렇다. 직원들의 소리에 귀를 기울이겠다. 유용한 의견을 반영하겠다. 이게 주 목적이다.

근데 현실에서는 실효성이 없다. 이미 답을 정해놓고 물어보기 때문이다. 나온 의견들 중 입맛에 맞는 것들을 고른다. 직원들의 의견을 수렴해서 반영했다. 이렇게 보고하기 위해서다. 그렇다. 보고를 위한 의견 취합 함정이다. 그렇다 보니 이런 자리에서 여러 의견들을 췄는데도 반영되지 않는 경우가 훨씬 많다. 이미 답은 정해져 있기 때문이다.

보스가 물어보는 건 뭔가 음모가 있다.

직원들의 의견을 안 들어보고 뭘 하면 불만들이 많아진다. 이를 방지하려고 형식적으로 묻는 거다. 여기 가장 잘 낚이는 사람들은 신입사원이다. 너무 열 올릴거 없다. 에너지 낭비할 거 없다. 그냥 침묵으로 일관하는 게 가장 속 편하다. 왜냐구? 어차피 안 된다니까!

음모론적인 의견 묻기 표현

"충치가 하나 있는데 말이야. 뽑는 게 좋겠어? 치료하는 게 좋겠어?"
= 내 생각을 맞춰봐!

마지막으로 권모술수를 구사하는 경우다. 가장 난이도가 높다. 보통 저런 표현은 임원들이 쓴다. 직설보다는 적절한 비유와 은유를 내뿜는다. 그러면서 의견을 묻는다. 당하는 사람은 팀장이다. 임원들은 천한 아랫것들에게 직접 의견을 잘 안 물으니까.

직설화법을 구사하지 않는 이유는 간단하다. 빠져나갈 구멍부터 만들겠다는 심산이다. 답변에 따라 자신이 빠져나감과 동시에 팀장을 평가하게 된다.

여기서 팀장들의 대응 방법은 다양하다. 근데 잘 대응해야 한다. 일반적으로는 다음과 같다.

- **눈치 없는 팀장(0점)**: 어디 충치 있으세요? 병원 가셔야 되겠는데요.
- **행동파 팀장(50점)**: 쇠뿔도 단김에 빼야죠. 어떤 충치입니까? 제가 전무님 고민을 시원하게 날려 드리겠습니다!
- **신중파 팀장(70점)**: 내용을 자세히 말씀해주시면 방안을 고민해보겠습니다!

모두 정답이 아니다. 임원은 대충 말해도 그걸 알아주기 바란다. 그래서 직설을 요구하거나 눈치가 없으면 곧 팀장에서 교체당하게 된다. 반대로 딱 보고 너무 척척 잘 알아줘도 경계를 한다. 저 경우는 지금 둘 중 하나다.

> 1. 밑에 데리고 있는 팀장 중 한 명을 날리고, 그 자리에 지금 부른 팀장을 앉히고 싶다.
> 2. 지금 부른 팀장을 날려야 되나 고민 중인데, 어떤 뽄새인지 테스트해 보고 싶다.

이 둘 중 하나를 재고 있을 가능성이 가장 높다. 그게 아니면 바쁜 사람 불러다 풍치고 충치고 개소리를 시전할 이유가 절대 없다. 당황하지 말고 이 임원의 최근 행보만 빨리 떠올려 보자. 그리고 수작질하지 말란 답을 똑같이 형식으로 받아치면 된다.

지금 월급에 직원들이 만족한다는 의견입니다! 결재 좀.

"그 충치가 뭔지 잘 모르겠습니다만, 오래되었는지 어느 부위인지도 중요하죠. 너무 오래되었다면 다른데 안 좋은 영향을 미치니 뽑아야 할 것이고, 얼마 안 되었다면 요새 임플란트 가격도 높은데 한 몇 년은 치료하며 버티는 게 더 좋습니다. 잘못 뽑았다가 이에 바람이라도 들어가면 안 되지 않습니까? 버티는 동안 다른 치료법이 나오기도 합니다."

의견. 모두 참고하려고 물어본다고 한다. 대체 뭐가 참고인데? 회사에서 생각이나 의견을 순수하게 묻는 경우는 없다. 낚이지 말자. 답하기 전에 뭘 원하는 것인지부터 파악하고 답해도 늦지 않는다.

오피스 게임은 여기저기 곳곳이 다 함정이다.

니 의견은 어떠한가? 뭐해? 자! 너도 동의해라!

회사에서 절대 전문가가 되면 안 되는 이유

전문가와 적임자

> **"**
> **이 일의 전문가시잖아요!**
> **"**

"대체 누가 전문가고 누가 적임자야?"

회사에서 일이 잘 풀리지 않을 때, 누가 잘하는 사람인지 찾는다. 그리고 전문가라고 한다.

전문가. 이게 무슨 말인지 먼저 생각해보자. 엑스퍼트, 스페셜리스트, 마스터, 장인… 이런 얘기다. 아직 무슨 소린지 모르겠다. 그럼 저걸 더 풀어보자. 이 분야를 오래 한 사람? 깊이 있게 잘 아는 사람? 아님 전공, 자격증… 이런 거 있는 사람? 이게 전문가일까?

좀 더 인수분해를 해보자. 그럼 얼마나 오래 해야 되는 거고, 어느 정도 깊이가 있어야 되는 건데? 꼬리에 꼬리를 계속 물어봐도 답이 안 나온다.

이 전문가라는 말은 아주 그럴싸해 보이지만 사실 실체가 없는 말이다. 아닌 거 같으면 내일 회사 가서 이렇게 말해봐라. "저는 엑셀 전문가입니다! 국가가 공인한 '컴퓨터활용능력자'거든요!" 그리고 주변 반응을 한번 보면 된다. 진짜 하려구? 바로 병맛테크 탈 거다.

너가 제일 전문가잖아. 너가 하자. 이런 적 많지?

전문가… 실체와 기준이 없는 단어다 보니, 그냥 느낌으로 받아들여야 되는 그런 단어란 말이다.

"굉장히 실력 있고, 해박하고, 잘하고, 또 많이 알면서… 에… 또… 대충 이런 밀을 맨이다…. 따지지 마!"

이렇게 구구절절 말하기에는 넘 길고 없어 보인다. 대충 뭐 이런 거다 느낌 알지? 하고 만든 단어! 바로 '전. 문. 가.' 되겠다!

관상은 과학이고 언어는 자연이다. 그냥 자연스럽게… '쫌 있어 보이는? 아하!' 이런 느낌으로 받아들이면 된다. 즉, 원주율 같은 거다. 3.14159265358979323846… 아 없어 보이네… 그냥 3.14 해버릴까? 하다가, "음… π 파이, 그래 이거로 통치자! π 이거 알지? 몬 느낌인지?" 뭐 이런 거니까 깊게 고민 말자.

회사에 전문가라는 표현은 자소서 쓰고 면접 볼 때부터 이미 많이 나온다. "이 분야의 전문가가 되고 싶습니다!" 이거 국룰이잖아. 맞지?

이 전문가라는 표현을 회사 업무에 사용할 때는 흔히 일을 떠미는 경우다. 잘 몰라서 도움은 받고 싶다. 누가 해줬으면 좋겠다. 이 일 좀 아는 호구 없을까? 떠올리다 그 사냥감이 포착되었을 때! 근데 이게 누가 할 일인지 애매하다 내지는 구실이 없다! 이럴 때 전문가를 만들어버린다.

"이 분야 전문가시니까 이 일에 가장 적합해보여서요!" "전문가니까 제일 잘 아시잖아요." 이렇게 얘기하는 거다. 그냥 지금 궁하니까 도와달라고 할 것이지. 전문가니까 어쩌고 꼭 이렇게 말한다.

난 전문가 아니라서 잘 몰라.

전문가인지 아닌지를 왜 지가 판단하는지 모르겠다. 여튼 뭐 결국 무슨 소리냐? 그냥 이 일 니가 해달라는 소리다. 꿀 빨면서 자동사냥 좀 돌리고 싶을 때 쓰는, 인정과 칭찬을 가장한 가스라이팅 스킬 되겠다.

고로 상대방에게 이 말을 들었다는 것은 호구 대상이 되었다는 얘기다. '이것은 필시 나한테 똥을 치우려는 개수작이렷다!' 눈치채고 재빨리 반격기나 호신술을 써야 한다. "네? 저 잘 모르는데요…. 무슨 얘기하신 건지도 잘 이해가 안 돼요."

전문가니까 해야 된다? 이렇게 갖다 붙이면, 뭐 할 줄 아는 사람만 맨날 죽어나야 되는 건가? 월급 떼서 얹어줄 거냐? 돈 더 주냐? 오히려 모르니까 지가 해봐야 되는 거 아닌가? 이럴 때만 전문가? 그치? 애초에 말 같지도 않은 개풀 뜯어먹는 소리라는 것이다.

🤖 난 전문가 아니야. 지금 물 줘야 해. 바빠 저리가.

전문가 공격은 어떤 캐릭터에게 딜이 쭉쭉 잘 먹히냐?

장인

우물파기 스킬셋을 갖춘 기술형 캐릭터다. 자기 영역 일에 조예가 깊고, 잘한다는 프라이드가 강하다. 주로 기술 분야나 현장에 많다. 아우라가 남달라 알아보기도 쉽다. 특히 이런 사람들은 남들이 그만하라고 해도 자기 성에 찰 때까지, 일을 계속 파고 또 파며 한 지하 18층까지 파고든다. 진짜 파다 보면 이따금 석유도 나오고 산유국도 된다. 정말 전문가로 인정받고 싶은 부류다. 그래서 전문가로 엄지 척해주면, 하기 싫어도 존심이 있어서 결국 한다.

오지랖쟁이

이 부류는 말 그대로 특유의 생기발랄함과 오지랖으로 활동 반경이 넓고 얕게 많이 안다. 남 일에 잘 참견하고 아는 척하는 조언충이 많다. 그래서일까? 지랑 별 상관없는데도… '도와주겠다.' '이건 이렇게 하는 게 더 좋지 않냐?' 이런 식이다. 여기서 "이 일 어떻게 해야 돼요? 전문가시니까 이거 좀 봐주세요." 이렇게 낚으면, 이들은 의도치 않게 발을 담갔다가 빠져나오지 못하는 경우가 허다하다.

일을 떠밀 적임자를 찾아 돌아다닌다.

회사에서는 가끔 회피하고 싶은 일을 떠안아야 할 때가 있다. 주로 필드에서 보스를 만났을 때, 보스가 어떤 일을 해야 한다고 하면서 어떻게 처리하는 게 좋을지 상의하는 상황. 근데 하기 싫거나 잘 모르는 거다. 거부하지는 못하겠다. 발 빼기는 어려워 보인다. 요리조리 재봐도 각이 안 나온다. 전부 쩐따들밖에 없어 전문가 프레임도 씌우기 어렵다. 내가 이 일을 떠안을 각이다 싶을 때는 어떻게 하느냐?

걱정 마라! 자매품 적임자가 있다. 상대가 나보다 고렙일 때 쓸 수 있는 공격 회피용 액티브 스킬이다. 단, 과장 이상 정도는 되어야 시전이 가능하다. 그냥 나 하기 싫다. 잘 모른다. 이러기에는 모양새 빠지는 데다 잘못하면 탈탈 털린다.

"들어 보니 이 일이 되는대로 처리하기보다는 몇 가지 핵심 포인트가 있는 것 같은데, 관련된 적임자를 찾아 함께 체크해서 하는 게 좋을 것 같아요." 이렇게 하는 거다.

얘기를 듣다가 즉석에서 떠넘길 상대가 바로 생각나는 경우 "이 방면에 경험 있는 김주임이 적임자이니 같이 좀 살펴보고 처리할게요." 이렇게 낚는다. 이제 김주임은 아무것도 모른 채 늪에 빠진다. 그냥 의문의 1패를 당한다.

이 스킬이 먹히는 이유는 간단하다. 보스는 주어진 사안이 해결되거나 일이 처리되는 게 중요하다. 누가 하고 이런 건 관심 밖인 경우가 대부분이다. 이 적임자 스킬은 회피만 하다가는 극딜이 들어오게 되니, 그걸 이용해 나는 회피하면서 보스가 원하는 건 얻게 해준다는 컨셉이다.

이어서 바로 떠넘길 수 있는 저렙들을 물색한다. 누가 지금 일이 별로 없는지, 누가 빠릿빠릿하게 할 수 있는지, 누가 제일 만만한지. 레이더를 풀가동해서 스캔한다. 그리고 표적에 걸린 저렙 호구에게 그 일을 떠넘기는 것이다. 그래서 레벨이 어느 정도 되어야 쓸 수 있다.

🤖 이거 너더러 하래. 너가 적임자야!

오피스 게임: 회사가 원하는 건 너가 망하는 거야

호구 대상에게 간다. 그 일을 해야 되는 이유, 너가 해야 되는 이유, 꼭 너여야만 하는 이유, 너밖에 없다는 이유, 너가 아니면 안 되는 이유… 뭐 이런 걸 엄청 열심히 아무 말 대잔치로 설명한다. "그래서 니가 적임자!" 서둘러 결론짓고 일을 떠넘긴다.

가끔은 뭐 급하면 그런 거 없다. 새우깡 마냥 손이 가는 대로 떠넘길 애를 고르기도 한다. 당하는 호구는 저렙 중에서도 속성이 초식류면 "네, 네." 하다가 뜬금포로 당한다. 고개는 갸우뚱… '이거 왜 내가 해야 되지?' '뭐 어케 하라는 거지?' '나도 잘 모르는데….' 이런 생각을 하기도 전에, '어버버….' 하다가 이미 '턥….' 하고 받아버린다. 이거 무슨 느낌인지 알지?

심지어 '적임자는 너여야 하는 이유'가 잘 안 먹힌다 싶으면, 그냥 대놓고 '보스가 너랑 하래더라….'까지 나온다. 그럼 뭐 이제 빼박을 못하는 거다. 보스한테 가서 "정말 저랑 하라고 말씀하셨나요? 이제는 진실을 말해주세요. 그것이 알고 싶습니다!" 이러고 확인할 것도 아니잖아? 가서 확인한다고 한들, "응 니가 적임자래!" 이 한마디에 아무 말 못 할 게 뻔하다.

전무님 여기. 지시하신 거 제가 다 했습니다!

어쨌든 일을 떠넘기고 그다음 신경 끄면 다행인데, 스킬 시전자는 꼭 와서 '어떻게 되어가냐?' '언제 끝나냐?' '다 되면 알려줘라.' 이러고 수시로 연속기를 날려댄다. 그걸 모두 극복하고 다 해다 주면, 차린 밥상 떡하니 받아서 그 위에 숟가락을 살포시 얹어 보스에게 신나서 보고한다.

여기서 자기가 한 거로 싸악 둔갑시켜 버리는… 이 대목이 바로 매직 하이라이트! 이걸 손 안 대고 코 푼다고 한다. 누워서 떡 먹는다 한다. 꿀 빨며 자동사냥 돌린다고 한다. 4자 성어도 있다. 타산지석(他山之石)!

일 중에서도 특히 가장 하지 말아야 할 일은, 바로 적임자로 떠밀려서 급하게 하는 일이다. 그거 한다고 누가 알아주지 않는다. 떠민 자는 지가 했다고 둔갑시킨다. 위에서는 실제 누가 했는지 알 바 아니다. 그런 일은 잘해도 꼬이고 못해도 꼬인다. 왜냐구?

> **초맹의 적임자 찍힘 공식**
> **시나리오 1.** 그 일을 잘했다? → 떠밀기 좋음
> = 앞으로도 계속 적임자로 찍힌다.
>
> **시나리오 2.** 그 일을 잘 못했다? → 맘에 안 듬
> = 일 못하는 바보 테크로 찍힌다.

즉, 잘하든 못하든 얻는 게 없다. 차라리 봉사활동 같은 건 뿌듯한 보람이라도 얻어 간다. 이건 뭐….

고로 누가 적임자 스킬을 내게 사용한다 싶을 때는 당황하지 말고, '해주고는 싶은데 다른 누군가가 같이 있어야 한다.'거나, '더 긴급한 걸 하고 있다.' 같은 회피 스킬로 모면하자. 정 안 되겠으면… 어디 급하게 회의라도 가는 척하며 워프를 사용하는 게 더 유용하다.

적임자로 이 일 저 일 다해서 나 없음 회사 안 돌아갈 거 같은가? 전문가 소리 하도 많이 들어서 자부심이 하늘을 뚫을 기세인가? 회사에서 전문가와 적임자? 미안하지만 그런 건 없다. 그 얘기 들으면 오피서들 막 헤벌레 하던데 좋은 얘기 아니다. 칭찬도 아니다. 속지 말자.

전문가라면서요? 적임자시네요? 그냥 호구….

누군가 내게 와서 전문가라고 말하면, 그것은 날 호구로 찍었다는 소리다. 내가 누군가에게 가서 전문가라고 말하면, 난 호구를 찾고 있다는 소리다. 누군가 지 혼자 스스로 전문가라고 말하면, 걔는 사기꾼이란 소리다.

전문가를 못할 때 적임자를 쓰는 거다. '지금 이거 떠넘길 캐릭터'를 어떻게 '적임자'로 포장하고 둔갑시키냐만 있을 뿐….

어디 가서 전문가 되고 싶다는 소리는 쉿! 알았다면 이제부터는 적어도 전문가와 적임자는 절대로 되지 말자!

> **TIP** **전문가와 적임자**
>
> - 초맹 -
>
> 내가 그를 적임자라 불러주기 전에는,
> 그는 다만 하나의 몸짓에 지나지 않았다.
> 내가 그를 전문가라 불러주었을 때,
> 그는 나에게로 와서 꽃이 되었다.
>
> 내가 그를 전문가로 불러준 것처럼,
> 나의 이 빛깔과 향기에 알맞는,
> 누가 나의 적임자가 되어다오.
> 그에게로 가서 나도 꿀 좀 빨고 싶다.
>
> 우리들은 모두 무엇이 되고 싶다.
> 너는 나에게 나는 너에게
> 잊혀지지 않는 하나의 의미가 되고 싶다.
> 많이들 되어다오. 나는 되고 싶지 않다.

재택근무 싫어하는 회사의 진짜 속내

기술과 공간, 심리가 결합된 회사의 최첨단 감시

> **"**
> **지배의 기본은 감시에서 시작되는 법**
> **"**

문명과 기술의 발달은 생활을 편리하게 만든다. 세상은 더욱 빠르고 복잡하게 진화하고 있다. 일상 자체가 복잡해 다른 것들은 신경 쓸 여유조차 없을 지경이다. 반면 감시는 더욱 은밀하게 지능화되고 있다. 문명과 기술도 그대로 녹아든다.

대기발령. 이 정도면 감시가 아니라 감금인가?

동인도 회사는 대놓고 모든 것을 살벌하게 지배해왔다. 이후 동인도 회사의 모체는 현대판으로 확장되었다. 그러나 무늬만 변했을 뿐 실상은 다르지 않다. 대놓고 하던 감시가 은밀해졌을 뿐이다.

시스템 감시

자본주의와 기술 문명이 결합된 감시의 결정판이다. 바이러스나 유해 차단 명목으로 회사 인터넷은 안 들어가지는 사이트가 많다. 근데 자세히 보면 차단된 사이트는 주식, 부동산, 웹툰, 소설 이런 것이다. 개인의 경제적 자유, 내면의 자유로 향하는 열린 세상을 회사 안에서는 철저히 차단해버린다.

메신저나 메일은 사내용만 사용 가능하다. 카톡, 네이버 메일 이런 건 기본 차단이다. 일 안 하고 딴짓할까봐? 아니다. 무슨 얘기를 하는지 감시할 수 없기 때문에 못 쓰게 하는 것이다.

사내용을 쓴다면 무엇이 달라질까? 누구와 무슨 이야기를 하는지, 어떤 메일이 오가는지 시스템에서 다 볼 수 있게 된다. 이 핵심 기술의 원천이 되는 데이터는 바로 로그다. 많이 들어봤지? 로그? 존 네이피어가 창안한 지수 함수의 역함수 로그 말고. 통나무의 나이테를 가리키는 그 로그를 말한다.

맞다. 우리가 생각하는 바로 그 로그다. 블로그, 브이로그, 로그인, 로그아웃 이런 거. "저 들어왔어요." 한 번 새기고, "저 나갔어요." 한 번 새기는 것이다.

로그는 기록한다는 의미를 가진다. IT 기술자들이 시스템 오류 해결용으로 사용했다. 시스템의 문제나 장애가 발생하면 이를 일일이 찾기 어려워, 수행 동작들을 자동 기록시켰다. 로그의 응용은 마케팅 분야로 이어졌다. 다양한 활동들을 수집하여 분석하고, 제품과 서비스를 개선하는 등 용도가 확장된다.

여기서 그치지 않는다. 이것을 보고, "옳거니!" 무릎을 탁 친다! "그럼 누가 언제 누구와 무슨 얘기 했는지도 시스템에 싹 다 저장해버리면 되겠네?" 회사의 응용력은 가히 놀라울 따름이다.

여러분! 신나는 오피스 게임 브이로그입니다!

그렇다. 원리는 바로 로그다. 로그를 더 남겨서 모조리 기록하면 된다. 이를 위해 시스템 투자를 한다. 로그를 수집하는 시스템을 만든다. 이를 분배해주는 시스템도 만들고, 모니터링하는 시스템까지 만든다. 세세하게 경고, 필터링, 검색 등 감시에 유용한 기능을 넣는다. 심지어 알고리즘도 만들어 탑재한다. 누가 감시 요주 인물인지 이제는 알고리즘화시킨다.

알고리즘의 선택을 받아 감시 화면 메인에 등극하면 조회수가 떡상한다. 뒤통수는 점점 따가워지게 된다. 심지어 불려다니는 사람들도 있다.

이력서 하나 작성하거나 어디 보내면, 경고가 뜨고 HR팀, 팀장에게 통보가 간다. 그러다 이직 실패라도 하는 날에는 낙인이 찍힌다. 메신저로 동료에게 "때려치고 싶어! 딴 데 알아봐야지." 하면, 이상하게 다음 날 팀장님이 잘해주지 않던가? 우연이 아니다. 회사는 이렇게 막대한 돈을 들여 편리하게 시스템을 통해 감시한다.

아닌 것 같으면 생각해 보자. 브런치 서랍장에 글을 저장하고 가만있으면 글 올리라고 알람이 온다. 글 쓴 지 오래되면 보고 싶다며 또 알람이 온다. 어떻게 알았지? 다 로그를 기록해 알고리즘을 사용하는 기술들이다.

 요고 봐라… 혹시나 했더니, 자리 비움이네….

로그를 이용하면 감시가 가능해진다. 실제 그렇게 시스템을 운영한다. 누가 누구와 친한지, 몇 시에 무슨 대화를 했는지, 어제 프린터 출력본이 자녀 과제인지까지도….

"우리 일상은 브이로그, 회사에서는 감시로그다."
메일, 메신저, 회사 통신망에서는 무조건 예쁘고 고운 말만 쓰자! 다음 공식을 외워 두면 유용하다.

> **TIP 초맹의 감시로그 상수 법칙**
>
> 공식: $\log_a 예쁜말 = 해제$, $\log_a 나쁜말 = 감시$
>
> **감시 작동 예문**: 김과장 걔 짜증나게 왜 일을 그 따위로 해? 과장이면 다야? 재수 없게…
>
> **감시 해제 변환**: 김과장님의 업무 처리는 늘 훌륭하지만, 이번 건은 신중한 리뷰가 필요할 것으로 사료됩니다. 과장의 역할과 도리를 되새기고 시대적 사명을 기억해야 할 것입니다. 신의 가호와 행운이 함께 하기를 바랍니다.

공간 감시

사람이 감시하는 것이다. 동서고금을 막론하고 가장 오랜 역사와 전통을 자랑한다. 옛날에는 주인의 충성스러운 심복들이 눈을 부릅뜬 채 노비들을 지켜봤다. 마음에 안 들면 매질을 했다. 인권이 발달한 현대 사회에서는 그럴 수 없다. 그러나 없어지지 않았다. 여전히 존재한다. 문명의 발달과 인식의 변화로 그 모습이 은밀하고 자연스럽게 진화했을 뿐이다.

사람에 의한 감시는 여전히 가장 막강한 수단이다. 정교하지 않아 왜곡과 오해를 불러일으키기도 쉽다. 자칫 레이더에 잘못 포착된 캐릭터는 한 방에 날라가기도 한다. 방법은 은밀하게 진행된다. 회사는 관리자들을 곳곳에 배치한다. 사실 관리자들도 잘 모른다. 자신이 감시를 하는 것인지, 일을 원래 그렇게 하는 것인지. 이미 이들에게는 팀워크, 리더십, 모티베이션, 조직성과… 이런 멋진 단어로 실체를 물타기 했기 때문이다. 현대 사회의 사람 감시는 철저히 공간을 이용한다. 은밀하게 공간의 지리적 이점을 십분 활용한다.

팀장들의 자리는 왜 구석인지부터 생각해보자. 괜히 거기 있는 게 아니다. 지리적으로 구석은 출입구에서 가장 멀다. 이는 유사시 방어에 유리하고, 한눈에 전체가 보이는 입지이기 때문이다. 전체를 빠르게 본다는 것은 공격에서 유리한 상황이 된다.

반면 입구 자리는 어떤가? 아무나 와서 쉽게 말을 건다. 심리적 장벽이 가장 낮은 곳이 바로 입구이다. 접근이 수월하다. 그래서 입구 자리에 앉으면 자동으로 부서 안내데스크가 되어버리는 것이다.

팀장 자리가 정중앙이나 입구 쪽이라고 생각해보자. 수시로 고개를 돌려야 하기 때문에 감시가 쉽지 않다. 오히려 많은 사람들이 지나다니며, 자연스럽게 팀장이 감시당하는 반대 상황이 연출될 것이다.

> 재택근무라 아무도 없네? 맘에 안 든단 말이지….

　코로나 시기. 모두가 재택근무를 했다. 수많은 학자들은 초연결 시대, 공간의 파괴를 외쳤다. 오피스의 종말론을 예고했다. 코로나 이후 근무환경은 달라질 것이라 전망하였다. 회사는 임대료를 아끼고 공간과 비용을 절감하고자 공유 오피스로 몰릴 것이다. 재택근무는 일상이 될 것이다. 들도 보도 못한 박사님들이 너도나도 저명하게 떠들댔다. 그 말을 믿고 많은 사람들이 수도권을 벗어났다. 이제 오피스는 무너졌다! 어차피 재택근무 시대다! 건물주는 더 이상 조물주가 아니다! 디지털 노마드다!

　그래서 어떻게 되었나? 빠르게 늘던 공유 오피스는 줄도산하고 있다. 건물주의 위상은 변함없다. 회사는 임대료가 늘자 건물을 사버리고 땅을 매입했다. 본점 외에도 거점 오피스까지 마련하며 오히려 임대료를 더 쓰고 있다. 그 정도로 재택을 싫어한다. 회사는 오피스를 포기하지 않는다. 우리나라뿐 아니라 개방적인 미국, 유럽의 회사들도 재택을 없애거나 최소로 하고 있다. 그때 시공간 파괴를 외쳤던 학자들은 크게 한몫 땡기고는 어째 요새 다들 조용하다.

여튼 코로나 때는 어쩔 수 없었지만, 이후 속속 회사로 복귀시켰다. 눈에서 안 보인다고 업무 진행이 안 되거나 실적이 나빠졌다는 근거는 없다. 그럼 뭐 하러 비싼 사무실 임대료를 감당하면서까지 나오게 만드는 것일까? 표면적인 이유로는 화합과 소통을 강조한다. 맞는 말이다. 직접 보고 얘기하는 것보다 좋은 것은 없다. 근데 그건 그냥 하는 말이다.

실은 불안해서다. 눈에서 안 보이면 심리적으로 불안하기 때문이다. 그 불안한 사람들은 임원과 관리자들이다. 임원들은 사무실에 나와봐도 사람이 없으니 왕놀이도 못하고 재미가 없다. 시중들 노비도 없다. 디지털, 화상회의… 익숙하지도 않고 하려니 힘들다. 재택 하자니 사실 할 일도 없다. 관리자들은 불안하다. 일이 제대로 돌아가고 있는지, 누가 놀고 있지는 않는지, 감시가 안 되니 답답하다. 참견과 컨펌질이 줄어든다. 마치 자신들의 일이 없어지는 것 같다. 영향력이 닿지 않는 것 같아 불안해진다.

그렇다. 노비들이 안 보이면 그들은 존재 가치가 없다. 코로나 기간 이들은 깨달았다. '임원이나 관리자가 없어도 회사는 노비들에 의해 돌아간다!'

관리자들의 모니터 엿보기는 어제오늘 스킬이 아니다.

바로 이 깨달음이 불안의 원인이다. 두렵다. 들키면 안 된다. 불안을 없애야 한다. 입지를 다져야 한다. 지배를 공고히 해야 한다. 그래 정답은 오피스다!

결국 자신들의 내적 불안을 해소하기 위해, 그 수많은 사람들을 굳이 한 공간에 불러 모은다. 오피스 게임은 이렇게 계속된다.

비슷한 일을 하는 사람들은 옆자리에 붙여 앉게 한다. 공간을 이용한 상호 감시 효과다. 이들은 서로 일을 하며 계속 얘기를 하게 되어 있다. 모니터도 같이 보는 일이 빈번하다. 서로 업무 체크도 수시로 하기 때문에, 일의 속도나 진행 상황을 알 수 있다. 여차하면 관리자에게 그대로 보고된다. 긴장의 끈을 놓을 수가 없다.

어떤가? 공간 감시를 십분 활용하려면 일단 오피스로 불러들일 수밖에 없는 것이다. 모든 감시는 오피스 안에서 비로소 완벽해진다. 공간이 곧 지배의 수단으로 이용된다.

새로운 실세의 등장과 대기발령의 엇갈림.

업무에서 배제시키고 벽 보고 앉게 한다는 말. 뉴스에서 심심치 않게 본 적 있을 것이다. 맞다. 전형적으로 내보내기 위해 하는 수법이다.

그 원리는 불안감을 조성하여 심리적 자극을 이용하는 것이다. 밀폐된 공간에 갇힌 느낌이 든다. 등 뒤로 뭘 하는지 보이지도, 들리지도 않는다. 차단당한 느낌. 쓸모없는 느낌. 아무도 찾지 않는다. 뭘 해야 할지도 모른다. 자괴감이 느껴진다. 사람들의 따가운 눈초리와 입방아. 적은 있는데 보이지 않는 전쟁터. 이렇게 불안감이 증폭하게 된다. 멘탈이 박살 난다. 못 버틴다. 퇴사한다. 끝. 이게 회사가 노리는 시나리오다. 그리고 꽤 잘 먹힌다.

만약 이 무대가 오피스가 아니라 재택이라면? 아마 그렇게까지 불안하지 않을 것이다. 적지가 아닌 나의 스테이지기 때문이다. 대기발령인데 재택? 오히려 얼씨구나 잘 됐다. 땡큐베리머치다. 더러운 꼴 안 봐도 된다. 속 편하게 밀린 드라마나 정주행하자. 어떤가? 회사 의도대로 되지 않는다.

결국 오피스가 아니면 다 소용없다. 회사는 지배를 위해 오피스라는 성지를 포기하지 못한다.

대기발령이나 자리배치. 모두 공간을 이용해 벌이는 심리 트릭들이다.

공간을 보면 알 수 있다.
회사는 여러분을 신뢰하지 않는다는 것을….
당장 오늘부터 찾아보자.
나를 감시하고 있는 그 은밀한 것들에 대하여….

머지않은 미래. AI 인공지능 로봇이 돌아다니며 감시를 대행하게 되지 않을까?

과연 회사에 살생부는 존재할까?

인사가 만사인 이유가 밝혀진다.

> **다음은 바로 네 차례다!**

회사에는 살생부가 있을까? 대부분 오피서들은 잘 모른다. 있네 없네 뇌피셜만 가득하다. HR은 모든 일이 비밀이다. 그중 살생부는 가장 극비다. 공식 업무에도 살생부는 없다.

결론부터 말하자면 살생부는 있다. 직원 면담이나 관찰, 평판 관리 같은 업무로 위장되어 있다. 모든 회사에는 일잘러보다는 꾸러기가 더 많다. 꾸러기 처리도 HR의 몫이다. HR 업무 중 난이도가 가장 극악인 일이기도 하다. 그렇다고 꾸러기가 딱히 큰 문제를 일으키지 않는 이상 내보내기는 쉽지 않다.

이 살생부란 HR이 바라보는 꾸러기 리스트라고 봐도 무방하다. 살생부는 새 나가는 순간 바로 큰 문제가 된다. 그래서 HR에서도 선임자나 관리자만 공유한다. 이런 건 HR 강사들도 알려주지 않는다. 대놓고 말 못 하니까… 말하면 일감 끊기니까….

일반적으로 살생부에는 이런 사람들이 올라간다.

> 1. 징계 이력자
> 2. 휴직 이력자
> 3. 인사 고과 부진자
> 4. 부서 분란 제조기
> 5. 50세 이상 고연령자
> 6. 여론 주도 스피커
> 7. 평판이 매우 안 좋은 자
> 8. 직급 대비 고연봉자
> 9. 회사 정책에 반기 드는 반골 노비
> 10. 낙하산 같은 요주 인물

살생부는 딱히 기록하는 형식이 정해져 있지 않다.
보통 X 파일에 정리해둔다. 이름과 특징, 의견들을 대충 두서없이 정리해놓는다.

> - **대상자**: 초맹 (5년 차)
> - **문제점**: 상사 지시를 따르는 법이 없다고 함. 신입들은 엄청 잡아대는 젊꼰. 커피 셔틀 아이콘이라 함. 일처리 별로고 퍼포먼스 안 나옴. 칼퇴는 기가 막힘. 빽이나 라인 없음.
> - **관리방안**: 부서 저평가자로 분류시키고, 이후 단순 업무 위주 부서로 이동.

    회사마다 차이는 있지만 살생부에 등록되는 사람들은 약 10% 정도라고 보면 된다. 살생부를 만드는 이유는 뻔하다. 내보내기 위해서다. 적당한 시기를 봐서 내보내기에 사용하려는 것이다.
    HR의 마지막 초필살기를 위한 준비 단계가 바로 살생부다. 살생부의 정보들은 다양한 경로로 모인다. 직원들의 소리를 듣는다. 그래서 고충 상담을 하기도 한다. 팀장이나 리더들을 만나 얘기를 듣는다.

직원들에게는 팀장이 어떤지 물어본다. 팀장에게는 부서 직원에 대해 물어본다. 처음에 "일은 할 만하세요? 어려운 점 있으세요?"로 시작해도 결국은 은근슬쩍 사람에 대해 물어본다. 애초에 그게 목적이다.

업무 내용이나 이런 건 별 관심 없다. 들어도 잘 모른다. 이들은 사람 얘기를 무척 신경 써서 듣는다. 특히 그 와중에 누군가의 흠이 들리면 철저히 메모해둔다. 누가 성격이 개차반인지, 누가 지각대장인지, 누가 빌런인지 등등… 누가 잘 한다는 건 기록 안 한다.

이렇게 들리는 직원들의 얘기는 한계가 있다. 대놓고 프락치 사업을 하기도 한다. 곳곳에 스피커들을 배치해놓고 친하게 지내는 것은 인사 퀘스트의 기본! 뭣도 모르는 신입사원들을 케어 명목으로 불러 모은다. "자아! 쭈욱 아뢰어 보거라!"를 시전한다.

고충 상담은 정보를 모으는 것이 목적이다.

직급 간담회. 유사 집단을 모아 갈라치기를 할 정보를 모은다.

아직 부족하다. 신입은 모르는 게 많아 정보가 충분하지 않다. 직급별 고충 해결을 위한 간담회도 진행한다. 여기서 듣는 얘기들도 메모해둔다. 이때 스피커로 쓸 만한 싹이 보이는 자들은 포섭하여 친밀도를 유지한다. 스피커들은 인사팀이 자신에게 잘해주니 뭐라도 된 것 같다. 혜택이 생길 것도 같다. 그래서 암묵적으로 HR에 많은 정보를 내어준다. 그러나 스피커들도 물갈이를 한다. 계속 두면 저들이 재미들리기 때문이다. 이용가치가 떨어지거나 적당한 때 그 스피커들은 살생부에 올라간다. 그리고 조용히 어디 지방으로 사라진다.

이렇게 꾸준히 작성되고 있는 살생부들은 언제 사용하느냐? 권고사직, 명예퇴직, 정리해고 같이 인건비를 대폭 줄여야 하는 상황이 올 때 요긴하게 사용된다. 그나마 회사가 돈 좀 있어서 이번에 물갈이 한번 하자며 신청받는 명퇴는 좀 할 만하다.

오늘 둘 중 한 명은 짤립니다! 가위바위보하세요!

문제는 명퇴신청이 다 안 차거나, 뒤에서 몰래 밀어내기를 시도해야 할 때이다. 일단 작전을 짜고 대상자를 불시에 부른다. 대비를 못 하게 해 멘탈을 날리고 시작하기 위해서다. 여기서 보통 팀장과 담당 임원은 며칠 전에 알고 있다. 그리고 모른 척한다.

인사팀은 대상자들을 내보내기 위해 온갖 회유를 한다. 그러나 회유만으로는 약하다. 밥그릇을 뺏기고 쫓겨나게 된 자들은 방어력 500%의 버프가 붙기 때문이다. 이때 그동안의 메모를 협박 카드로 사용한다. '제보가 왔다.' '너 보니까 이러하던데 니가 불리하다.' 상대가 주춤하는 순간 틈을 놓치지 않는다. 곧바로 약간의 위로금을 걸고 단칼에 목을 친다. 다 회사를 위해서라며….

방어력이 너무 막강하여 버티기를 시전한다면, 이들이 쓰는 매직 카드는 발령권이다. 공장이나 콜센터로 발령을 내버린다. 영업 직원을 연구개발팀에 보낸다. 대기발령이라는 투명인간 자아파괴 패시브를 걸기도 한다.

자매품으로는 한참 후배가 팀장인 팀으로 넣는 방법도 있다. 이 경우 서로 껄끄러워진다. 팀장은 일 시키기가 불편하다. 선배는 말 붙이기가 껄끄럽다. 결국 팀에서 같이 못 하겠다는 말이 나오게 되어 있다. 그럼 HR은 이걸 빌미 삼아 다시 내보내기에 돌입한다. 다들 부서에서 같이 일하기 힘들다고 한다. 그러니 나가주셔야겠다. 이렇게 압박에 들어간다. 위로금 3개월 치 월급 정도 걸고 저울질한다. 이유는 하나다. 내보내야 하니까… 철저히 멘탈을 부숴버려서라도 내보내는 것이다.

계속되는 HR의 압박. 결국 버티다 싸인하게 된다.

물론 살생부에 올라갔다고 다 정리당하는 것은 아니다. 정리자는 리스트 중 2/3 정도라고 보면 된다.

만약 HR에서 부르면 무조건 녹음 켜고 가자. 음모는 갑자기 실행된다. 어떤 얘기를 듣더라도 당황하지 말자. 얘네는 흔들리는 눈빛, 버벅이는 말투를 보고 멘탈 지수를 판단한다. 정신 잘 부여잡자. 또박또박 이유와 필요한 거 다시 묻고 이렇게 말해라.

"지금 사안의 타당성과 적합성의 신중한 검토가 우선입니다. 여기서 즉답을 드리고 싸인을 하기는 적정하지 않습니다. 제 로이어와 레이버 어토니랑 상의한 후 답변 드리도록 하겠습니다."

그리고 재직증명서나 급여 이런저런 서류 요구하고, 사실 확인을 두세 번 더 해라. 이 정도 하면 HR이 역으로 흔들린다. 자칫 일이 커질 것 같기 때문이다. 이들은 계속 빠른 답을 보챌 것이다. 넌 방법이 없다며. 시간이 없다며. 아니다. 거짓말이다. 보통 갑자기 후려치는 밀어내기 시도는 절차나 직원 불이익, 사측의 구제 노력 등 어딘가 문제가 있기 마련이다.

저거 뒤통수에 냉기 도는 거 보니 또 누구 하나 날렸구만.

HR. 처음의 시작은 학교에서 배운 대로 적재적소에 알맞은 인재를 배치하고자 애쓴다. 직원들의 역량을 향상시키고 신바람 나는 일터를 만들기 위한 꿈을 가진 이들. 봐야 할 이력서는 많고 고되다. 하도 많이 보니 무뎌진다. 매번 사람에 치인다. 이제는 이력서에 활짝 웃는 사진 속 사람은 보이지도 않게 된다.

사람을 다루는 인사에서 점점 사람이 사라져 간다. 사람을 바라보던 시선은 돈을 따라가고 있다. 아이러니하다. HR 최고 난이도는 바로 내보내기다. 내보내기를 잘하는 HR은 어디서나 대접받는다.

태어난 순간 주민번호를 받는다. 주권이 생겼다고 착각한다. 주민번호는 국가가 국민을 지배하기 위해 있는 것이다. 입사한 순간 사원번호를 받는다. 가족이 되었다고 착각한다. 인사카드는 회사가 직원을 지배하기 위해 있는 것이다.

HR은 직원들을 보호하는 곳이 아니다. 직원들로부터 회사를 지키는 특급 수문장이다. 그들의 따뜻한 미소 뒤로 보이는 그들의 뒤통수는 차갑다.

그래 잘 봤다. 나랑은 상관없어. 난 아니겠지?
다음은 네 차례다! 이미 살생부는 준비되어 있다.

▎월급이 왜 이거밖에 안 오르는 거야!!

니 월급이 제일 적게 오르는 이유

> **"**
> **월급은 올라도 오른 게 아니다**
> **"**

월급이 매년 조금씩 오른다. 근데 이상하다. 잔액이 점점 줄어드는 느낌. 쏨쏨이를 줄인다. 그래도 생활이 팍팍하다. 물가가 너무 많이 오른 것일까?
    회사가 인건비에 혈안이 되어 있다는 것은 잘 알 것이다. HR에서 인건비를 다루는 것은 업무 전체 중 일부다. 그러나 현실은 인건비에 올인하고 있다고 봐도 무방하다. 그 이유는 HR이 인정받고 영전하려면 인건비밖에 답이 없기 때문이다.

직원 한 명에 들어가는 돈은 실제 부대 비용을 다 포함해 직원 연봉의 대략 1.8배 정도다. 그래서 연봉이 5천만 원이라면, 경영진은 "1억 드네!"라고 하는 것이다. 이러니 인건비에 혈안이 될 수밖에 없다.

인건비 절감은 채용에서 30% 정도 줄일 수 있다. 나머지는 근무 중인 재직자들에게 깎아야 한다. 추가 비용을 막거나 인상률을 억제하는 것이다. 월급은 늘어난 것처럼 보이지만, 물가와 돈의 가치를 생각하면 사실상 깎인 셈이다. 대표적인 인상률 억제 방법은 크게 두 가지가 있다.

월급쟁이들은 항상 팍팍하다.

인사고과 조절

급여 상승은 여러 가지 요인이 있다. 자본주의라는 이상한 설계는 실물로도 없는 돈을 마구 복사해낸다. 미래 가치를 현재로 땡겨와서 숫자를 찍어준다. 빚을 먼저 지게 한다. 없는 돈이 시장에 마구 풀린다. 그 덕분에 인플레이션이 발생한다. 물가는 점차 상승한다. 돈 가치는 계속 휴지조각이 되어 간다. 신용사회가 가속화될수록 인플레이션도 가속화된다. 따라서 최저임금도 계속 올려줄 수밖에 없다.

급여 역시 마찬가지다. 급여에는 베이스업이라는 개념이 있다. 물가 상승률만큼 기본 인상을 시켜주는 것이다. 근데 너도나도 똑같이 올려주니 이건 당연한 게 된다. 자본주의의 임팩트는 격차에서 나온다. 그래서 평가제를 한다. 성과 평가제를 도입하고 연봉 협상이라는 절차를 만든다. 여기에 꼼수가 숨어있다. 평가제를 하면서 베이스업을 쓰윽 빼버린다.

물가 상승률은 해마다 차이가 있지만 대략 4~5% 정도 오른다. 회사는 이를 말하지 않고 평가제에 따른 연봉 협상으로 퉁친다. 치밀하게 설계한다. S = 8%, A = 5%, B = 3%, C = -5% 이런 형태로 인상률을 정한다. 기본적으로 상대평가를 많이 사용한다. 피 튀기는 경쟁을 유도하기 위해서다. 그리고 비율 할당제를 한다. A 이상 = 10%, B = 80%, C = 10%. 이렇게 총원 대비 비중을 미리 할당한다.

할당제를 하는 이유에 대해 HR은 인사 연구 결과, 파레토 법칙… 이런 것들을 들이민다. 그러나 진실을 말하지 않는다. 진실은 급여 상승을 막기 위해서다.

고과자가 되는 팀장들은 고민이 생긴다. C 줄 사람은 고민할 필요 없다. 싫은 사람 하나 찍어서 주면 된다. 특히 우수 캐릭터를 많이 데리고 있는 팀장은 고민이 많아진다. 좋은 고과는 한두 명밖에 못 주니까. 게임의 보상 설정은 그렇다. 그렇게 내분을 조장한다. 팀장은 고과를 주면 욕을 먹게 되어 있다. 가장 멍청한 팀장은 C 주고 욕먹는 게 두려워 전원에게 B를 때리는 이퀄리티 팀장이다.

인사 고과 때는 자꾸 흠을 잡는다.

그럼 실제 인상이 얼마나 되는지 예를 보자.

> **(주)초맹 성과 보상 제도: 연봉 인상률**
> S = 8%, A = 5%, B = 3%, C = 0%, D = -5%

총 100명 중 80명이 B를 받고, A를 10명 받고, C를 10명 받는다. 그러면 성과에 따른 전체 급여상승은 약 3%가 된다. 베이스업만 해 줘도 5% 상승인데, 100명에게 2%를 줄여낸 것이다.

그럼 직원들은 바보인가? 아니다. 대부분이 B를 받고 3% 인상이 되니 눈높이가 하향평준화된다. "물가가 5%나 올랐네?"를 미처 생각하지 못한다. 주변 사람들과 비교를 하기 때문이다. 남들도 3% 인상이니 그걸로 위안을 삼는다.

돈은 액수로 봐야 하는 게 아니다. 현재 가치로 봐야 하는 것이다. 화폐는 교환을 위해 있는 것이기 때문이다. 물가가 곧 돈의 가치다. 작년 100만 원이 올해 105만 원이라는 뜻이다. 은행도 이를 고려해 이자를 주고받는 것이다.

낮은 고과에 대해 항의해봐야 소용없다.

그렇다면 실은 고과 A를 받아야 본전치기인 셈이다. 회사는 최대 효과를 살리기 위해 S 받는 사람도 몇 명씩은 나오도록 한다. 홍보용이다. 그래봐야 전체 인상분은 3.1% 정도 된다. 결국 덜 준다. 그래서 "월급 빼고 다 오르네?"라는 말이 나오는 것이다.

여기서 2~3년 지나면 물가와 급여의 격차는 더욱 벌어진다. 직원들의 살림살이가 팍팍해질 때가 돼서야, HR은 마이크를 잡고 선심 쓰듯 말한다.

"회사가 매우 어려운 결정을 했습니다. 이번에 특별 기본인상을 실시해서 2% 더 올려드리겠습니다."

직원들은 반긴다. 얼굴에 미소가 번진다. 매년 2% 손해가 3년 누적되어 이미 최소 6% 이상 손해를 봤다. 2% 기본 인상해봐야 결국 이는 6% 손해를 4% 손해로 바꿔주겠다는 말에 지나지 않는다. 그럼에도 직원들은 환호한다.

손해인데도 환호하는 이유는 무엇일까? 이미 수년간 하향평준화 프레임으로 눈높이를 낮춰놓은 것이다. 회사는 당연히 이득이다. 이렇게 또 3년 버티고 똑같이 되풀이한다. 그다음부터는 루틴이 된다.

요것들이 인사 고과 시즌만 되면 죄다 열심히네. 누굴 잘 준담?

이 상대평가에는 여러 맹점이 있다. 우수 자원들로 꾸려진 팀은 말 그대로 피를 보기 때문이다. 그래서 과감하게 절대평가를 하는 회사들도 있다.

그럼 어떻게 되는 거지? 전원 다 A를 받아버리면 급여상승이 엄청날 텐데? 그만큼 더 벌 자신이 있다는 의미일까? 아니면 착한 회사라서 그럴까? 둘 다 아니다. 직원들을 인정하는 것처럼 보이기 위한 꼼수다. 절대평가를 시행하게 되면 이론상 전원 다 A를 받는 것도 가능하다.

그러나 HR을 절대 만만하게 봐서는 안 된다. 고과자를 교육시키며 계속 주입한다. 여러 조직 이론을 들먹인다. 모두 잘하는 팀은 나올 수 없다고 밑밥 깔고 시작한다. 여기서 고과자는 심리적 부담을 느낀다. 전원 A를 주면 찍히는 것이다. HR은 필요한 근거 자료, 인적자원 논문 등을 제시한다. 공정한 고과는 이 정도 비율이 되더라… 라며 암묵적 가이드를 던진다. 이후 각 부서에서 매기는 고과를 체크해 자신들의 기준에 맞지 않으면 고과자를 압박한다.

결국 고과자는 평가결과를 조정할 수밖에 없게 된다. HR은 이를 상대평가일 때와 맞춰보고 절대평가로 바꿔도 고성과자가 얼마 늘어나지 않는다는 점을 확인한다. 확인한다기보다는 미리 설정하고 그 설정값에 억지로 끼워 맞추는 것이다.

그렇게 절대평가를 하며 직원들에게는 "우리는 상대평가하지 않아요. 절대평가로 더욱 공정하게! 잘하는 사람은 누구나 대우해 줘요!"를 외친다. 그리고 자신들의 설정값에 맞춘 고과자들에게 칭찬 한 번 날려준다. '절대평가는 고과자의 성숙도가 가장 중요한데, 평가 결과를 보니 성숙하고 공정한 평가를 하시는 분들'이라며 추켜세워준다. 뒤에서 다 조작하도록 압박해놓고 말이다.

고과자는 이를 알지만 직원들에게 절대 말할 수 없다. 인사는 제도로 말하는 것이고, 평가는 고과자가 준 것이기 때문이다. 즉, 니 월급을 안 올려준 건 HR이 아니라 고과자다. 이미 이렇게 프레임 설계가 되어 있다. 어느 고과자가 십자가를 지려 할까? 그렇게 HR과 고과자는 점점 한패가 되어 간다.

HR은 고과 기준을 교육하며 가이드를 제시한다.

성과급제 비틀기 스킬

매년 호봉에 따라 급여를 올려주던 연공서열제는 거의 찾아보기 힘들다. 평등주의의 빈틈을 갈라치는 회사. 성과만 내면 다 퍼주겠다고 성과연봉제, 성과급제를 시행한다.

그러나 회사가 누구인가? 실체 없는 이 게임의 설계자. 여기에는 당연히 함정이 있다. 연봉 인상률 자체를 낮게 설정한다. 성과를 잘 냈다고 매년 10% 이상씩 팍팍 오르는 사람이 없는 것만 봐도 알 수 있다. 이 실상에 대한 노비들의 불만을 상쇄시켜야 한다. 그래서 보너스의 개념을 박아 넣는 것이다.

이따금 뉴스 기사로 접하는 성과급 잔치. 그것은 일부에 해당되는 말이다. 웃긴 건 이 성과급은 엄연히 회사의 제도지만 근로계약에는 쏙 빠져있다는 것이다. 즉 계약 연봉이 아니다. 다시 말해 안 줘도 된다는 소리다. 상황 봐가면서 줬다 안 줬다를 반복한다. 잡힐 듯 말 듯 딸랑이는 개뼈다귀를 쳐다보며 군침 흘리도록 길들여가는 것이다.

성과급이 엄연히 내세울 강점이고 제도라면, 성과급 지급 조건을 근로계약서에 자세히 쓰면 될 것이다. 그러나 이를 명시하지 않는다. 이유는 쉽다. 그렇게 되면 나중에 내뺄 수가 없으니까… 계약서에 명시하더라도 '회사가 정한 바에 의거해 별도의 성과급을 지급할 수 있다.' 정도다. 있으나 마나 한 소리다.

여기서 반론이 나올 수도 있다. 그럼 성과급을 계속 주던 회사는 뭐냐? 애초에 급여 설계에서 이 정도 성과급이 나가겠지… 이미 계산에 들어가 있던 것이다. 회사가 실적을 잘 냈더라도 아마 성과급은 그때그때 달랐을 것이다. 왜냐면 회사의 마음에 따라 그때그때 달라지기 때문이다. 다시 잘 생각해보라. 그때마다 회사는 다 무슨 이유를 만들어냈을 것이다.

이 성과급도 주다 말다 반복하니 희망고문을 할 만한 거리를 또 만들어낸다. 성과급제 비틀기다. 직무 발명제, 상시 보상제 이런 것들이다. 일하다 언제라도 우수한 성과를 내면 '최대 1,000만 원 보상' 이런 식으로 금융권 스킬을 응용한다.

우수 성과 보상제 같은 건 꼭 성대하게 홍보를 한다.

'착한 초맹 적금 이자 최대 10%', '초맹 상해보험 최대 1억 보상'. 최대로 받는 사람이 과연 얼마나 있을까? 마찬가지다. 상시 보상제는 말 그대로 홍보용이다. 성과를 인정받기도 어렵다. 인정된다 해도 50만 원, 100만 원에 그친다. 그리고 그마저도 다른 누군가 자기 실적으로 둔갑시켜 가로채 가기도 한다.

최대를 받는 사람이 나오기도 한다. 진짜라고 보여줘야 하니까. 이건 게임 당첨 확률 보상 아이템 같은 것이다. 로또 당첨이랑 같다고 보면 된다.

뒤에서 조용히 주면 혼자 먹고 '아이 맛있어!' 입 꾹 닫을 텐데… 저런 건 꼭 사내 공지를 하고 시상식을 하며 풍악을 울려댄다. 애초에 홍보 목적이었다는 반증이다. 만약 운 좋게 받더라도 팀 회식비로 나간다. 주변에 침 흘리는 승냥이들 때문에 돌아가며 밥 사주면 남지도 않는다. 결국 회사에서 다 쓰고 죽어야 한다.

즉 '절대! 못. 가. 져. 간. 다!'에 가깝다.

 초맹의 급여 설계 허와 실 공식
1. 회사의 급여 제도 홍보 = 기본 연봉(계약) + 평가 인상(계약) + 베이스업(별도) + 성과급(별도) + 보상제(별도) → 회사는 돈 많이 줘!
2. 실제 급여 제도 = 기본 연봉(계약) + 평가 인상(계약) + [{베이스업(별도) + 성과급(별도) + 보상제(별도)}/10] → 자 한번 가져가봐!

노비 문서에 들어가지 않는 제도로 마음껏 유린한다. 기본 급여 인상을 낮게 잡고도 얼마든지 많이 주는 것처럼 포장한다. HR이 돈에 눈이 멀고 마케팅을 접목하게 되면 일어나는 일들이다. 오늘 우리가 겪고 있는 작금의 현실이기도 하다.

승진했다! 회사의 진급 박스오피스

승진이 공평하지 않는 이유

> **진급은 알아서 해야 되는 것이다!**

오피서들이 가장 환희와 보람을 느끼는 순간은 언제일까? 아마도 승진일 것이다. 그동안의 사냥질을 인정받는다. 레벨이 오른다. 월급이 훅 오른다. 높은 물가도 이때 따라 잡힌다. 살림살이가 나아진다.

인사제도 설명회. 진급 대상자들의 눈은 번쩍인다.

어디 그뿐인가? 사회적 지위가 상승한다. 사내 입지가 높아진다. 무엇보다도 그 순간만큼 내가 잘 나간다고 느끼게 된다. 다 내 것 같다. 세상은 아직 살만하다. 그렇다. 승진이란 바로 그런 것이다.

매년 진급 시즌, 승진으로 레벨을 올리면 많은 보상이 뒤따라온다. 프로야구 선수들은 FA 시즌 전년도가 성적이 가장 좋다. 회사도 마찬가지다. 진급 심사를 앞둔 캐릭터들의 성적이 눈에 띄게 향상된다. 회사의 불가능한 일은 진급 대상자에게 시키면 된다.

대부분의 캐릭터들은 승진 전년도에 상당한 버프를 받는다. 사냥 속도가 빨라진다. 맵에서 보스나 빌런을 만나도 한 방에 줘 패버린다. 지치지도 않는다. 배터리에 링거를 꽂는다. 야간 사냥이 계속돼도 헤쳐나간다. 포지션이 힐러인데도 극딜을 날려댄다.

이번에는 몇 명이나 진급시켜야 하나?

이 광경을 전지적 시점에서 바라보며 HR은 고민에 잠긴다. 이유는 간단하다. 승진자들에게는 급여를 많이 올려줘야 하기 때문이다. 진급 대상자 리스트를 꺼내 고과를 나열한다. 예상되는 승진자를 미리 시뮬레이션한다. 예년보다 많은지 적은지 따져본다. 그리고 가격이 얼마가 오르는지 계산해본다.

많이 올라간다 싶으면 진급률을 내려버린다. 이게 기본이다. 문턱을 높이기 위한 작업들을 곳곳에 해둔다. 채플 있는 학교에서 배워 온 스킬을 응용한다. 이른바 P/F 스킬(Pass or Fail). 쓸데없이 토익 스피킹이나 오픽 점수를 다시 받아오게 한다. 사내 필수 교육은 다 이수했는지 갑자기 따지기 시작한다. 고과가 아무리 좋아도 조건 만족이 안 되면 일단 자동 탈락이다. P/F는 오직 떨어뜨리기 위해 존재한다.

승진 인원을 미리 정해둔다. 진급심사를 하고 나서 승진율을 체크해야 하지만 반대로 승진율을 미리 정해둔다. 미리 정했다는 것은 이미 계산기를 돌려놨다는 의미로 보면 된다. 여러 진급 대상자를 거느리고 있는 팀장은 고민이 생긴다. 이미 HR에서 다 못 올려준다고 통보를 받았을 테니까….

그래서 소위 고과 밀어주기가 발생한다. 둘 다 못 밀어주면 한 명이라도 밀어줘야 하니까. 자신과 친한 사람을 밀어준다. 한 명은 양보하게 한다. 다음 순번에 챙겨주겠다며… 그리고 그다음은 오지 않는다. 팀장이 바뀌거나 팀이 개편되면 다시 백지가 된다.

이번 승진 니가 한번 양보하자! 내년에 올려줄께!

진급 대상자가 되면 모든 것을 불태워 일한다.

한편 이 시즌 임원들에게는 고과가 기록된 승진 후보자 명단이 간다. 본부 내 승진 후보자 중 서열을 1번부터 끝까지 나열하고 의견을 기재하라고 한다. 쭈욱 줄 세우기 해 놓고 "애 내리고 쟤 올려!" 밀실에서 이렇게 진급 박스오피스 순위를 정하고 있다.

즉 무슨 얘기냐… 진급심사 기준은 있지만, 그대로 적용이 안 되는 경우가 더 많다는 의미다. 보통은 고과 점수 총합으로 서열이 매겨지는 게 일반적이지만, 이것이 알 수 없는 이유로 뒤집어지기도 한다.

승진 서열은 다음과 같은 사람이 들어간 경우, 고과에 상관없이 순위가 뒤집어진다.

> **밀실 진급 박스오피스 순위**
>
> 1. 임원이 잘 아는 직원이 대상자에 들어간 경우
> 2. 팀에서 밀어줘서 팀장 체면 좀 세워주려는 경우
> 3. 차기 팀장 후보자가 들어간 경우
> 4. 신임 팀장이 승진 대상자인 경우
> 5. 몇 번 누락해서 동정표 좀 주려는 경우
> 6. HR이 승진 대상자인 경우
> 7. 낙하산이 대상자에 있는 경우
> 8. 빽이 어마무시한 경우

보통 밀실 박스오피스 순위를 정하고 나면, 약 20~30% 정도는 HR의 당초 예상과 순위가 뒤바뀐다.

진급 인터뷰는 그냥 아무 말 대잔치다.

승진은 그간의 고과 점수를 반영하는 것은 기본이다. 추가로 진급 인터뷰를 하는 곳도 많다. 임원들과 HR이 배석한다. 주로 현재 직급에서 이룬 성과를 말하고, 승진 후 계획과 포부를 말한다. 그리고 질의응답을 받는 순서로 진행된다. 여기서 임원들의

신경전도 벌어진다. 내 새끼는 좋게 얘기해주고, 남의 새끼는 좀 까내리는 것이다.

임원: (머그컵을 앞에 놓는다.) 지금 이 컵 손잡이가 왼쪽에 있습니까? 오른쪽에 있습니까?

초맹: (오른쪽에 보인다.) 정답! 오른쪽이여!

임원: 허허. 앞으로 대리가 되면 협업이 많고 상대 입장을 고려해야 합니다. 자기 시선에서 오른쪽이라고 하면 되겠어요? 그래서 대리 자격이 되겠어요?

초맹: (머그컵을 잡으며.) 괜찮아영. 전 이 컵을 왼손으로도 잡을 수 있으니깐영! 요로케. 요로케. 히히.

직원 승진에 임원들의 신경전이 벌어지는 이유는 간단하다. 진급 결과가 나오게 되면, 진급률이 좋은 본부의 임원들이 노비들에게 체면을 세우게 되기 때문이다. 진급 PT가 끝났는데, 담당 임원이 먼저 엄지 척하며 자기 새끼 칭찬하고 들어간다? 이건 꼭 승진시키겠다는 강한 의지의 표현이다. '얘는 꼭 올려야겠으니 딴지 걸지 마!'라는 신호다. 이런 경우 보통 다른 임원들도 태클을 걸지 않는다. 그 미뤄둔 태클은 다음 타자에게 간다.

여기 얘 내리고 쟤 올려! 승진 박스오피스 순위가 바뀐다.

😐 우린 승진 다 떨어지고 팀장이 뭐 한 거야 대체?

　서류 심사와 인터뷰를 거쳐 최종 진급 결과가 발표된다. HR은 자신들도 이해 못 하는 승진 결과를 회사 입장에서 적당히 대변한다. 승진에 실패한 노비들. 분노의 이의 제기를 날려본다. 그런 그들을 '내가 그런 거 아냐.'로 돌려보낸다. 방어전에서도 HR은 빛난다. 패자는 절대 부활시켜 주지 않는다. 왜 떨어졌는지도 알려주지 않는다. 아니 실은 자기들도 모른다. 굳이 알 필요도 없다. 누가 진급을 했는지는 중요하지 않다. 돈은 맞췄으니 됐다.

　진급 발표가 나면 곳곳에는 희비가 엇갈린다. 누군가는 환호를 지르고 누군가는 말이 없어진다. 한 달 정도 승진 회식에 축하 분위기가 뒤를 잇는다. 거래처에서 인사 방문과 화한이 오기도 한다.
　이 무렵 팀장들은 욕을 무척이나 많이 먹는다. 실세 부서는 비교적 진급률이 높다. 반면 그렇지 않은 부서 팀장들은 면을 세우기도 어렵다. 자기네 팀원들은 죄다 죽 쒔기 때문이다. 진급 시즌은 팀장들의 현재 입지가 드러나는 무대이기도 하다.

승진은 운도 많이 작용한다. 회사 실적이 좋은 시즌에는 자비를 베푼다. 승진율을 올려준다. 반면 실적이 떡락 중일 때 걸리면 폭은 좁아진다. 대상자 수도 중요하다. 진급 대상자 자체가 많다? 각 팀 에이스들이 쏟아져 나오면 그만큼 쉽지 않다. 팀을 씹어먹을 정도로 일하고, 사기 스탯을 찍어대며 게임을 지배하고서도 박스오피스 순위는 뒤로 쭉쭉 밀린다.

반대로 대상자 자체가 많지 않은 해에는 승진이 상대적으로 수월해진다. 평타만 쳐도 진급된다. 떨어진 이들에게 회사는 더 노력하면 될 것이라고 말한다. 꼭 그런 것만은 아니다. 다만 평타도 못 치고 남 탓, 운 탓을 해서는 안 된다. 평타 미만은 대상자가 아무리 적어도 진급시키지 않는다. 그냥 진급자 수를 내린다. 이런 시즌은 HR에게 땡스기빙 시즌이다.

의원님! 이번에 따님이 승진했습니다! 축하드립니다!

어쨌든 진급은 절대 공평하게 이루어지지 않는다는 것이 진실이다. 밀실에서 이루어지는 승진 박스오피스 흥행 순위는 절대 공정할 수 없다.

여기서 우리는 한 가지 잊은 게 있다.

아주 탁월한 역량을 발휘해도 이길 수 없는 것. 무한한 노력도 한순간에 물거품으로 만들어 버리는 것. 우수한 성과도 바로 뒤집어 버리는 것. 치열한 경쟁을 뚫더라도 단 하나 뚫을 수 없는 것.

빽이다! 대한민국의 가장 강력한 치트키는 바로 빽이다. 그 무엇으로도 이길 수 없다. 엄연한 이 게임의 현실이다. 그렇게 매년 승진 시즌. 이유도 모른 채 누군가는 박스오피스 순위에 밀려나고 있다.

> **P.S.** 김대리님의 메신저 대화명이 바뀌었다.
> "모두모두 진급 축하드려요.^^"

대체 저 대화명은 뭔데? 그렇게 불태웠는데 이번에도 진급 밀려버린 김대리님. 충격인가 보다. 축 쳐진 어깨. 하염없이 모니터만 쳐다보고 있다. 저분 밥은 드시고 다니는지…. 아… 뭔가 마음이 짠해져버렸다.

급한 일? 중요한 일? 뭐부터 해야 되는 거야?

일처리가 빠르면 안 되는 이유

> **빨리! 더 빨리! 더 빨리!!**

유독 조선은 빨리빨리 문화가 남다르다. 사람들의 걸음부터 손놀림까지 모든 것이 빠르다. 회사 역시 마찬가지다. 경쟁에서 뒤쳐지지 않기 위해 '보다 더 많이! 보다 더 빨리!'를 외친다.

과연 모든 사람이 다 빠른 것일까? 결론부터 말하자면 아니다. 2:8의 법칙은 어디서나 통한다. 20%의 인원이 전체 일의 80%를 하는 이유도 이와 같다. 빠르기 때문이다. 빠르면 일단 처낼 수 있는 일의 양이 증가한다. 그렇기에 딱히 재주가 없어도 잘한다는 소리를 듣게 된다. 그리고 그 뒤가 문제다. 일이 몰린다. 그렇다. 독박은 이렇게 쓰게 된다.

> "잘하니까 니가 해줘!"

원래 내 일도 아닌데 일을 떠안는 경우는 흔하다. 그럴싸하면서도 웃긴 말이다. 월급 더 주는 것도 아닌데 해야 하나 싶다. 특별한 이유는 없다. 관리자는 그 일이 처리되는 게 중요하다. 그렇기에 그냥 빨리할 수 있는 사람을 시키는 거다. 그럼 어떤가? 투덜투덜하면서도 하고 있는 나 자신을 발견하게 되지 않는가?

대부분 오피서들이 착각한다. 위에서 급하다고 지금 당장 하라는 일을 중요하게 여긴다. 그래서 사력을 다해 빨리한다. 그런 일은 중요한 일이 아니다. 그냥 시키는 사람만 급한 일일 뿐이다. 급하다고 지금 바로 하라는 일은 공들이지 말고 대충 처내기 하면 된다. 누가 기억해주는 일이 아니다. 거기서 힘 빼다가는 배터리 충전할 틈도 없다.

진짜 중요한 일은 하루 이틀에 끝나는 일이 없다. 최소 1주일 이상 시간을 주는 그런 일이다. 이런 일을 할 때는 어떤가? 많은 자기계발서들이 일잘러의 방법을 알려준다. 상사에게 일의 방향성을 확인하도록 한다. 중간에 진행 상태를 자료로 보여주고 피드백을 받게 한다. 그렇게 일정에 맞춰 최종본을 제출하도록 한다. 그럼 완벽한 결과물이 나오고 일잘러로 인정받는다고 한다. 사실 이건 일잘러가 아니라 상사에게 이쁨받는 법을 가르치는 것이다.

많은 고전 이론서들은 중요한 일과 급한 일을 구분하여 일의 우선순위를 정하면 된다고 하다. 세상 그렇게 호락호락하게 돌아가지 않는다. 중요한 일은 급한 일이다. 급한 일은 중요한 일이고. 절대 믿지 마라.

분주해 보이는 거리. 바빠 보이는 사람들.

많은 오피서들이 여기서도 실책을 범한다. 일의 중요함을 상기하며 기획안을 만든다. 정성 들이고 공들인다. 열심히 한 것처럼 보이려는 함정에 빠진다. 그래서 일단 자료의 양을 많이 만든다. 괜히 태클 걸릴까봐 쓰잘데기 없는 내용, 참고용 내용 같은 군더더기를 많이 붙인다. 자료는 고도 비만이 된다. 중간보고라도 하면 관리자는 그걸 다 못 본다. 봐도 모른다. 그래서 설명을 요구한다. 이게 다 시간이다. 당연히 수정이 많이 나올 수밖에 없다. 빨리 끝내기 위해 열심히 수정한 후, 또 가져간다. 역시나 수정사항은 또 많이 나온다.

왜 많이 나오는지 아는가? 두 가지가 겹친다. 관리자가 생각하는 완성도가 다른 이유가 있다. 이건 객관화될 수 없는 주관이다. 정답이 없다는 말이다. 그리고 무엇보다 자료의 양이 일단 많기 때문이다. 보이면 다 흠이 된다고 하지 않는가? 자기계발서대로 중간 피드백을 잘 받아봐야, 수정과 보완이라는 것은 데드라인 직전까지 나오게 되어 있다. 즉, 빨리하면 빨리할수록 수정은 늘어난다는 의미다. 그래서 어느 자료가 최종인지도 헷갈릴 정도로 수정을 하게 되는 거다.

"빨리! 더 빨리! 이거 아직이야?" 쓰읍… 짜증나네 참….

여기서 관리자들의 행태를 간파하고 들어갈 필요가 있다. 관리자는 1주일짜리 업무를 줄 때 최소 하루 정도를 비우고 준다. 월요일에 일을 주면서 금요일까지 하라는 것은 최소 다음 주 월요일 오후나 화요일 쯤이 사실상 데드라인이라는 의미다. 만약의 상황에 대비하여 약간의 버퍼를 남겨둔다. 일을 받은 자는 월요일에 일을 받으면 화요일까지 열심히 하고 수요일에 컨펌을 받으러 간다. 그리고 한 소리 듣고 수정사항을 듬뿍 안고 돌아간다. 또다시 열심히 수정하여 목요일에 가져간다. 그리고 또 수정하고, 금요일에도 계속 자료 수정하고 있다. 결국 다음 주 월요일 아침에 "그거 어떻게 됐어?" 먼저 말이 나온다. 다시 가져가서 컨펌받고 자잘한 수정을 또 한다. 결국 그다음 월요일까지 쓰게 된다.

아, 이거 말고!! 다시 해와!

생각해 보자. 자료 한 번 만들면 끝날 것을 수정까지 다 해서 대체 몇 번을 한 것인가? 아마 자료 3~4번 이상 만들 분량의 일을 했을 것이다. 그럼 당초 데드라인이 금요일인데 왜 다음 주까지 넘어가나? 그건 관리자가 그때까지 버틸 여력이 있다는 의미다. 관리자의 데드라인과 너의 데드라인은 애초 달랐다는 설정이다. 거기 속으면 안 된다. 수정이 많아지면 관리자도 피드백하느라 피곤하다. 만든 자료의 버전이 많아지면 많아질수록 너는 어려운 일을 열심히 잘 해냈다고 생각할 것이다. 착각이다. 버전이 늘어난 만큼 관리자에게 점수가 깎인거다. 맘에 안 드니까 수정을 시키는 거잖아. 뭐 말은 완성도를 높이는 작업이다…, 라고 하겠지만….

"이게 진짜진짜 최종이에요." 자료는 점점 늘어난다.

다음 문제를 풀어보자. 답이 아마 금방 나올 것이다.

> 1주일짜리 일을 받은 두 사람. 다음 중 일을 더 잘한 오피서는 누구일까요?
>
> **1. 빠른 일잘러 김대리**: "나는 뭐든 빠르지!"
> - **월요일**: 업무 지시 받고 기획 조사
> - **화요일**: 초안 20장 가져가서 설명하고 피드백을 받음
> - **수요일**: 피드백 받고 방향성을 재확인하여 자료 1차 열심히 수정
> - **목요일**: 수정 자료를 다시 재피드백 받고 열심히 2차 수정 보완
> - **금요일**: 최종 버전을 가져가서 잘잘한 3차 수정 피드백을 받음
> - **월요일**: 팀장 회의 가기 직전 간신히 제출하고 마감

> **2. 원샷원킬 초대리: "느린 듯 하지만 과연?"**
> - **월요일**: 업무 지시 받고, 즉석에서 목적, 용도, 제출처 등등 다 물어보고 확인
> - **화요일**: 라이트한 컨셉으로 기획안 초안 다 해놓고 입꾹닫
> - **수요일**: 방향성 내용 구성 정도만 말로 확인 받고 뒤에서 혼자 수정
> - **목요일**: 좀 놀면서 이거 말고 다른 일 좀 미리 해둠
> - **금요일**: 오후 되자마자 최종 자료 3장 제출하고 마감

업무 지시를 받을 때는 받은 내용에만 함몰되어서는 안 된다. 100% 삽질을 반복하게 되어 있다. 처음부터 의도와 목적, 사용 용도, 누구한테 바칠 자료인지, 구성에 빠져서는 안 되는 내용, 필요한 것들을 시간이 걸리더라도 1시간이라도 붙잡고 다 물어봐야 한다. 그게 나중에 삽질을 덜 하고 시간을 덜 쓰는 핵심이다.

자료 수정이 반복되면 몸과 마음, 영혼이 모두 피폐해진다.

자료를 먼저 만들어두더라도 빨리 했답시고 좋아서 먼저 떠다 바쳐서는 안 된다. 빠르게 처리할 수 있다는 걸 들키는 지름길이다. 그리고 많은 것을 보여주면 상사는

생각이 많아진다. 그러면서 생각이 바뀐다. 이걸 우리는 말이 자꾸 바뀐다, 일명 '이랬다저랬다'라고 하는 것이다.

그럼 중간 피드백은 어떻게 받는가? 자료 중간본은 안 보여주는 게 좋다. 보여주더라도 뼈대 정도만 보여주던가. 그냥 말로 확인하면 된다.

"지금 자료 만들고 있는데요. 작년 마케팅 결과와 비교하는 거 하나 넣고, 뒤에 기획 내용과 기대 효과를 넣으려고 해요."

이 정도 말로 하고 반응을 보면 된다. 그 반응이 바로 피드백이다.

"작년에 망했는데 그거 보여줘서 되새겨줄 필요는 없을 것 같고, 대신 요즘 트렌드를 넣어주는 게 좋을 거 같애."

그럼 다 확인된 거다. 뒤에서 써 놓았던 초안을 적당히 수정하면 된다. 이 단계는 꼭 필요하다. 원샷원킬 함 하겠다고 아무 얘기 없다가 데드라인에 딱 맞추는 것은 배가 산으로 가는 길이다. 또 상사가 나중에 말이 바뀔 수 있기 때문에, 중간 체크를 하는 것이라고 보면 된다. (이 정도 해두면 나중에 말이 바뀌더라도 약간이다. 대세에 지장 없다.)

자료 만드는 중인데 대충 요런 방향이면 되져?

자료를 만들 때의 핵심은 장수를 줄이는 것이다. 한 페이지를 알차게 장수는 적게 여기가 포인트다. 2~3장이어도 컨텐츠가 깔끔하고 알차면 다 수긍되는 것이 오피스 게임이다. 장수가 적으면 수정이 발생해도 조금만 할 수 있다. 반면 30장 해가면 어떤가? 수정 하나 요구에도 뒤에 다 고쳐야 되잖아? 상사에게 설명도 길어진다. 요약본 또 만들어야 한다. 이게 다 시간과 노력이다.

자료에는 컨텐츠를 다 떠다 주는 게 아니다. 백데이터나 산출 공식 같은 핵심은 숨기고 혼자 가지고 있는 것이다. 만약 자료를 보고 상사가 근거 공식이나 수치를 낸 방법을 물어보면 그때 설명할 수 있으면 된다. 뭔가 스킬 좀 썼다고 여길 것이다.

업무 지시를 받을 때 상사가 기한을 먼저 주는 경우도 있다. 이때 그 기한 내에 할 수 있다고 생각되면 수긍한다. 이거 안 된다. 일단 며칠 더 달라고 해야 한다. 그러면 하루 이틀 더 받을 수 있다. 무슨 얘기냐? 그 정도 여력은 애초에 있었다는 얘기다.

역으로 상사가 기한을 먼저 안 주고 언제까지 할 수 있겠냐고 물어보는 경우도 있다. 이건 둘 중 하나다. 관리자가 안 급하거나, 기한이 많이 남은 것 같은데 이 일이 얼마나 걸릴지 모르기 때문에 떠보는 것이다. 아쉬운 건 내가 아니다. 이때는 관리자에게 내용에 따라 다르다 하고, 먼저 필요한걸 다 물어보자. 그다음 관리자에게 언제까지 필요하냐고 다시 되물어 봐라.

관리자는 원래 자기가 필요한 기한보다 덜 주고 시작한다. 관리자가 원하는 기간에 할 수 있을 거 같으면, 그 기간에서 1/3 정도를 더 달라고 불러라. 그럼 서로 원하는 기한의 중간 정도에서 일정이 나오게 된다. 관리자는 데드라인이 되면 수정을 시키지 못한다. 최대한 관리자의 여분 기간을 줄여야 한다. 밀땅은 바로 이렇게 하는 것이다.

초맹의 업무 데드라인 법칙
1. 관리자는 담당자에게 마감 데드라인을 20% 앞당겨 말한다.
2. 마감기한에 앞서 퀘스트를 클리어하면, 그다음부터 데드라인은 더 앞당겨진다.
3. 데드라인 전까지 관리자의 수정 지시는 계속된다.
4. 데드라인이 많이 남으면 관리자는 컨펌을 제때 안 한다.

누군가는 칼퇴를 하고, 누군가는 야근각이다.

데드라인이 주어진다고 해서 절대 처리 속도를 들켜서는 안 된다. 10일짜리 일을 5일 만에 해주면, 그다음부터 데드라인은 5일이 된다. 단, 주변에 남들이 이 일을 한다면 얼마나 걸리는지는 염두에 두어야 한다. 남들 3일 컷을 1주일 걸린다면 스킬 연마 전에 기본 사냥부터 해야 한다. 남들 10일 컷이고 나한테 5일 컷이면 8일 정도에 맞추면 된다.

모든 일은 방향성이 맞고 의도에 어긋나지만 않는다면 그다음부터 정답은 없다. 관리자 말대로 다 수정을 해도 그 윗선에서 깨지는 일은 흔하다. 쫄지 말자.
아닌 것 같으면 각기 다른 상사에게 줘 봐라. 피드백은 다 다를 것이다. 그 말이 바로 정답이 없다는 반증이다.
아직도 진짜진짜찐최종 버전을 만들고 있는가?
어느게 최종 버전인지 찾지 못하고 있는가?
데드라인을 맞추기 위해 열심히 수정 중인가?
나는 늘 빨라야 한다고 생각하는가?

빠르지 않아도 충분히 빨라 보일 수 있다. 속도가 느려도 괜찮다.
오피스 게임은 빠르다고 골인 먼저 하는 게임이 아니다.
옛말에 급할수록 돌아가라고 했다.

▮ 정성스러운 인수인계의 치명적 결말

잘 해줘도 못한 것, 어떻게 해줘도 씹히는 것

> ❝
> **아무리 잘해봐야 다 부질없는 것!**
> ❞

업무를 인수인계 해야 하는 순간이 있다. 대부분의 오피서들은 인수인계를 하기도 하고 받기도 한다. 업무 조정으로 팀 내 다른 직원에게 넘겨주거나, 혼자 독박 쓰며 하던 업무를 후임이 들어와서 넘겨주기도 한다. 다른 부서로 이동하게 되어 현재 부서의 직원에게 인수인계를 해주는 경우도 있다. 마지막으로 퇴사를 하기 때문에 인수인계를 하게 되기도 한다.

인수인계를 해주는 입장에서 흔히 하는 실수는 인수인계에 공을 들인다는 것이다. 인수인계를 하기 위해서는 인수인계서를 만들게 된다. 이 지점이 바로 대부분 사람들이 공을 많이 쌓는 포인트다. 공을 많이 쌓는 이유를 물어보면 대개 후임자가 업무를 잘 하게 하기 위해서 내지는 제대로 알려주려 한다고 할 것이다.

근데 실은 아니다. 뒷사람이 일을 잘하던 말던 나랑 무슨 상관이란 말인가?

그럼에도 인수인계서에 공을 쏟는 이유는 그냥 하나다. "나 지금까지 이렇게 열심히 어렵게 했어요." 이 말을 하고 싶은 거다. 그리고 그걸 알아줬으면 싶은 마음이다.

업무 인수인계를 해드릴께요!

그래서 인수인계서를 장황하게 쓴다. 쉬운 것도 어려워 보이게. 최대한 일 많은 것처럼. 대부분의 인수인계서를 보면 그렇다.

후임자들은 인수인계를 받으면서 말한다.
"우아. 이걸 그동안 혼자 다 하셨던 거에요?"
이 얘기를 듣고 어깨가 으쓱한다. 뭔가 자부심이 생긴다. 일잘러가 된 거 같다. 그동안 일을 곧잘 했던 것 같다. 부서에서 대접을 안 해줘서 그렇지.
이 참에 제대로 알려야겠다. 인수인계도 꽤나 힘 줘서 한다. 열심히 알려준다. 실수할 만한 포인트가 무엇인지. 타부서 담당자는 누구인지 어떤 사람인지.
온갖 노하우와 요령. 유사 시의 대처 방법까지. 미세먼지처럼 알려주며 뽕에 흠뻑 취한다. 인수인계에 쓸 참고 자료도 그동안 한 것 중 가장 잘된 것들만 추려낸다. 내 업무력을 과시하고 싶기 때문이다.

👤 인수인계서를 열심히 들여다본다.

여기서 생각해보자. 먼저 질문을 던져보겠다.

> *** 다음 OX 문제를 풀어보시오.**
>
> 1. 인수인계서를 제대로 장황하게 써야 우리 팀에서 그간 내 고생과 이 일의 어려움을 알아줄 것이다. (○, ×)
> 2. 내가 해 온 모든 일들을 자세히 알려주면, 후임자는 내게 고마워 할 것이다. (○, ×)
> 3. 인수인계를 열심히 해주면 일이 잘 돌아갈 것이다. (○, ×)
> 4. 인수인계를 잘 해줘야 이후 내가 뒤에서 욕 먹을 일이 없다. (○, ×)
> 5. 인수인계서에는 이 일을 내가 어떻게 해왔는지가 드러나기 때문에 중요하다고 생각한다. (○, ×)

정답은 모두 ×다. 저 중 2개 이상 ○를 표시했다면 아직 하수다.

결론부터 얘기하자면 인수인계서는 잘 써줄 필요가 없다. 인수인계는 열심히 할 필요가 없다.

지금부터 왜 그런지 알아보겠다.

부서장과 선임들은 인수인계가 제대로 되었는지에만 관심이 있다. 인수인계의 내용이 무엇이든 관심없다.

즉, 열심히 장황하게 써 봐야 그간의 내 고생을 알아봐줄 리도 만무하다. 알아봐준다고 한들 어쩔 건가? 그 일에서 손을 떼니까 인수인계하는 것 아닌가? 그럼 알빠노라는 의미다. 아무도 알아주지 않는다. 아무도 니가 이 일을 그 동안 어떻게 해 왔는지 궁금해 하지 않는다.

덕분에 인수인계 잘 받았습니다. 감사합니다.

인수인계를 열심히 잘해주면 후임자는 앞에서는 고맙다고 할 것이다. 그러나 이후 일이 익숙하지 않은 후임자는 여러 실수를 하게 되어 있다.

후임자는 자기 실수를 덮으려 이 부분을 인수인계 당시 제대로 안 알려줬다고 할 것이다. 진실은 중요하지 않다. 진짜 놓치고 알려주지 않았더라도 전임자를 탓하게 되어 있다. 알려줬는데 지가 까먹어도 전임자를 탓하게 되어 있다.

인수인계를 잘해준다고 그 일이 단순 잡무가 아닌 이상 시행착오는 반드시 겪게 된다. 그 일은 시간이 지나기 전까지 잘 굴러갈 수 없다는 얘기다.

그럼 어떻게 될까? 어떻게 하든 전임자는 뒤에서 욕을 먹게 되어 있다.

어느 정도 시간이 지나면 후임자도 그 일에 익숙해진다. 일이 익숙해지면 후임자는 자기만의 스타일로 그 일을 고쳐서 하게 된다. 이제 그 정도 여유가 생겼을테니까.

근데 그 전에 정성들여 써준 인수인계서 너무 복잡하다. 뭐가 많아 보인다.

후임자는 자신의 방식으로 이를 바꾼다. 그리고 윗선에는 이렇게 얘기한다.

"전임자 분이 일을 너무 비효율적으로 하셨네요. 그래서 이렇게 바꿨습니다."

그렇다. 자기의 업무 능력을 과시하고 전임자를 디스하며 이쁨받는 오피스 게임 모범사례되겠다.

부서 이동이던, 이직이던, 부서 내 업무 변경이던, 어떤 업무이던 간에 오피스 게임의 이치는 똑같다. 유형이 달라 헷갈리는 것뿐이다.

전임자는 잘했던 못했던 무엇을 어떻게 했던 간에 부정당하게 되어 있다.

억울하다고? 이게 이 게임 인수인계 퀘스트 법칙이라니깐!

전임자가 인수인계를 제대로 안 해줬어요.

다음 공식을 반드시 암기하도록 하자.

> **초맹의 전임자와 후임자 공식**
> "모든 후임자는 전임자를 부정하고 시작한다."   - 초맹 -

흔히 인수인계를 해주는 사람은 다들 열심히 해줬다고 한다. 반면 인수인계를 받은 사람은 다들 제대로 인수인계를 못 받았다고 한다. 진실은 무엇인지 모른다. 중요하지도 않다. 결론은 어쨌거나 해주는 만큼 못 받는다고 느끼는 것이다.

후임자가 전임자에게 인수인계를 잘 받아서 처음부터 그 일을 잘해 나갈 수도 있다. 그래도 이건 인수인계를 잘했기 때문이 아니다. 그냥 후임자가 일을 잘 하는 게 되는 것이다. 후임자도 그렇게 말할 것이다. 전임자의 인수인계가 별로였지만 자신의 노력으로 역경을 극복했다고.

결국 어떻게 되더라도 후임자는 전임자를 부정하게 되는 것이다.
예를 들어 블로그 글쓰기를 인수인계한다고 해보자.
열심히 인수인계해 주는 사람은 어느 메뉴에 들어가서 글쓰기를 해야 하는지부터 글의 수정, 온갖 메뉴바, 기능을 기본적으로 설명해준다. 그리고 모바일 화면과 PC 화면의 차이나 댓글, 구독 같은 부수 기능도 설명해줄 것이다. 이어서 제목 어그로 끄는 법, 조회수 빠는 법, 포털의 특징, 스타일 등의 온갖 노하우까지 알려줄 것이다.
그렇게 해준다 한들, 욕을 먹게 되어 있다. 사람들은 감사하지 않는다. 위에서는 알아주지 않는다. 그렇기에 인수인계에 힘 뺄 필요가 없다는 것이다.

인수인계는 그냥 언제 글을 쓰고 올리면 되고, 댓글이나 구독 같은 기능 있으니 한 번 보고 써보라고 하면 된다. 가장 핵심적인 노하우. 이것은 알려주는 것이 아니다. 혼자만 간직하는 것이다.
후임자가 궁금해서 물어보면 간 보면서 약간만 팁을 줘도 된다. 굳이 알려주지 않아도 된다. 노하우는 인수인계를 해야 하는 필수사항이 아니기 때문이다. 그치?

> **TIP** **초맹의 인수인계 공식 (인계자용)**
> 1. 기본적인 업무 흐름과 필요한 사항만 알려줄 것
> 2. 인수인계서는 심플하게 1장으로 만들 것
> 3. 노하우는 절대 알려주지 말 것
> 4. 업무에 관한 정보와 TMI는 절대 금물
> 5. 관련 업무 자료는 선별해서 줄 것

급해서 그런데 이번 한 번만 좀 도와줘!

    이 공식대로 하면 된다. 그렇다고 알려주면서 귀찮은 티 내지 말자. 마음 써주는 시늉은 충분히 해야 한다. 저 정도만 인수인계 받아도 후임자는 앞에서 고맙다고 한다.

    그럼 이거 너무 날림으로 하는거 아니냐구? 절대 아니다. 오히려 이게 더 유리하다. 인수자는 아무런 노하우가 없고, 시행착오를 겪을 것이다.

    팀 내에서 업무 변경, 부서 이동으로 인수인계를 해준 상태라면 입증하기 스킬이

가능해진다. 후임자의 삽질에 답답함을 느낀 부서 선임이나 팀장이 SOS를 칠 것이다. 이때 못 이기는 척 한번 와서 모두가 보는 앞에서 후임자가 절절매던 업무를 한 방에 해결해버리면 된다. 그리고 다 알려주지 않았냐, 쉽지 않냐 하면 된다. 후임자는 절절 맬 것이다. 당연하지. 뒤에서 인수인계 못 받았네 어쩌네 했을 거니까.

그럼 이를 주변에서 본 사람들은 어떤 반응일까? 후임자가 일을 못해 인수인계 핑 계된 애가 된다. 주변에선 그동안 너가 잘해왔다는 것을 그때 알게 될 것이다.

실력의 입증은 이렇게 하는 것이다. 장황한 인수인계서, 시간과 노력을 들인 업무 지도 이런 건 무조건 묻히게 되어 있다.

SOS를 해결해 주고서도 어떻게 처리했는지 대충만 말해줘라. 앞뒤를 자세히 연결 해서 알려주지 말라는 것이다.

그다음부터 자꾸 연락오면 어떻게 하냐구? 적당히 밀땅해라. 아쉬운 건 저쪽이다.

SOS에 대한 걱정은 하지 않아도 된다. 한번 혼쭐이 난 후임자는 더 열심히 하게 된다. 자꾸 전임자를 찾는다는 것은 자신에게 마이너스가 되는 짓이다. 따라서 스스 로 해결하려 한다.

퇴사하며 인수인계했는데 연락 오는 건? 그건 상황이 다르다. 그냥 무시하고 받지 마라. 알아서 잘들 살겠지. 이직해서 바빠 죽겠는데 전 직장까지 신경써야 되냐? 여기 서는 인수인계를 받아야 되는 상황인데 내 코가 석자 아니겠냐?

할 도리를 다 했다면 더 이상 신경 안 써도 된다. 전임자를 썹던 부정을 하던 알 바 아니다.

참고로 인수자라면 궁금한 것을 최대한 질문 리스트를 만들어서 질문하는 형태로 인계자가 있을 때 다 뜯어내야 한다. 물론 그래도 익숙하지 않기 때문에 부족할 것이 다. 나머지는 해보면서 세부 업무의 조각들을 끼워 맞추기 하면 된다. 인계자가 다 떠 다 먹여줄 것이라는 생각부터 버려라.

인계자가 아무리 잘 차려줘도, 인수자는 절대 다 먹지 못한다. 어차피 받는 입장이면 인수인계 제대로 못 받았다고 할 거잖아? 맞지? 그러니 그냥 처음부터 기대하지 말고 마음을 비우고 받아라. 모르면 모르는대로 시행착오를 겪으면 된다. 못하면 혼자 눈치 볼 뿐. 괜찮다. 니 탓 아니다. 다 한동안 배려해준다. 시간이 해결해준다.

인수인계 받는 사람이 동기라서 잘 해줘야 한다면? 그런 거 없다. 인수인계의 법칙은 상대가 그 누구라도 똑같다.

오피스 게임에서 마지막까지 다리를 걸어 넘어뜨리고, 너의 밥줄을 끊는 사람은 바로 동기다. 친한 동기니까 한번 잘해줘봐라. 정성스러운 인수인계의 치명적 결말이 무엇인지 알게 될 것이다.

이게 가짜 지폐야!! 초맹은행의 위용!

실력을 입증한 전임자의 여유. 바보인 줄 알았더니.

이래도 인수인계를 열심히 해야 한다고 생각하는가?
너는 선생님이 아니다. 학생의 성적을 올려줘야 할 의무가 없다.

인수인계란 밑 빠진 독에 물 붓기 같은 것이다.
하여, 인수인계를 할 때는 최대한 힘을 빼고 시간을 아끼자.
세상은 넓고 할 일은 많다. 겨우 이런데다 시간과 에너지를 낭비하기는 너무 아깝다.

사람들은 왜 자꾸 MBTI를 물어보는 것일까?

적성에 맞는 직무 배치, 역할부여 이거 믿어?

> **간파당하는 순간 목줄이 잡힌다!**

어딜 가나 MBTI는 빠지지 않는 화제다. 인간은 고대부터 내면세계와 성격에 지대한 관심을 가져왔다. MBTI는 사실 매우 오래된 성격유형 검사다. 우리나라에도 이미 심리학계에서는 꽤 오래전부터 다뤄져왔다. 본격적으로는 2020년대 들어 방송이 띄웠다고 해도 과언이 아니다. 입사지원서에 MBTI를 기재하도록 하는 회사를 두고 찬반 논쟁이 뜨거웠다.

학자들은 이를 두고 의견이 분분하다. 과학적이지 않다. 이론적 근거가 미비하다. 불완전한 검사다. 인간은 간단하지 않다. 날을 세우기도 한다. 그러나 원래 남이 해놓은 것은 다 불완전한 것이다. 훌륭한 이론은 후행 연구자들을 통해 계속 보완되는 법이다. 당연히 첫술에 배부를 수는 없지 않겠는가?

그럼 생각해보자. 방송에서 한번 다뤄졌다고 MBTI가 이렇게 뜨겠는가? 혈액형 성격 이후로 이렇게 각광 받아온 성격유형 이론이 있었던가? MBTI의 과학성 그런 건 중요한 게 아니다. 수많은 대중들이 검사해보고 그럴싸하게 여겼다는 공감대가 핵심이다. 한없이 복잡한 인간을 이해하기 쉽고 좋게 16등분 해 두었다. 전문적인 심리 지식 없이도, 고가의 검사비가 없어도 누구나 쉽게 접근할 수 있다. 무엇보다 대중성으로 인해 인간 이해에 대한 관심사를 서로 나눌 수 있는 하나의 언어가 되어가고 있다. 프로이트와 칼 융으로 백날 떠들어 봐야, 전문성은 좀 뿜뿜거릴지언정 대화의 장벽은 막혀갈 것이다.

모여있으면 딱 봐도 누가 E인지 누가 I인지 쉽게 드러난다.

MBTI를 상업적으로 빠르게 캐치한 것은 바로 회사다. 돈 될 만한 건 무엇이든 눈을 부릅뜨고 발굴한다. MBTI가 회사에 무슨 돈이 되냐고? 직접 돈을 벌어다주지는 않는다. 돈 벌어오는 노비들의 지배 수단이다. 잘만 이용하면 가스라이팅에 유용하다. 노비의 정신지배를 강화해 갈아넣게 만들 수 있다.

그렇다. 리더십과 동기부여가 정신지배로 이동하고 있다! 그래서 사람을 다루는 인사에 MBTI를 응용하는 추세다. 오피스 게임은 명분과 해석이 다른 게임이다. 회사는 명분을 제시하고, 유저는 해석기를 잘 돌려야 한다. 잘 모를 때는 보통 반대로 해석하면 진실에 이르는 경우가 많다.

회사는 직원 적성을 고려해 직무에 배치하고, 부서에서 잘할 수 있고 흥미 있어 하는 역할을 부여한다. 그렇게 조직몰입과 만족감을 향상시킨다는 것이다. 어떤가? 꽤나 그럴싸하지 않은가?

Chapter 03 _ 회사가 알려주지 않는 비밀   193

이를 두고 입사 전부터 MBTI로 한몫 잡아보려는 컨설팅이 성행하기도 한다. 이거 하지 마라. 다 사기다. 회사에서 MBTI를 활용한다는 얘기가 떠돌면서 여기저기 많은 썰들과 의견이 오간다.

"ENFP가 젤 좋대. 적극적이고 공감 잘하니까!"
"I나 J 쓰면 안 좋대. 소극적이고 답정너라고!"
"INFP 쓰는 게 최악이야! 바로 광탈이래!"
"지원 부서에 따라서 맞춤형으로 해야 된대!"

입사지원부터 MBTI를 쓰게 하는 것은 논란의 소지가 있다. 미안하지만 회사는 그렇게 멍청하지 않다. 지원자 선발에 이를 쓸 이유도 없다. 경력과 몸값이 가장 중요하기 때문이다.

늘 시끄럽고 요란스럽게 일하는 부류의 오피서들.

아직 많이 퍼진 것은 아니지만, 입사 후에 참고용 MBTI 조사를 하는 경우가 있다. 이마저도 공식화하면 논란이 될 것을 우려한다. 그래서 외부 MBTI 강사를 초빙하는 형태로 진행한다. 필요성을 역설하고 재미를 준다. 보통 분위기는 훈훈하다. 깔깔거리게 된다. 그렇게 직원들이 자발적으로 참여하도록 유도하는 편이다. 결국 재미로 웃고 떠들다가 정신 쏙 빼놓으며 MBTI 결과를 제출한다. 이게 목적인 것이다.

지배를 위한 성향 간파

여기가 바로 핵심이다. 회사는 왜 그러는 것일까? 직무 배치나 역할에 MBTI는 쓰지도 않는다. 사실 쓸 수도 없다. 회사의 자릿수와 그에 최적인 MBTI 유형? 물론 있을 수 있다. 그러나 거기 맞는 사람들로만 채울 수는 없다. 회사도 이를 공식화할 수 없다. 상호이해를 원활하게 하기 위한 참고 정도로 얘기한다. 그럼, 그 참고용이라는 건 맞을까? 아니다. 나중에 다른 자리로 이동시킬 때 한마디 보태거나, 넘겨짚기용, 가스라이팅용으로 쓸 일에 대비하는 것이다.

> 이미 E인 것을 알고 있다. "이번 건은 이대리가 아무래도 나서줘야 할 것 같아. 또 이런 거 잘 맞잖아!"
> 이미 T인 것을 알고 있다. "마음이 약해지면 안 되니, 냉철한 김대리가 계약 같이 가줘야겠어!"

그러나 그 뒤에는 더 무서운 게 있다. 바로 내 성향이 간파되고 이용당하는 것이다. '김과장이 ENTJ라고 했지? 어쩐지 평소 답정너답더니… 이 판에 끌어들이면 못 버티고 밀려나겠지?'

MBTI 다 안 맞다고? 그런 건 상관없다. 그럴싸하게 공감받고 있다는 게 중요한 것이다. 이미 MBTI를 주제 잡고 글 쓰는 사람도 많다. 고질적으로 돈 벌기 어려운 심리학계도 이 기세를 몰아 MBTI를 응용해 많은 일들을 하고 있지 않는가?

우리가 생각해야 하는 것은 하나다. 예상을 깨야 한다. 누가 MBTI를 말하거든 듣고 외워두자. 나중에 써먹을 일이 있을지도 모르니…. 누군가 나에게 MBTI를 물어보거든 무조건 INFP라고 외치자. 실제 내 유형이 무엇이든 상관없다. 상대의 경계를 허물기에 최적이다. 예상을 빗나가게 하기 딱 좋다.

같은 공간 같은 일을 해도 각자 일하는 것 같은 이들도 있다.

기대치를 높이면 망하는 이유

MBTI를 곧이곧대로 말해주면 안 되는 다른 이유가 있다. 상대방의 기대치가 낮아진다. 그럼 안 좋은 거 아니냐구? 우리는 처음부터 상대의 기대치를 높여주는 경향이 있다. 잘 보이고 싶기 때문이다. 그 기대를 맞추려고 따라가다 보면 점점 수렁에 빠진다.

평소 밥 잘 사주는 김대리. 어떤가? 처음에는 고맙게 얻어먹는다. 10번 정도 되면 이제 당연해진다. 근데 그다음에 안 사고 뺀다? 입방아에 오르내린다. 원망을 산다. 왜일까? 상대의 인식에는 쏘는 게 당연한 사람이기 때문이다. 평소 밥 안 사는 이대리. 그가 밥을 샀다. 웬일이지? 그 감동은 꽤나 오래간다. 착한 사람으로 소문도 난다. 그다음 밥을 사지 않았다. 사람들은 당연하게 생각한다. 왜냐? 원래 안 쏘는 사람이기 때문이다.

긍정적 강화, 부정적 강화 등등 다양하게 얘기할 수 있으나, 복잡한 건 필요 없다.

미니멀리즘은 따라 해도 맥시멀리즘은 안 따라 한다. 쇼츠는 떠도 롱츠는 죽는다. 그냥 그게 심플한 사람 심리다. 그럼 왜 누구는 많이 사도 욕을 먹고, 누구는 왜 적게 사도 칭찬을 들을까? 바로 기대치가 달라서이다.

어제는 사주더니 오늘은 지 혼자 커피 먹네? 재수없어!

오피스 게임의 유저들이 종종 고꾸라지는 이유는 상대에게 기대치를 팍팍 심어주고 시작하기 때문이다.

"문제없습니다! 기한까지 옆 부서와 긴밀히 협업하여 꼭 완수하겠습니다!"

물론 그 과업을 잘 완수해내면 보상도 받고 칭찬도 받는다. 그럼 상대의 기대치가 올라간다. 분명 저번보다 잘했음에도, 상사의 실망스러운 멘트를 들어본 적이 있을 것이다. 기대치가 높아져서 그런 것이다. 2주에 할 수 있는 일이 있다. 상사의 무리한 일정 요구에 1주 동안 버프 켜고 갈아넣어 이를 완수했다. 그다음부터 상사의 기대치는 1주가 된다.

왜 기대치를 올리는 말이나 행동을 하게 되는 것일까? 능력 있고 잘 보이고 싶어서

다. 훈훈하고 나이스한 분위기는 덤. 근데 이게 실속이 얼마나 있는지 생각해보자. 변수가 생기거나 결과가 따라오지 않으면 다음이 힘들어진다. 결과가 따라와도 그다음은 난이도가 점점 올라가게 되어있다. 기대치가 인플레이션 되니까. 양궁 금메달보다 축구 16강이 더 주목받는 이유는 바로 기대치가 달라서이다.

아무 기대없는 자의 어메이징이 터질 때가 있다.

오피스 게임은 상대의 기대치를 최대한 낮춰놓고 시작해야 유리하다. 못할 줄 알았는데 예상외로 좋은 결과가 나온다. 만족감은 훨씬 높아진다. 우리는 기대치 못한 일이나 예상치 못한 일이 벌어졌을 때 어메이징이라고 한다.

잘 보이려고 기대감 심어주고 시작하면 게임은 점점 더 어려워진다. 기대치는 최대한 낮춰놓고 시작하는 것이다. 별 거 아닌 MBTI라고 해도 말이다. 서로 잘 이해해보자고 나온 MBTI조차도 노비 지배에 이용하겠다면, 이쪽도 방비는 해야 하지 않겠는가?

MBTI를 통해 적성을 참고하겠다고 한다. 실은 회사가 노비 지배를 강화하기 위한 수단일 뿐이다.

　서양의 파스칼은 아는 것이 힘이라 했다. 동양의 공자는 모르는 것이 약이라 했다. 회사는 파스칼을 택했기에 다 알려고 드는 것이다. 회사의 기원은 서양에서 오지 않았는가? 근데 우리의 기원은 동양에 있으니 모르게 하자. 쓸데없이 나에 대해 많은 것을 알려주지 말자! 여기선 신비주의가 답이다.

오늘 오피스 게임 끝! 기대치 따위 다 찢어버린 자의 여유.

　거짓말이 항상 나쁜 것은 아니다. 거짓말이 나를 지킬 때는 그것을 거짓말이라 하지 않는다. '기지를 발휘했다.'고 한다. 쓸데없는 지배를 회피하고 기대치만 낮춰놓으면 실속을 고스란히 챙길 수 있다.

　그렇다. 그러하다. 그러니, 자! 다들 숲속으로 들어가 보호색 진하게 띠고 둔갑할 시간이다.

| 회식, 오피서들을 무장 해제시키는 순간!

부장님 저희 회식 언제 해요?

> **가장 조심해야 하는 자리 회식!**

긴장의 연속 오피스 게임. 언제나 팍팍하다. 그제도 팍팍했다. 어제도 팍팍했다. 오늘도 팍팍하다. 내일도 팍팍할 것이다. 뭐 실은 맨날 그렇다.

이 팍팍한 긴장이 사라지는 마법의 순간이 있다. 사람 냄새나는 순간. 싫던 사람도 다시 보게 되는 순간. 그래도 오피스 게임이 할 만하다고 느끼는 순간. 그것은 회식이다. 사막의 오아시스이자 가뭄의 단비와도 같다. 오피서들의 고유 특권과도 같은 것이다. 그 어느 회사도 회식을 못 하게 하지 않는다. 돈에 눈멀어도 회식비는 줄이지 않는다.

내 돈 내고 못 먹는 걸 먹는 날. 뭔 짓거리를 해도 용서받는 날. 조금은 흐트러지는 여유를 보여도 되는 날. 평소 못하던 얘기를 할 수 있는 날. 바로 회식 날이다. 그렇다. 사람들의 마음이 넓어진다. 평소에는 야근 못 시켜 안달이더니 회식 날은 야근도 못하게 한다. 다들 시계만 보다 적당히 한 시간 정도 앞당겨서 팀장부터 일찍 나간다. 이 날은 모든 면책특권이 주어진다. 심지어 다음 날 지각도 허용되곤 한다.

회식 장소에 가면 두세 명은 회의하듯 잽싸게 메뉴판을 펼쳐 주문을 넣는다. 한 명은 수저 세팅을 한다. 이때 다른 한 명은 물부터 쭉쭉 따라 돌린다. 노는 사람이 없다.

회식은 오피스 게임 특별 이벤트 같은 것.

이야… 평소 안 되던 협업이 이렇게나 잘 된다. 고기는 어린이들이 굽지 않는다. 팀장이나 선임들이 굽는다. 대단하다. 노블레스 오블리주.

"모두 고생들이 많습니다! 한 잔씩들 합시다!"

첫 잔은 항상 잔을 채우고 건배사가 나온다. 꼰대들이 많은 곳은 여전히 건배사가 구리다. 목소리가 커야 된다. 회식 장소 전세라도 낸 듯 외친다. 그렇다. 주변 사람들 다 들으라는 거다. 이름 있는 네임드 회사라면 회사 이름을 꼭 낑겨넣는다.

"우리는 초맹인! 우리가 남이가! 위하여! 위하여! 위! 하! 여!"

반면 꼰대들이 드문 곳은 건배사가 파워풀하기보다는 아기자기하다. 근데 뭔가 느끼하다.

"당신은 사랑받기 위해 태어난 사람입니다! 짠!"

뒤에다가 "지금도 그 사랑받고 있지요!" 여기까지 안 붙이는 게 천만다행이다.

회식 때 신나서 가장 방심하는 자는 바로 신입이다.

치익~ 치익~ 소고기 굽는 소리. 고소한 향기. 구워지면 앞접시에 집게로 하나씩 놔주는 선임들.

"박과장! 먹으면서 해. 굽기만 하느라 못 먹잖아! 이거 먹어!"

팀장은 쌈도 싸서 넣어준다. 모야 이거? 천사들의 쌈싸먹기야?

입안에 도는 쫄깃함. 육즙은 팡팡 터진다. 한잔 쭈욱. 아으… 달달하다. 술이 달면 무조건 2차 각인데. 서서히 대화의 꽃이 피어오른다. 개인적인 경험담부터 저번에 깨졌던 일에 대한 오해. 힘든 얘기. 속상한 얘기. 섭섭했던 마음들이 모두 불판 위로 올라오며 맛있게 익어간다.

"팀장님! 저번에 막 저 혼내신 거 그거 제가 그랬던 게 아니라, 옆팀 정대리가 그런 거라고요!"

"아 아? 그랬나? 이거 미안하게 됐네. 내가 내일 정대리 혼쭐을 내줄께! 자 한잔 받고 털어버리자구!"

"과장님. 요새 잘해보려고 하는데 힘들어요. 자꾸 스케줄은 지연되고, 바쁘신 것 같아 물어보기도 뭐하고 그래서…."

"아니야. 충분히 잘하고 있어. 모르는 건 편하게 물어봐도 돼. 내가 좀 먼저 챙겼어야 하는데…."

아. 좋다. 여기도 사람 사는 데구나. 회사는 다닐만한 거였구나. 알고 보니 다 좋은 사람들이었어. (그 생각이 든다면 아직 덜 안 거다.)

요새 힘들었구나? 한잔 쭈욱 들이키고 털어버리자구!

술이 돈다. 잔이 돈다. 모자라면 더 시켜! 추가 오더 팍팍 들어간다. 사장님은 서비스도 준다.

"근데 장과장은 왜 맨날 회식 되면 안 오는 거야?"
"투잡 아닐까요? 집에서 가게 차렸다는 거 같은데?"
"그래도 회식인데 같이 있어야죠! 너무 따로 논다."

Chapter 03 _ 회사가 알려주지 않는 비밀

이제 슬슬 시작이다. 1시간 뒤부터의 대화는 그야말로 막장이 되기 시작한다. 별 음모론부터 갖은 뒷담질에 선을 아주 찍찍 그으면서 넘어댄다. 지는 술 쎄다고 주량 자랑하는 애도 하나씩은 꼭 있다. 점점 브레이브해져가는 자들도 나온다.

"다 나오라 그래! 우리가 돈이 없지, 가오가 없냐!"

"그거 알어? 옆 팀 주대리 불륜이래! 미쳤다 아주."

"마케팅 박과장 술만 마시면 바지에 오줌 싼대. 길에서 잔 적도 있대드라. 혹시 들었어?"

"어이 초맹! 넌 왜 안 마셔?"

"저는 주님의 어린양이라… 교회도 열심히 다니고 착하게 살다 천당 가게요."

"뭔 엠병 쌈 싸먹는 소리야! 주님 여깄잖아. 여기 이슬이! 푸헤헤."

"아, 네… 뭐, 콜라도 취하네요. 헤헤…."

술을 거부하는 자는 회식을 관찰할 권리가 생긴다.

대화는 점점 수위 조절에 실패한다. 자리가 여기저기 섞인다. 그릇과 수저가 마구 바뀐다. 드럽다. 내 수저를 사수해야 한다. 신입은 벌써 옆에서 뭐가 힘든지 울고불고 통곡질이다. 저 끝에 두 사람은 뭔가 지들끼리만 심각하다.

팀장은 흥에 겨워 자리를 돌며 각설이 품팔이하고 다닌다. 호칭은 막 형 언니 누나로 바뀌어 있다. 뭐 대화 들어보면 가관이다. 앞으로 형이 앞길 다 책임진댄다. 믿고 지만 따라오랜다. 풉….

1차 끝나고 나오면 걸음걸이들이 8자가 된다. 고개는 자진모리장단에 맞춰 흔들거린다.

"2차! 2차! 야! 야! 어디가! 2차 가야지!"

"넵! 부장님 제가 모시겠습니다!"

이거 어디서 많이 보던 광경 아닌가? "어디가? 2차 가야지!!"

한동안 코로나로 봉인당했던 회식이 해제되는 순간, 이들의 봉인된 자제력도 해제되었다. 언제나 회식의 화룡점정은 노래방이다. 요즘 회식 코스에서 노래방이 점점 묻혀져 가고 있어서일까. 어쩌다 회식 코스에 노래방이라도 한번 끼는 날에는 시간 연장은 기본. 서비스 시간 몇 분 들어가는지 체크하고 클레임을 넣는 이들도 있다.

이것들 앞에서 열심히 춤도 춘다. 그렇다. 음주가무라는 게 이런 거다. 그 와중에 흥겨운 사랑 트로트 찍어다가, '그대' 부분을 상사로 가사 바꿔가며 아부 떨고 별짓 다 한다. 맨정신으로 탬버린 후려치면서 구경하면 나름 재미있다. 손바닥이 좀 얼얼할 뿐이다.

부장님을 향한 나의 사랑은!! 아이 쪼아! 아이 씐나!

점점 눈앞이 흐려져 간다. 하늘이 움직인다. 의식이 없어져간다. 어떻게 집에 왔는지 기억도 잘 안 난다. 그렇게 그들의 회식은 사람다운 저녁으로 시작해서 광란의 밤으로 끝이 난다.

다음 날 아침. 사람들과 마주친다. 눈을 반쯤 뜬 사람들. 눈알 시뻘건 사람들. 속이 쓰린 사람들. 다양하다. 사무실에는 술 냄새의 잔향이 남아있다.
"어제 잘 들어가셨어요? 헤헤."
"회식 몇 시에 끝났죠? 생각이 안 나네. 아, 속 쓰려…."
쓰리겠지. 팀장이랑 러브샷을 그렇게 해댔으니….

어제 잘 들어가셨어요? = 너 어제 진상이었다.

옆에서는 한바탕 큰소리가 들린다.
"형! 오늘도 파이팅이에요!"
"뭐? 형? 형? 미쳤어? 정신 안 차려? 여기 회사야!"
그럼 그렇지. 우애 있는 척 호형호제하더니만, 매직 타임은 딱 어젯밤뿐이었다.

휴게실에는 어제 주인공들의 무용담이 퍼지고 있다.
"어제 신입 질질 짜는 거 봤어? 걔 또라이 아냐?"
"이야… 정대리, 나한테 억하심정 글케 있는지 몰랐네. 어이가 없어서. 함 보자 아주!"

그렇다. 이것이 회식의 찐 실체다. 회식은 업무의 연장이라고 한다. 맞다. 회식은 오피스 게임의 연장이다. 무슨 소리냐? 긴장의 끈을 놓는 순간 발가벗겨져 무장해제 당한다는 얘기다.

정말 좋은 사람들인지 알고 같이 섞였다가 한 번에 나락 가는 수가 있다. 자리는 지키되 같이 섞이지 마라! 맨정신으로 관찰하는 게 더 재미있는 법이다. 왜냐구? 다른 사람들 약점과 많은 정보들이 고스란히 들어오잖아. 그리고 내가 저들에게 약점 잡힌 게 있나? 없다. 이 얼마나 개이득인가?

회식 때 아무리 잘해준다고 믿고 풀어지는 거 아니다. 저거 다 컨셉이다. 자꾸 뒤탈 없다고 하는데, 뒤끝들이 아주 오진다. 오피스 게임에서의 회식은 그냥 연장 사냥 시간이다. 저들이 무장해제 되는 순간을 사냥하면 된다.

회식은 회사가 오피서들을 무장 해제시켜 약점을 잡아내는 장이다. 그래서 회식은 안 없애는 것이고, 회식비는 삭감을 안 하는 것이다.

못 믿겠으면 부장님을 향한 나의 사랑은 특급 사랑이라고 계속 외치며 하트 뿅뿅 쏴 봐라. 다음 날 찐따라고 소문난다.

어제 신입 미쳐 날뛰는거 봤어?

오피스 게임 회식의 법칙이다. 외워라. 밑줄 쫙. 별표 다섯 개다. 두 달에 한 번 실기시험에 나온다. 회식은 1차 참석만 권장한다. 회식 날은 가급적 가방을 가져가지 마라. 그래야 빠져나오기 쉽다. 1차 끝나고 가는데 뒤에서 부를 때는 앞만 보고 가라. 절대 뒤돌아보지 마라. 괜찮다. 기억 못 한다.

회식 장소에서 자리 선점이 중요하다. 일단 가운데 가서는 안 된다. 입구 쪽 사이드가 정답이다. 고개 돌리지 않고 한눈에 관찰하기 좋다. 빠져나가기도 쉽다. 그걸 명당이라고 한다. 회식 장소에 갔는데 사람들이 떠밀어서 센터로 몰리게 생겼다면? 이때는 저 화장실 좀… 을 하면 된다. 자연스럽게 바깥으로 빠지면서 사이드를 차지하는 것이다.

술은 못 먹는다고 해라. 먹는 거 안다면 건강에 이상 있어 끊었다고 하거나 약 먹는다고 해라. 이참에 주님의 어린양이 되었다고 해도 좋다. 자리 이동 그런 거 하지 마라. 말 많이 하지 마라. 맨정신으로 한 명 한 명 뭐 하는지 관찰하면서 즐기면 된다. 무장 해제당해 바보가 되어가는 모습들을….

뭐? 형? 형? 이게 미쳤나!!

회식은 사람을 느슨하게 만들어 교묘히 오피서들의 약점을 잡는 도구일 뿐이다. 이것만 명심하면 된다.

그럼 술은 언제 먹냐구? 술은 쟤네랑 먹는 게 아니다. 자고로 술이란 집에서 편하게 혼자 먹는 것이다. 맘에 안 드는 것들 주술 인형 만들어서 앞에 놓고, 요렇게 무섭게 쫙 째려보며 바늘로 팍팍 찔러가면서 말이다. 그래야 뒤탈이 없다.

자… 오피서들아. 하아… 회식 갈 시간이다. 오늘 야근 그런 거 없어! 빨리 다 나와!! 모해? 나오라구!!

수평적인 소통! 직급폐지의 실체적 진실

회사가 숨기는 수평의 비밀

> **직급 없애면 소통이 잘 되던가?**

오피스 세대 간의 갈등을 극복하고 수평적인 조직문화가 필요하댄다. 너도나도 앞다투어 도입하는 추세다. 이른바 직급 폐지! 수평적인 조직문화! 혁신을 넘은 혁명이다.

MZ들과 수평적인 문화 만들어가요! 다 이유 있는 밑밥 촬영.

"수직적 자세로는 참신한 아이디어가 안 나온다!"
"선진국들은 이름 부르며 수평적으로 소통한다!"
"MZ세대는 다르다! 변화된 문화가 필요하다!"
"오래 일했다고 대접받는 시대는 지났다."
"청년들도 성과를 내면 누구든 중용될 것이다."
"90년대생이 왔다. 00년대생이 온다. 책 봐라!"

밑밥을 깔기 시작한다. 그렇다. 혁명을 하려면 '사전 홍보'와 '선동'이 게 참 중요하다. 세대를 갈라치기 해버린다. 갑자기 제도를 발표한다. 한순간 모두가 평등한 세상을 외친다. 닉네임을 정해서 부른다. 직급은 매니저로 통일해서 부른다. 그것도 아니면 이름 뒤에 님을 붙인다.

직급이 있으면 이래서 MZ들이 싫어했다.

기성세대들은 이내 밥만 축내는 무능한 꼰대로 전락해버렸다. 한평생 목매달고 달려왔다. 직급 하나로 힘들어도 책임감과 위치를 되뇌었다. 그 대가는 결국 하향 평준화였다. MZ세대들은 처음에 쾌재를 불렀다. 눈치 보지 않고 소신껏 할 말 하며 일할 수 있다. 수직적 위계질서는 결국 아랫것들만 손해 아니겠는가? 그치? 맞지?

그 미래의 예정된 피해를 깨닫기까지는 오랜 시간이 필요하지 않다. 회의에서 이름도 모르는 사람 뭐라 부를까 애매해진다. 딱 봐도 나이 많은 사람 부르기가 어렵다. 선임이나 이런 개념이 없어진다. 챙겨주는 사람도 없다. 직급에 대한 책임이 없어진 기성세대들은 일을 잘 알려주지 않는다. 무엇보다 기성세대들의 밥그릇에 대한 위협이 높아졌으리라….

타 부서에 문의할 게 생겼다. 직급이 없으니 누구한테 물어볼지를 모르겠다. 문의도 수준이 있는 법이다. 잡일 문의했는데 알고 보니 그 부서 No.2 15년 차, 이러면 참 서로 난감해진다.

팀장도 난감하다. 직급이 있을 때는 과장, 차장들이 나름 선임 역할을 해주었다. 신경 쓸 게 적었다. 이제는 사소한 일 하나도 팀장 결정만 쳐다보고 있다. 신경 쓸 것이 배로 늘었다. 근데 팀장 수당은 똑같다.

직급폐지에 MZ들은 처음에는 쾌재를 부른다.

직급이 존재하는 곳은 '그래도 열심히 최선을 다하면 남들보다 빨리 올라가겠지.'라는 가스라이팅이 된다. 진급 한 번으로 연봉이 치솟아 오르고 사회적 입지가 바뀐다. 매년 2~3%씩 찔끔찔끔 올리면 어찌 될까? 이미 모두 평등해졌다. 치솟아 오르기는 불가능해졌다.

'성과에 대한 보상. 이거 참 받기 힘든 것이었구나.'
'평등이 아니라, 내 사다리가 무너진 것이었구나….'

이로서 승진에 들어가는 큰 폭의 급여 인상분을 모두 날려버렸다. 이렇게까지 하는 이유는 바로 돈이다. 선진국형에 이론적 배경들이 충분하고 돈도 굳는데 안 할 이유가 없다. 조금이나마 노비들의 반란을 의식하는 회사의 경우, 직급을 송두리째 날리기보다는 슬림화를 한다. 5~6개 직급을 2개로 만들어 버리는 것이다. 그럼 사다리는 남아 있으나 간격이 매우 넓어지게 된다. 4년 일하고 승진하던 게 갑자기 10년 넘게 해야 승진 한 번 할 수 있는 것이다. 그마저도 쉽지 않을 것이다. 승진 문턱은 훨씬 높아질 것이다. 그리고 그전에 다 이직할 거다. 이미 계산된 수순이다.

부장은 무슨… 어이 김씨! 이게 실제 되던가?

이는 문화적 접근을 철저히 상업적으로 해서 그런다. 가져오면 다 선진화되는 건가? 미국은 유교주의가 없다. 조선은 어디 그렇던가? 이곳은 동방예의지국이 아니겠는가?

기성세대들은 MZ세대들의 눈치를 보게 된다. MZ세대들은 한참 연장자인 기성세대들이 어려워진다. 선진 사례를 가져오려면 전부 상향 평준화를 시키면 된다. 근데 하향 평준화를 하는 이유가 무엇인가?

기성세대들의 가치는 땅바닥에 처박혔고, MZ세대들은 하늘로 올라갈 동아줄이 끊어져 버렸다!

가만! 이런 거였어? 뭐야? 이제 우리 승진 못하는 거야?

자! 이제 누가 남았더라? 이상하다. 왜 임원들은 그대로 유지될까? 사내 메신저나 명함에서 직급을 뗐다 하더라도 뒤에서는 상무, 전무 다 그대로 있다.

당연하다. 권력자들은 기득권을 포기하지 않는 법이다. 직원 연봉 인상은 공지하더라도, 임원 연봉 인상은 공지하지 않는다. 자기들끼리 밀실에서 이사회 열어 의결하고 알아서 팍팍 올린다. 걱정하지 말자!

회사마다 차이는 있지만 직원은 4~5년에 한 번 승진을 한다. 그마저도 4~5단계이다.

직급폐지 전후 비교

1. 직급폐지 전
   - **직원(평균 20년)**: 사원(4년) → 대리(4년) → 과장(5년) → 차장(5년) → 부장(5년)
   - **임원(평균 4년)**: 이사(2년) → 상무보(2년) → 상무(2년) → 전무(2년) → 부사장(2년) → 사장(2년)

2. 직급폐지 후
   - **직원(평균 20년)**: 선임(10년) → 수석(10년) or 매니저(20년)
   - **임원(평균 4년)**: 이사(2년) → 상무보(2년) → 상무(2년) → 전무(2년) → 부사장(2년) → 사장(2년)

보면 차이를 알 수 있다. 여기서 이상한 것을 찾았는가? 직원만 직급이 없어졌다는 거? 그거 말고. 직원들은 근속이 길고 임원은 근속이 매우 짧다. 근데 직급폐지 전이나 후나 임원 직급이 더 많다는 것이다. 왜 그럴까? 단기간 격차를 더욱 벌리기 위해서다. 단기 몰입도를 높여 더욱 갈아 넣게 하기 위함이다. 1~2년 바짝 하면 등급 상승이 된다는 의미다.

게임에서 레벨이랑 등급을 없애면 누가 게임을 하는가? 캐릭터가 안 크는데… 직급을 폐지할 것이 아니라, 반대로 직원 직급을 10단계로 늘리면 어떨까?

여러분은 다음 중 무엇을 선택하겠는가?

1. **직급 폐지**: 난 평등이 좋아요!
   - 직원(평균 20년): 야자타임(20년), 승진 없음
2. **직급 유지**: 다른 데랑 비교하기 좋아요!
   - 사원(4년) → 대리(4년) → 과장(5년) → 차장(5년) → 부장(5년)
   - 승진 기회 4~5년, 4번 → 승진 시 연봉 1,000만 원↑
3. **직급 격차**: 조금만 더하면 금방 올라가요!
   - 사원(2년) → 주임(2년) → 선임(2년) → 대리(2년) → 책임(2년) → 과장(2년) → 차장(2년) → 소장(2년) → 수석(2년) → 부장(2년) → 반석(2년)
   - 승진 기회 2년, 10번 - 승진 시 연봉 500만 원↑

꼭 펼쳐봐야 답이 보일까? 아니다. 임원 사다리는 참 촘촘하게 만든다. 직원 사다리는 원래도 헐겁다. 그런데 그마저 걷어차면? 차라리 더 촘촘하게 만들면 노비들 알아서 열과 성을 다해 갈아 넣을 텐데….

수평적 소통. 평등한 문화. 눈에 안 보이는 것. 체험해야 알 수 있는 것. 공기와 같은 성질을 자꾸 눈으로 보여주려고 한다. 취지와 목적이 다르다. 꼼수가 나온다. 결국 부작용이 난다. 이걸 쇼잉이라고 한다.

'자본주의의 매력은 평등이 아니라 격차에 있다.'

직급폐지를 하면, 급여 물타기가 수월하다. 인상억제에 탁월하다. 관리자를 날리기가 쉬워진다. 기성세대 처분이 용이하다.

그래서 결국 이 직급폐지의 승자는 누구지?
꼰대로 전락해 땅바닥 쳐다보는 기성세대?
하늘만 멀뚱멀뚱 쳐다보는 신성 MZ세대?

직급폐지! 좋아! 아주 좋아! 허허.

아니다. 모두 졌다. 승자는 바로 회사다. 소통과 평등이라는 함정에 당했다.

카스트 제도에는 브라만, 크샤트리아, 바이샤, 수드라가 있다. 직급폐지는 브라만은 그대로 두고, 나머지는 수드라로 단일화한 거다. 평등은 맞는데 하향 평등이다. 직급폐지가 노예제도 폐지인 줄 알았다면 오산이다. 회사는 아브라함 링컨이 아니다.

기억하자! 이래서 인사가 만사다. 늘 회사를 승자로 이끌기 때문이다.
곳간 불려 배에 기름칠하려고 애기들 후려치는 게 오피스 게임의 어른이다.

회사가 망해가는 징후! 망국의 시그널

이스케이프 시그널을 파악하지 못하면 같이 망한다.

> **난파선은 고쳐 쓰는 게 아니라, 탈출하는 것!**

인류의 모든 역사는 흥망성쇠가 따라왔다. 광활함을 뽐내던 대제국들도 하루아침에 망했다. 중원을 호령하던 탈아시아 강대국도 종이호랑이로 전락해 뚜껑 맞았던 적도 있다. 하물며 우리나라도 F 학점의 성적표를 받아들고 처참하게 망했던 시절이 있다. 나라도 이렇게 망하는데 회사는 어떨까?

회사도 마찬가지다. 특히 법인의 설립이 상대적으로 쉬운 우리나라는 세계적으로 창업 원탑이다. 다만 이면에 얘기하지 않는 진실도 있다. 부도 또한 가히 탑클래스다. 망하는 회사들을 보면 공통점이 있다. 모두 망하는 시그널이 보인다는 점이다. 회사가 망했다는 소식을 들었을 때는 갑작스러움을 느끼겠지만 사실 그렇지 않다.

생각 이상으로 회사는 자금 조달, 채권 회수, 실적 예측에 있어 그 어디보다도 체계적이고 과학적이다. 어떤 지표가 곤두박질 칠 때는 그에 대한 대응이 빠르고 예민하다는 것이다. 이 얘기는 망하기 직전부터도 이를 막으려고 자구책을 짜낸다는 것이다. 그것은 시간을 번다는 얘기와 같다. 그 시간 동안 보이는 회사의 망조 시그널이 있다.

검은 양복 입은 사람들이 들락거린다. 뭐지?

회사가 망해가는 징후는 다양하다. 그러나 공통점이 있다. 처음에는 조용하다. 죽어라 돈 벌어오자며 으쌰으쌰 하는 분위기도 없고 그냥 조용하다.

매출이나 이익이 서서히 감소한다. 이 무렵 신규 사업이나 환율 같은 외생변수나 비용 분석에 주목한다. 그래서 뭘 팍팍 못 벌리고 조용해진다. 그다음 중반에 가면 비용을 틀어막고 사업을 재편하기 시작한다. 회사 매각도 이때부터다. 와이파이만 좀 세우면 쉽게 판별할 수 있다. 그리고 마지막에 가서는 발악을 한다. 회사에 별 미친 짓이 다 벌어진다. 이성의 끈을 놓치는 순간이다. 이때는 끝물이다. 최소 중반에는 탈출각을 재야 한다.

대기업이라고 자신하지 마라. 너네 계열사만 떡하니 팔려 나간다. 팔려간 곳에서의 마지막은 정리해고다. 불안함을 딛고 인수된 회사에서 잘해봐야지 해도 결과는 같다. 팔려온 자들의 필요는 인수인계에 지나지 않기 때문이다.

자. 회사가 망해가는 징조다. 저 중 50% 이상 해당된다면 3년 안에 회사는 반드시 망한다.

안 망해도 산소호흡기 달고 식물회사되어 간신히 연명만 하는 수준이 될 것이다.

눈 크게 뜨고 지금 있는 회사에 망국의 신호를 대입해 보기 바란다.

사장의 고뇌. 아… 돌아버릴 것 같다.

징조 1. 실적이 3년 이상 적자나고 있는 상태

이 정도면 자금난에 상당한 영향이 있는 상태다. 자금조달이 원활하지 않다. 회사 가치가 하락한다. 신용도가 하락한다. 돈 꾸기가 더 어려워진다. 감당해야 할 이자가 늘어난다. 모그룹에서 도와줄 수 있거나 자금을 많이 축적한 대기업들 아니면, 비상체제로 돌아갈 수밖에 없다. 이때부터는 아랫물까지 돈 타령하고 비용 깎고 분위기가 영 아닐 거다.

징조 2. 조직개편이 빈번하게 일어남

조직개편은 통상 1년에 한번 정기적으로 진행된다. 1년 간의 실적을 리뷰하고 다음 해의 계획에 따라 맞춰 세팅하는 의미다. 물론 새로운 사업에 따른 일부 개편은 중간에도 진행된다.

그러나 대규모의 조직개편이 연에 4~5번 이상 진행된다면? 이는 사업 상태와 구조가 불안정하다는 의미다. 제대로 돌아가는 게 없고 위에서도 생각이 없어서 이리저리 보여주기식으로 짜집는거다.

이것은 내부 혼란만을 가중시킬 뿐더러, 오히려 사업에 제동을 건다. 뭐 말은 그럴싸하게 '빠르게 변화하는 조직'을 부르짖지만 사실 다 구라다.

빠르게 변화하는 조직은 역할을 유연하게 전환하고 수용하는 조직이다. 빨리, 많이 개편하는 조직이 아니다. 잦은 조직개편은 혼란을 야기하고 불안감을 조성하는 동시에 오피서들에게 역할 혼돈을 준다. 그래서 곧 내부 분열이 난다.

징조 3. 사람들의 부서 이동이 빈번함

회사에서 일을 하다 보면 부서 이동자들이 발생한다. 연차에 맞게 때가 되어 이동을 하거나 역할에 따라 이동하는 것은 자연스럽다. 그러나 부서들끼리 사람 빼가기가 자행되는 때가 있다. 부서 밥그릇 싸움이 심화되었다는 의미다. 주로 회사에서 신생 사업을 벌릴 때 많아진다.

회사 대 회사로 말하자면 경쟁사에서 사람 빼가는거나 똑같은 거다. 이를 부서 대 부서로 대입하면 바로 보인다.

징조 4. 임원이나 팀장 자리에 외부 인사가 많이 옴

긴급한 구원투수가 필요하다는 의미. 반대로 말하면 '여기 있는 니들로는 안 돼!'라는 의미기도 하다.

회사가 돈이 벌리고 잘 될 때는 내부 승진이 많다. 반면 신규 사업, 위험성이 큰 일은 원래 하던 방식으로는 극복이 어렵기 때문에 외부 인사가 많이 온다.

즉, 외부 인사가 많이 온다는 것은 좋지 않은 상황이다. 당연히 회사가 망해가는 것만큼 안 좋은 상황은 없다. 이때는 미친 척을 하면서 이런 저런 듣도 보도 못한 외부 인사들을 끌어와 불을 끄게 한다.

이번에 새로 온 이사래. 회사 어떻게 돌아가는 거지?

징조 5. 간신배들과 인플루언서들이 판을 침

가십거리는 어딜 가나 있고 사람들은 이를 즐긴다. 특히 불안정한 판국에는 그만큼 가십이 많이 돈다. 말 그대로 흉흉하다. 사내 인플루언서들은 이게 재미있어서 조회수를 쭉쭉 빨아들이고, 진실에서 각종 소설, 대하드라마, 막장드라마까지 모두 난무한다.

그리고 간신배들은 이를 이용해서 줄대기하는 자들이 많아진다. 말 한마디 잘못해도 신성 모독죄를 들이민다. 이상하게 뭐 하나 해도 지 혼자 예민하다.

간신배들이 줄대기를 하는 방법이다. 갑자기 중간관리자급에서 회사에 충성맹세를 하는 자들이 늘어난다. 불황에는 떠나는 자가 많기 때문에 남는 자리를 차지하기도 쉬워진다. 근데 실은 한자리 해보려는 기회보기용이다. 순수한 충성은 없다.

간신들이 회사를 살리자고 선동하며 활개친다.

징조 6. 언론에 매각설이 나옴

언론보도에 회사 매각설, 흡수합병설 같은 게 나온다. 이때 대부분의 회사는 아니라고 한다. 근데 거짓말이다. 시장 가격 하락이나 주가 영향, 내부 소란으로 회사를 제대로 못 팔아먹을까봐 그런 것이다.

제아무리 기자들의 수준이 낮아지고 이상한 기레기가 많아졌다 한들, 없는 내용을 기사로 막 써 제끼지는 않는다. 나중에 보면 대부분 다 맞다는 얘기다.

언론에 매각설이 나오는 타이밍은 이미 시장가 책정 다 해서 매각 후보들과 협상하는 단계다. 보통 이때 알려지게 된다. 다시 말해, 노비들 몰래 그 수개월 전부터 매각을 하려고 물색하고 있었다는 의미다.

징조 7. 임원들이 회사 주식을 팜

회사가 망해가고 있다는 것을 가장 빨리 캐치하는 것은 바로 경영진이다. 경영진이 주식을 파는 이유는 크게 3가지다.

핵심 사업이 급부상해서 주가가 과대 평가되었을 때 차익을 많이 남기려 판다. 이때는 파는 자가 있고 더 버티는 자가 있다. 두 번째로는 자기가 몸값 튕겨 다른 회사로 튀려고 정리하는 수순에 판다. 마지막으로 회사가 망해갈 때는 너도나도 판다. 곧 휴지조각되겠으니 그거라도 남겨 먹어야 되니 팔고 정리하는 것이다.

징조 8. 경영지원본부에 자발적 퇴사 인원이 많아짐

경영지원본부는 회사의 살림을 관리하는 부서다. 이들은 사업부서 직원들보다 이미 고급 정보를 접한다. 업무가 비교적 고정적이고 루틴하기 때문에 잘 바뀌지도 않는다. 근데 인사팀, 재무팀이 줄퇴사를 하고 있다면 뭔가 있는 거다.

임원은 빠르다. 이미 돈 챙기고 가방 싼다.

CFO가 이상하거나 회사가 망해가거나 둘 중 하나다. 사내 법무팀은 말 못 할 검토 업무를 많이 하고, 야근이 많아지는 등 피로도가 극심해지며 탈출을 시작한다. 이들은 회사가 흥할 각이 보이면 어떻게든 눌러앉으려 하고, 망할 각이 보일 때 먼저 움직인다.

징조 9. 누가 봐도 이상한 정책이 많이 실시됨

회사에는 여러 정책들이 시행된다. 특정 사업을 우선으로 밀어주기를 하기도 하고, 해외 진출에 목을 매기도 한다. 이것들을 보면 나름 사업성을 전제로 우선순위를 정해 움직인다는 것을 알 수 있다.

그러나 자금 사정이 안 좋아지고 외부에서 다양한 압박을 받는 회사는 여유가 없다. 여유가 없다는 것은 경영진의 이성이 마비되어 간다는 뜻이다. 이 무렵 이상한 정책들이 많이 시행된다.

거래처에 우리 회사 제품 구매를 진행한다거나, 짓기로 한 공장을 안 짓고 유통처를 확대한다. 평소 세일할 시기도 아닌데 할인을 미친 듯이 때려댄다.

이런 일련의 활동들은 단기 매출과 자금 조달에 눈이 멀어 일어나는 것이다. 당장 몇 개월은 더 버티더라도 망해가고 있다는 징조다. 아마 이 무렵 비용 절감에 대한 압박은 당연한 것도 안 해줄 만큼 상상을 초월할 것이다.

징조 10. 광고선전비 줄임

회사의 광고홍보 부서와 마케팅 부서는 실적이 잘 나올 때 1등 공신이다. 그러나 조금만 주춤해도 손발이 묶인다. 단순히 광고선전비가 줄어드는 현상은 불황일 때는 어디서나 나온다. 이것만으로 추측하면 안 된다. 줄이는 수준을 넘어서 평소 하던 수준의 광고 마케팅도 안 하고 비용을 줄이는 것을 시작으로, 아예 마케팅 부서의 규모를 줄여버린다.

망해가는 회사는 마케팅부터 아작내고 정리 수순에 들어간다는 의미다. 보이던 마케팅팀이 안 보인다. 10명이던 팀이 3명으로 줄어있다. 다른 팀에 영업마케팅팀 이렇게 흡수, 합병되고 있다. 회사는 '효율화', '시너지'라고 말할 것이다. 믿지 마라. 다 정리를 위한 사전 수작질이다.

오늘부로 마케팅팀 해체다. 광고 다 하지 말래!

징조 11. 사장이 자리를 안 뜸

사장은 노는 것 같아도, 노는 듯 일하고, 일하는 듯 얼굴 비추고, 얼굴 비추는 듯 노는 게 사장이다. 허허실실에 정통하다. 대외적인 활동이 매우 많다. 어디 가서 얼굴을 비추고 안 비추고에 따라 거래를 따내냐 마느냐가 결정되기도 한다. 그런 사장이 자리에 머무는 시간이 늘었다. 잘 안 나댕긴다.

그건 근심과 우환이 많아진 것이다. 바지 사장이라면 난국을 타개할 수 있겠는지, 오너에게 뭐라 할지 분석하며 각을 봐야 한다. 오너 사장이라면 내부에서 직접 임원들을 쪼아대서 자구책을 마련할 것이다.

또한 안에서 도움을 청할만한 곳들을 수소문하고 연락을 돌릴거라 한동안 자리에 있는 시간이 많아진다. 그게 뭐가 되었든 간에 사장이 자리를 지키는 건 불길한 징조다.

징조 12. 임원이 자주 바뀜

임원은 원래 임기가 짧다. 그 임기마저도 다 지키지 못한다. 그러나 1년도 안 되서 임원이 막 바뀐다. 바뀌다가 하다 못해 명이 다해가는 이상한 부장을 임원에 올려주기도 한다.

그렇다. 미친거다. 미쳐가는 거다. 정신줄을 놓은 거다. 이런 현상은 망해가는 중반을 넘어설 때 나타난다. 이넘 저넘 돌려막아보고 있는 거다.

가령 회사 매각 딜을 추진시키고 결렬되서 오면 옷 벗기고 다른 임원에게 또 시키고 그런다. 핵심 사업으로 반전시켜 보려고 나섰다가 또 죽 쑤면 바로 짜르고 다른 임원 시킨다. 이때는 정말 급하다는 얘기다. 이건 보스가 1년도 채 기다릴 심리적 여유를 잃은 거다. 이때부터는 이를 본 임원들이 먼저 탈출을 시도한다. 그래서 망국에 들어서면 임원이 자주 바뀐다.

대기업이라면 핵심 네임드 임원들이 때도 아닌데 한번에 다른 계열사로 이동한다. 그리고 그 자리에 이상한 쩌리 임원들이 오거나 기존 임원들이 겸직을 한다.

이건 뭐냐면 네임드 임원들은 다른 데로 빼서 살려주고 이 배에 탄 임원들은 살려보던지 같이 죽던지 하라는 정리 수순의 시그널이다.

징조 13. 전략실이 바빠짐

전략실은 평소 뭐하고 다니는지를 잘 모른다. 근데 가뜩이나 회사 분위기도 뒤숭숭하고 이상한 소문도 많은데 전략실이 엄청나게 바빠진다. 전략실이 뭔가 한번 휘젓고 나가면 그다음 사내 법무팀이 바빠진다. 이러면 대략 뭔가 불길한 왕건이가 뒤에서 진행되고 있다는 거다.

전략실이 무척이나 바빠지는 이유는?

　물론 신규 사업을 끌어오거나 다른 데서 사업 부문을 사 오거나 할 때도 그렇지만, 그럴 때는 보통 분위기가 나쁘지 않다. 그리고 그 사업을 꾸려갈 계획을 같이 세우기 때문에 대개 팀장 이상 정도는 자연스럽게 알게 된다.

　더욱 빼박 징후는 전략실이나 사장실에 못보던 검은 양복 입은 사람들이 단기간에 자주 들락거린다는 것이다. 기업 가치 실사를 나온 채권단이나 평가단일 가능성이 크다. 그리고 이는 강력한 매각 신호다. 그리고 그 매각 대상에는 너도 포함되어 있다.

징조 14. 연구 인력들의 이직이 많아짐

　연구개발 규모가 확 줄어들거나 연구직들의 이직이 많아지는 경우, 상황이 매우 안 좋다는 얘기다. 회사가 불황이나 망조에 접어들어 비용을 줄이면 이 분야도 가장 먼저 타격을 입는다. 비용은 줄어들고 연구원들은 애물단지가 된다.

　가만 있어도 짤리거나 사업 넘어가거나 할 위기. 이들은 앉아서 경력에 죽을 쒀 가며 목에 칼이 들어오느니 경쟁사로 이직을 택한다. 다수가 이직을 하고 있다면 머지않아 기사가 뜰 것이다.

[충격] 초맹 바이오사이언스 임상 실험 부작용자 속출!

징조 15. 위기 극복 캠페인이 마구 튀어나옴

망국의 종점으로 향하면 위기 극복, 회사 살리기, 일터 지키기 같은 캠페인들이 마구 터져 나온다. 저걸 하는 이유는 급여반납, 급여지연, 직원들 통한 지인 제품 강매 같은 짓들의 당위성을 심어주기 위해서다.

현장에는 애국조회도 하고 노동요도 틀어놓고 분위기 조성을 미쳐서 해댄다. 이런 캠페인이 동시다발적으로 2~3개씩 튀어나오고 있다면 종말론을 향해 가고 있는 거다. 앵간한 위기라면 내부 혼동을 고려해서 저 정도까지는 하지 않기 때문이다.

즉, 저건 경영진들이 이제 뇌가 정지해서 "우리 회사 망해가요! 오피서 여러분! 니들이 좀 살려주세요." 하는 거나 마찬가지다. 회사를 살리는 건 오피서의 몫이 아니다. 경영진 몫이지… 못난 것들….

우리의 일터를 지킵시다! 위기 극복 캠페인이 난무한다.

징조 16. 팀장 이상급들이 일을 열심히 안 함

보통 팀장들은 노는 것 같아도 늘 고민이 많고 일을 열심히 한다. 아니 열심히 할 수밖에 없다. 위에서 임원이 쪼고 아래로는 직원들 관리를 해야 하기 때문이다. 눈 밖에라도 나면 영전은 커녕 자리 보전도 힘들다. 근데 이런 팀장들이 결재도 대충 하고 사자후도 잘 날리지 않는다. 관심이 딴 데로 가 있는 듯 보인다. 회의도 많이 스킵한다. 팀장 말년기에 나오는 현상이다. 지가 이 구역의 왕임에도 전화가 오면 자꾸 밖에 나가서 받는다. 이는 이미 탈출각을 재며 헤드헌터에 이력서를 날린 것이다. 회사가 망해갈 때 직원들보다는 팀장이 이를 더 빨리 알게 된다.

기본적으로 팀장들의 안테나는 항상 윗선을 향해 있다. 회사도 팀장들의 조력을 받지 않고는 회사 정리가 어렵다. 그래서 팀장들은 망국의 중반에는 이를 알게 될 수밖에 없다.

이상하다. 팀장님 상태가 넋이 빠져있다.

징조 17. 거래처가 이상한 문의를 해옴. 매각설 있던데?

거래처에서 먼저 이상한 문의가 올 때가 있다.
"거기 요새 괜찮으세요?"
"사업 내년에도 계속하시는 거죠?"
뜬금없고 이상하지만 귀담아 들을 필요가 있다.

이미 그 업계에서 뭔 소문이 돈 거다. 그래서 거래 대금을 못 받거나, 사업 불투명성으로 인한 대비를 해야겠기에 떠보는 거다. 이쯤 될 때는 아마 윗선에서 지령이 내려왔을 거다. 거래처에서 그런 거 묻거든 계속한다고 해라. 아무 이상 없다고 해라.

그래 놓고 서서히 거래처 대금 지급을 늦춘다. 그다음 거래 규모를 줄인다. 조금이라도 자금줄을 쥐어짜야겠기에 이상 없는 척하는 것이다.

징조 18. 실적이 안 좋은데 무리하게 명퇴를 실시함

명퇴에 이쁘고 아름다운 것은 없다. 다만 희망퇴직으로 불리는 명퇴는 보통 회사가 돈을 잘 벌 때 좀 더 두둑히 주고 진행한다. 1~2년 치도 준다. "너 나가!" 억지로 짤라 분위기 해치지 않으면서 자발적으로 내보낼 수 있기 때문이다.

괜찮다. 그들을 짜르고 준 많은 돈은 청년들의 저임금으로 메꾼다. 2~3년이면 다 채우고 남는다. 그래서 어닝서프라이즈를 달성하고 나면 희망퇴직을 실시하는 것이다.

근데 실적도 안 좋아, 죽는 둥 사는 둥 하는데 명퇴를 실시한다? 이건 기업회생 조건에 명시되어 버렸거나, 사업을 접는다는 의미다. 이때 하는 명퇴는 참으로 더러운 꼴만 본다. 끽해봐야 6개월 치 받아내기도 힘들다. 이미 망해가는 회사가 돈이 없어 얼마 주지 못하기 때문이다.

요새 회사 분위기 이상하지 않냐? 뭔일 일어날 것 같지 않아?

징조 19. 여러 사업 중 절반을 동시에 접음. 잘 되는 사업을 접음

회사의 사업에는 잘 되는 것도 있고, 안 되는 것도 있다. 안 되는 사업은 접고 다른 사업을 벌이고 이를 반복하며 사업 간의 균형을 맞춘다. 이를 사업 포트폴리오라고 한다. 근데 여러 사업을 동시에 접는 수순으로 돌입하거나, 잘 나가는 사업을 접는 움직임을 보일 때가 있다. 이는 그 사업부문을 갖다 팔려는 것이다. 회사 전체 매각까지는 필요 없거나 상대가 알짜 사업만 골라 사려고 할 때 일어난다.

이때도 아마 인사이동이 많을 것이다. 그 사업부로 전배 간다는 것은 팔려 나갈 대상에 포함 되었다는 의미로 보면 된다. 사업이 망해가는데도 매각 시에 사업 기술 인력비까지 땡겨가며, 오피서들을 같이 내다 팔아 자신들은 조금이라도 더 남기려 하는 게 바로 회사다.

징조 20. 계약직이 줄어듦

가장 확실한 망국의 시그널이다. 회사에 계약직이 줄어든다. 회사는 계약직을 좋아한다. 아니 사랑한다. 싸니까.

이런 계약직을 줄여버린다는 것은 갑자기 회사가 착해져서 그 자리에 정규직을 뽑아주겠다는 소리가 아니다. 만만한 계약직들 먼저 처내고 정규직에게 그 일을 다 시키겠다는 얘기다. 이는 인건비를 줄일 때 최초의 시그널이다.

아마도 회사는 단순히 정규직 중심의 업무, 정규직 채용 문화, 이런 시덥잖은 핑계를 댈 것이다.

일단 남은 사람들이 이 일을 하고 있으면 순차적으로 정규직을 넣어준다고 할 것이다. 믿지 마라. 그런 날은 오지 않는다.

전 이만 퇴사할께요. 회사 잘들 살리세요!

회사가 망해갈 때는 사전에 여러 징조들을 남기기 마련이다. 그러나 아무도 말해 주지 않는다.

골든 타임을 놓치면 같이 망한다. 그 배에서 나갈 때다. 침몰해 가는 배에서는 먼저 뛰쳐나가는 자가 사는 법이다. 그러나 이상함을 감지하고도 약 2/3 이상의 직원들은 움직이지 않고 자리를 지킨다.

"혹시나 회사를 살려야 하지 않을까?"
"끝까지 최선을 다해야 하지 않을까?"
기로에서 고민한다.

기사회생으로 위기를 뚫고 회사가 살아났다고 치자. 너에게 고마워할 것 같은가? 밥그릇을 보장받을 것 같은가? 대접은 이미 자리를 꿰찬 간신배들이 받는다. 그다음은 니가 날라갈 차례다.

자고로 물에 빠진 사람은 건지는 게 아니다.
회사와 나와의 의리? 인정? 그런 건 애초에 없는 거다. 그게 자본주의 게임이다.
한 가지 분명한 것은 회사는 망할 때 무조건 그 조짐과 시그널을 남기게 되어 있다는 점이다.

하루아침에 떡하니 갑자기 망하는 회사는 없다. 설령 그게 좋소라고 할지라도 말이다. 이유는 간단하다. 원래 회사가 망할 때는 위에서부터 차례대로 보신책을 다 세우며 시간을 번다. 징후는 바로 그 시간에 나타나는 것이다. 그리고 암초에 부딪친 타이타닉호를 빠져나와 구명보트를 띄운 후, 경영진부터 보직자들까지 빠져나간다. 그 후 구명보트가 남지 않았을 때, 비로소 노비들에게 알려주는 게 오피스 게임 망국의 순리다.

아닌 것 같으면, 남아서 독립운동가들 마냥 회사독립 만세를 외쳐보라. 해방까지 36년이 걸릴 것이다. 망국의 후예가 되면 이직할 때 흠 잡혀서 마이너스 무쟈게 치고, 망국 역적같이 몰리는 건 알지?
남아 있다가 급여 떼이고 하루하루 불안하게 피 보지 말고, 하루라도 빨리 회사에서 땡길거 다 땡기자. 그리고 혼자 구명보트를 띄워 탈출해라.
어떻게 하겠는가? 선택은 자유다.

오피서들은 회사를 위해 일하지 않는다. 모든 일은 나를 위해 하는 것이다. 회사가 먼저가 아니다. 너 죽고 회사 잘 되서 천년만년 가면 뭐하겠는가? 맞지?
시그널은 먼저 알아채면 대처가 가능하다. 일이 벌어지고 뒤늦게 깨달으면 늦는다. 이것이 오피스 게임 시그널의 법칙이다.

Chapter 04

회사의 살육 퀘스트

사내에서 입지가 줄어들고 있는 다양한 신호

편한 게 다가 아니야!

> **가장 편할 때가 가장 위험할 때!**

"김대리! 계속 너무 무리하는 거 같아서 업무 조정을 좀 하려 그래. 광고 행사 건이랑 미디어 마케팅은 이대리에게 넘기도록 해!"
"김대리는 하는 게 많아 보이는데 굳이 프로젝트 정기 회의 따로 안 들어와도 될 거 같아."

어떤 상황일까? 그동안 뭘 많이 하긴 했나 보다. 노고를 알아주네? 하다 보면 이렇게 배려도 받는구나. 일을 덜어 주고 시간도 덜 뺏는다. 그렇다고 월급이 줄어드나? 아니다. 똑같다. 그럼 가성비로는 덜 하고 더 받는 게 좋은 거잖아? 아마도 김대리라면 쾌재를 부를 것이다.

그렇다. 그렇게 보인다.
근데, 과연 그럴까? 생각해보자.
모든 오피서의 업무가 언제 공평하게 배정되는 거 본 적 있나? 2:8 법칙이다. 일이 많은 자들은 항상 몰려 있다. 일이 개한테 몰리는 이유는 간단하다. 잘해서다. 관리자들은 일이 많아 보여도 개한테 시킨다. 이유는 똑같다. 잘해서다.
그럼에도 저렇게 배려를 해주는 모습을 보인다? 일시적인 경우가 아니라면 그건 배려받는 게 아니다. 점점 너의 입지가 떨어져가고 있는 것이다.

입지가 떨어진다는 것은 시간이 지날수록 하락기에 접어든다는 의미다. 즉, 게임이 순탄치 않아진다는 얘기인 동시에 게임 오버를 맞을 수도 있다는 것이다. 입지가 떨어지는 데에는 여러 이유가 있을 수 있지만 전조 증상 그 시그널을 잘 봐야 한다. 사내에서 입지가 줄어들기 시작할 때 몇 가지 징조가 있다.

그동안 일이 많았지? 업무 좀 다 넘기라구!

징조 1. 기존 업무 재편

업무를 재편하는 케이스다. 업무상의 배려나 더 나은 성장, 상위 레벨의 업무와 같은 명분을 들이민다. 그리고 기존의 업무를 다른 동료들에게 넘기게 한다. 여기서 어떤 일을 넘기는지가 중요하다.

단순 반복성 잡일, 실적 안 나는 일을 넘긴다면 괜찮다. 그러나 분명 노른자위 업무

일 것이다. 이후 채워지는 일을 보자. 누가 씹다 버린 껌. 맨땅에 헤딩하는 일을 받았다? 이건 부서 업무 핵심 라인에서 너를 빼버리겠다는 얘기다.

많은 업무들을 동료에게 넘긴다.

징조 2. 주변 연락 감소

평소 많은 일을 하고 있으면 어떤가? 사람들의 연락이 많이 온다. 업무 문의, 협업 요청 등 다양하다. 그래서 스트레스를 많이 받는다지만, 반대로 생각해보자. 그것은 너의 입지가 탄탄하다는 것이다.

그 업무의 연계성이나 중요성이 높기 때문에 사람들의 연락이 오는 것이다. 이 지점에서 흔히 하는 착각은 인맥이 넓다고 생각한다는 것이다. 착각 마라. 업무의 중심이 옮겨가면 그 사람들은 연락이 서서히 감소한다. 즉시 끊기는 경우도 많다. 그럼에도 불구하고 평소처럼 꾸준히 너를 찾는 사람들이 찐이다.

즉, 주변에서 연락이 감소하는 것. 타 부서 사람들과 점심이나 티타임이 줄어드는 것 등은 다 같은 신호다. 입지 하락이다. 어디서 담당 업무가 변한다더라 또는 앞으로 저런 업무는 누구한테 연락해라 같은 얘기를 들었을 수도 있다. 너를 찾아야 할 필요성 자체가 낮아졌기 때문일 수도 있다. 그렇기에 서서히 손절을 치고 있는 것이다.

이거 뭐지? 사람들이 쉬쉬한다.

징조 3. 회의 및 호출 감소

평소 회의가 많다고 불평했는가? 위에서 자꾸 찾는다고 죽겠다고 했던가?
너와 관련된 일임에도 너를 빼고 회의가 열린다. 꾸준히 들어가는 정기미팅인데도, 다른 일도 많은데 굳이 안 들어와도 될 것 같다. 이런 싸인을 받는다면 입지 하락 시그널이다. 회의에 불참을 시킨다는 것은 합의나 의사결정 과정에서 배제시키겠다는 의미다. 하물며 업무와 관련이 있는데도 이렇게 하는 경우도 있다. 반대파를 제거하거나 패싱하고 밀어붙일 때다. 아마 위에서도 너를 찾는 빈도가 계속 줄어들 것이다. 만약 지금 너의 경우가 여기 해당된다면 곧 손발이 묶이게 될 거다.

징조 4. 정보력 저하

가장 명확한 신호는 사내 정보에 점점 어두워지는 것이다. 이전의 나와 이후의 나를 비교해보면 된다.

사내 고급 정보부터 카더라 통신들까지 모두 해당된다. 점점 많이 알게 된다는 것은 누군가 얘기를 해주는 사람이 주변에 많다는 것이다. 고급 정보는 윗사람들이 얘기해준다. 카더라는 만나고 다니는 동료들부터 타 부서 사람들까지 많이 얘기해준다. 그러나 어느 순간 생각해 봤을 때 이런 정보가 전달이 잘 안 되고 있다? 이는 고립되어 가고 있다는 의미이다. 아마 듣고 있는 정보들도 가장 늦게 듣고 있을 것이다.

🙂 김대리. 회의는 안 들어와도 될 거 같아!

징조 5. 패싱 증가

업무 중 컨펌을 하거나 확인을 받는 일은 비일비재하다. 협업 중이나 연관 업무임에도 담당자가 패싱당하는 경우가 있다. 늘 그렇게 해온 업무임에도 어느 순간 이렇게 된다면? 이게 입지 하락의 신호다. 암암리에 이뤄진 윗선의 지시, 주변 사람들이 무시해 버리는 경우에 생긴다. 보통 이 경우, 나에게 원래 일을 넘겨주던 사람을 의심해서 따지게 된다. 번지수가 틀렸다. 거긴 누가 시켜서 그렇게 한 거다.

패싱된 일이 어디로 가는지를 보라. 너의 컨펌이나 처리 단계를 건너뛰고 이어서 그 일을 받은 사람이 실권자이자 주동자일 가능성이 높다. 가서 따져봐야 소용없다. 내가 모르게 처리되는 일들이 늘어나고 있을 것이다. 힘의 균형이 이미 그쪽으로 이동하고 있다는 의미다. 아마 이어서 협업도 줄어들게 될 것이다.

징조 6. 편안한 일상

겉에서 티 나지는 않지만 그런 순간들이 있다. 요새 시기가 이래서인지 일이 적다고 느껴진다. 근데 혼자 바쁜 척한다. 적어 보이면 일을 더 주니까. 이런 모먼트를 잘 살펴야 한다. 모두가 한가하다면 회사나 부서가 일감이 별로 없는 거다. 근데 혼자 한가하다면 이건 다른 의미다. 이미 핵심 포지션에서 아웃되어 있을 가능성이 높다. 그리고 위에서는 역적모의가 진행되고 있을 것이다. 편해졌다고 좋아할 때가 아니다. 저 뒤에서는 어마어마한 파도가 밀려오고 있다. 즉, 몸이 편해질 때 주위를 둘러보고 뒤를 돌아봐야 한다.

대부분의 오피서들은 일잘러가 되고 싶어한다. 당연하다. 기본적으로 일을 잘해야 인정받고 우쭈쭈해주기 때문이다. 칭찬에 인색한 조선인이라 칭찬에 목이 매어들 있다. 그래서 일을 도맡는다. 후임들을 가르친다. 그러다 어디선가 의견충돌이 나기도 한다. 나와 다른 의견들도 많다는 것을 알게 된다. 뒤에서는 누군가 나를 담그려 한다. 밀어내려 한다. 더 보여 줄 것이 없다. 그럼 밀려나는 것이다. 회사가 오피서를 밀어내는 기본 원리 되겠다.

오피스 게임은 사냥 잘하는 것도 좋지만, 핵심 사냥 노하우와 필살기는 빼주는 것이 아니다. 그건 부모 자식간에도 하는 게 아니다. 상대가 아쉬워 할 만한 것을 남겨두어야 한다. 아쉬우면 지는 거다.

일상이 편해진다. 이거 퇴근해도 되는 거야?

입지 하락의 시그널이 수차례 감지된다면 이스케이프 타이밍이다.

이직이나 부서 이동을 준비해라. 여의치 않아 남아있어야 한다면, 그다음 너가 가진 무기나 아직 알려 주지 않는 스킬, 써먹을 수 있는 기술이 무엇이 있는지 생각해라. 같은 일이라도 저들보다 잘할 수 있는 것을 남겨 놔야 한다는 의미다. 이후 부서와 업무 처리들의 문제점, 개선점 등을 지금 여유 있고 몸이 편할 때, 싹 정리해두고 검정 봉지에 싸서 봉인해둬라.

다시 풍파가 일어 입지 이동이 시작될 때 그것을 꺼내면 다시 입지 회복이 가능해진다. 다만 이런 대비를 하지 않는 자들은 좌천의 늪에서 벗어나기 힘들어진다. 왜 이렇게 되었는지부터 어디서부터 뭘 해야 하는지를 모르기 때문이다.

우리는 서당개에서 그 답을 찾을 수 있다. 말도 못하는 서당개를 왜 못 짜르는지 아는가? 3년 만에 풍월을 읊어대기 때문이다. 이런 훌륭한 홍보 마케팅이 있나? 서당 앞에서 읊는 그 풍월은 지나가는 아이들과 엄마들의 시선을 사로잡기 충분하다. 엄마들은 그 서당에 아이를 보낸다. 저 서당은 우리 아이를 과거에 급제시켜줄 것 같거든. 훈장님은 흐뭇하다. 그 서당은 명문 학군이 되어간다.

개가 사람보다 훨 낫군!

만약 서당에서 개를 담그려 한다면? 개가 시그널을 알아차렸다면, 다른 서당으로 이직하거나 서당 앞에서 영어를 읊을 것이다. 이제 쇄국정책 그만하고 문호개방의 시그널을 준다. 그러면 영어에 홀린 그 서당 학생들은 머지않아 어학당으로 옮길 것이다.

"회사가 먼저 살아남아야 할 거 아냐!"

흔히 많이 듣는 말이다. 모두 고개를 끄덕여 왔다. 대개 그렇게들 생각하는 듯 하다. 회사는 얘기한다. 한두 사람이 없어도 회사는 돌아가야 한다고. 그래서 모든 것들을 투명하게 공유하고 협력해야 하는 거라고. 아니다. 틀렸다. 그건 회사 사정이다. 맑고 투명하면 당한다. 그걸 알기에 회사는 맑고 투명하게 너희에게 보여주지 않는 것이다.

오피서들은 회사를 위해 일하지 않는다. 모든 일은 나를 위해 하는 것이다.

회사가 먼저가 아니다. 너 죽고 회사 잘 되서 천년만년 가면 뭐하겠는가? 맞지?
시그널은 먼저 알아채면 대처가 가능하다. 일이 벌어지고 뒤늦게 깨달으면 늦는다.
이것이 오피스 게임 시그널의 법칙이다.

위험할 때는 보호 무늬를 띄우고 숨는다.

그러니 오피서들아. 더듬이 바짝 세워 신호를 감지하도록 하자.
여차하면 보호 무늬를 발동하기 바란다.
오피스 게임은 아무도 너를 위험에서 구해주지 않는다.
스스로를 지켜라. 가장 소중한 건 바로 너 자신이다.

"너 나가!" 회사가 사람 짜르는 방법!

누구도 피해갈 수 없다.

> **해고는 어느 날 갑자기 찾아온다!**

오피스 게임은 생각보다 억울한 일을 당하는 사람이 많다. 실적 가로채기를 당한다, 진급이 밀린다, 상사에게 털린다, 월급이 깎인다. 그 외에도 너무나 많다.

그중에서도 일반적으로 가장 억울한 일이란 무엇일까? 바로 회사가 나를 담그려는 순간이다. 이를 우리는 파이어라고 부른다. 사실 해고 스킬에 당하면 속수무책이다.

모든 오피서가 암묵적으로 말하지 않지만 가장 두려워하는 순간은 바로 해고다. 이미 어른들과 선배들이 숱하게 잘려나가는 것을 목격했다. 그래서 어렴풋이 늘 생각한다. 회사는 언젠가 나와야 한다.

맞다. 다 알고 있다. 근데 언제 어떻게 나가게 될지 생각해봤는가? 가까운 사람들이 짤려나가는 걸 볼 때, 당했다는 건 알아도 어떻게 당했는지 들어봤는가? 제대로 못 들어봤을 것이다. 나가는 사람은 자신의 치부를 드러내고 싶지 않기 때문이다. 아마 적당히 둘러댔을 것이다. 그때 하는 말은 똑같다.

"회사가 다 그렇지 뭐."

회사의 부당함은 차고 넘치지만, 자세히 말하기 꺼리는 레전드 멘트되겠다.

> HR은 갑자기 연락한다. 잠깐 보실까요? 오면 말씀드릴께요.

해고는 미리 알려주고 하는 게 없다. 신청받고 하는 명퇴가 아닌 한, 대부분 갑자기 이루어진다. 어느 날 갑자기 HR에서 연락이 온다. HR이 일개 직원에게 따로 보자고 하는 경우는 둘 중 하나다. 임원이 된 경우와 해고 통보다. 업무상으로 만나는 경우는 어떤 건인지 먼저 말해준다. 그러나 해고는 무조건 직접 보고 얘기해야 한다며 먼저 알려주지 않는다.

> **해고에 대처하는 우리들의 자세**
> 1. 윗사람들 다 그렇게 짤려나가는 것을 보고 암묵적으로 받아들인다.
> 2. 향후 이직할 때 평판 관리를 생각해서 잡음을 만들지 않으려고 한다.
> 3. 회사의 결정을 따라야 한다는 암묵적 가스라이팅에 지배되어 있다.
> 4. 약간의 위로금을 쥐어주고 근무기간 배려해 줘 적당히 받아들인다.
> 5. 싸우려니 방법을 모르고 막연히 두렵다.

엄밀히 말하자면, 처음부터 해고로 치고 들어오지 않는다. 해고는 웬만하면 하기 어렵다. 그래서 대부분 권고사직의 형식이다.

대개 가장 쉽게 당하는 사람은 청년이라고 생각한다. 어느 정도 맞는 말이다. 어리고 잘 모르니까. 근데 그보다 더 쉽게 당하는 사람들은 바로 관리자다. 알만한 사람이 왜 당하냐고? 팀장들은 평소 HR과 업무상 볼 일이 많다. 그래서 연락하면 평소처럼 무방비로 들어갔다가 바로 당하고 나오는 것이다.

HR이 부르기 좋아하는 타이밍이 몇 개 있다. 조직개편 직전, 다른 퇴사자가 몰려있는 연말연초, 그리고 성과급 지급 전이다. 많은 인원들이 이동하게 되어 잡음이 없고 물타기가 수월하다. 대상자에게 시간 없다, 빨리 싸인하라고 퇴사를 종용하기 쉬워진다. 금요일에는 잘 안 부른다. 주말에 생각이 많아진다. 자아가 깨어날 틈을 차단하기 위해서다. 그럼 대부분 이 일정에 맞춰서 싸인을 하든지, 한달 치 정도 더 받고 나가든지 결정이 난다. 조급하고 무력한 심리적 요인이 회사에 굴복하게 만드는 것이다.

결론부터 말하자면 그건 회사 사정이다. 니 사정이지 내 사정이 아니란 말이다. 나가네 마네 하는 판에 뭐 하러 맞춰주는가? 지금 게임 못할 판이다. 밥줄 끊기게 생겼다. 회사 사정 같은 건 봐줘서는 안 된다.

HR이 해고로 부를 때는 팀장과 담당 임원은 이미 알고 있다. 사전모의는 무조건 되기 때문이다. 말 안 해준다. 그 얘기인 즉 공범이란 소리다. 어쩌면 짤라 달라고 한 의뢰인이 임원이나 팀장인 경우가 더 많다. 일단 HR에서 부르면 좋은 일은 없다 생각하면 된다. 미리 녹취 딸 준비하고 들어가자. (녹음기 ON)

가면 팀장이 같이 와 있는 경우도 있다. 보통은 HR이 단독 상대한다. 팀장 입장에서는 같이 보기 껄끄럽기 때문이다. 선빵 멘트는 보통 비슷하다.

"단도직입적으로 말씀드리겠습니다. 회사 사정과 여건이 좀 많이 안 좋습니다. 그래서 이번 정리해고 대상자가 되셔서 안타깝게도 이달 부로 정리를 해주셔야겠습니다."

이번 권고사직 대상입니다. 싸인하시죠!

여기서 대략 80~90% 정도는 멘탈이 털린다. 예상 못했기 때문이다. 뇌가 정지한다. 어버버한다. 눈과 고개, 손짓이 서로 따로 논다. 그러다 이유를 묻게 된다. 거의 똑같다. "왜 나가야 되느냐? 왜 나냐? 뭐가 문제냐? 다른 부서에 가면 안 되겠느냐?"

HR은 여기서 똑같은 얘기를 반복할 거다. 자기들이 다른 부서도 알아보고 했지만 선택지가 없다. 아쉽게 됐다. 이것은 회사의 결정이다.

자, 흔들리는 게 확인되었다. 이어서 바로 치고 나온다. 이달까지 일한 거로 쳐드리겠다. 안 나와도 되고 편하신 대로 해도 좋다. 사정이 나아지면 다시 불러주겠다. 이런 회유성 말들을 이어나가며 동의한 것으로 서둘러 결론을 내려 한다.

"지금은 마음이 진정되지 않으시겠지만 어쩔 수 없게 되었습니다. 가서 팀장님과 면담해 보시고 잘 추스르시기 바랍니다."

그리고 여기 한번 읽어 보고 싸인하시라고 한다. 이때다! 거기 싸인을 해서는 안 된다. 그건 그냥 사직서다. 항복문서란 말이다. 서명하는 순간 구해주기 힘들어진다. 절대 싸인하지 마라. 지금 읽을 정신이 아니다. 찬찬히 보고 결정하겠다 하고 서류를 갯해라!

여기서 HR은 생각할 거다. '아, 이런… 며칠 더 걸리겠네….' 항상 이 지점을 가장 주의해야 한다. 보통 저 단계에서 30% 정도가 막바로 싸인한다. HR이 가장 원하는 시나리오다. 나머지는 돌아가서 팀장 면담 후에 며칠 지나 대부분 항복문서에 싸인한다.

수법은 늘 똑같다. 회사가 어렵습니다. 자 싸인하시죠?

생각해보자. 위의 대화를 보면 이미 함정이 있다. 회사의 결정은 대체 누구인가? 법인이란 실체가 없는 서류뿐인 존재다. 그럼 그 결정은 사람이 했다는 얘기다. 회사가 결정했다는 얘기는 다 거짓말이다. 이미 부서 관리자들과 다 짜고 벌인 거다. 그 결정을 한 사람은 HR이나 임원, 팀장 셋 중 하나다. 보통은 팀장이다. HR에서 감원이 필요해도 결국은 팀장에게 짜를 사람을 지목하도록 한다.

임원이 맘에 안 들어도 팀장에게 시킨다. HR이나 임원은 손에 직접 피 묻히는 일은 전가한다. 그래서 표면적으로는 대부분 팀장이 된다. 여기서 날 담그려는 주도자가 누구인지 찾는 게 우선이 아니다.

일단 돌아와서 팀장과 얘기해라. 팀장은 핑계를 댈 것이다. 자기도 떠밀려서 어쩔 수 없었다. 상황이 그냥 좋지 않다. 여러 얘기를 할 것이다. (이때부터는 팀장 녹취도 따야 하는 건 알지?)

그러니까 이게 어떻게 된거냐면 말이지.

진실부터 말하자면, 다 거짓말이다. 팀장이 HR과 똑같이 말하지 않는가? 이게 이미 다 짰다는 증거다. 말 섞기 싫겠지만 여기서 녹취 딴 김에 좀 더 따라.

"그래도 제가 열심히 일하지 않았습니까? 제가 언제 대충 했나요? 당장 이 프로젝트 업무와 신제품 연구 개발 건들 다 어떻게 하나요?"

이런 식으로 유도심문 들어가라. 그간 업무 잘했다는 식으로, 업무가 중요하고 많아 보이게 얘기하는 게 포인트다. 팀장은 자기가 지금 눈치 봐야 하는 상황이라 많은 동조를 해줄 것이다.

만약 내일부터 안 나와도 괜찮다고 하거든 아니라고 해라. 이유는 업무 탓으로 돌려라. 중요한 일이라 잘 매듭짓고 싶고, 일하고 싶다 해라. 그리고 출근해라. 물론 마음이 편치 않을 것이다. 바로 안 나오는 순간 오피스 게임 해고 퀘스트는 회사의 승리다. 아직 끝나지 않았다. 항복문서에 서명하지 않는 이상 게임은 계속된다.

계속 버티면 한참 후배 밑으로 넣어 굴욕을 준다.

   요즘 사람 짜르기는 더 많아지고 또 더 쉬워지고 있다. 요인은 크게 세 가지다. 수요 공급의 불균형으로 회사가 사람 귀한 줄 모른다. 기성세대 어르신들은 적당히 권고사직 받으면 숙명으로 여기고 그냥 나가 준다. 퇴사 열풍의 붐으로 청년들은 권고사직 받으면 뭐 안 챙겨 줘도 그냥 나가 준다.
   이 얼마나 쉬운가? 그러나 그래서는 안 된다. 다른 오피서들이 그 피해를 고스란히 떠안게 된다. 회사는 쟤들도 똑같이 그랬어를 시전할 것이기 때매.

   해고 퀘스트의 법칙은 멘탈을 먼저 부숴버리는 쪽과 뒤통수를 먼저 치는 쪽이 이긴다는 사실이다. 해고 퀘스트에 들어가면 내 편이 모두 사라진다. 다 내려놓고 투명인간이라는 생각으로 출근해야 한다. 해고 퀘스트는 한 가지만 명심하면 된다.

   널리 회사를 이롭게 하지 마라. 회사가 이로워지면 내가 나락가는 지름길이다.
   가슴에 늘 사직서를 품고 하루하루를 살아가는 노비들… 여차하면 꺼내야지. 언젠가는 꺼내게 될 것이다… 를 생각한다. 그러면서도 정작 꺼내지 못한다. 실은 두렵기 때문이다. 두려워하는 건 그전까지다. 해고 퀘스트가 찾아왔다면 그 두려움을 떨쳐 낼 때다. 다시 봐라. 노비 문서는 갑과 을로 써 있어도 쌍방의 동등한 계약이다.

두려워할 거 없다. 정말 두려운 건 미래의 희망조차도 사라져버리는 것이다. 지금은 두려워할 때가 아니다.

목줄은 회사와 내가 함께 잡고 있는 것

회사의 해고 퀘스트 집중 파헤치기

> **목줄은 같이 잡고 있는 것이다.**

해고 퀘스트는 참으로 잔인하다. 이 퀘스트를 마주할 때 비로소 집단의 무서움을 알 수 있다. 조직폭력배가 따로 없다. 많은 오피서들이 해고 퀘스트 앞에 무기력해진다. 의외로 가장 쉽게 당하는 사람은 바로 팀장급 관리자들이다.

그러나 초맹의 독자들은 현명하다. 이제 이 정도로는 멘탈이 무너지지 않을 것이다. 퀘스트를 자세히 들여다보면 보인다.

회사가 해고를 들이미는 카드

HR이 제일 좋아하는 밀어내기 카드는 자발적 퇴사다. 알아서 나가주는데 이만큼 땡큐가 없다. 그다음은 권고사직이다. 그다음 부서 이동이다. 그다음은 명예퇴직. 그다음은 대기발령이고, 마지막이 해고 강행이다. 말만 다를 뿐, 결국 나가라는 건 똑같다. 일단 버티기로 했다면 저 퀘스트 순서를 차례대로 모두 경험하게 될 것이다.

해고 스킬을 먹이면 일단 멘탈이 80% 날아가고 시작한다.

> **회사의 해고 시나리오**
>
> 자발적 퇴사 유도 > 권고사직 > 이상한 부서 이동 > 권고사직 > 이상한 부서 이동 > 권고사직 > 대기 발령 > 권고사직 > 명예퇴직 > 해고 강행

다음은 주요 해고 시나리오다. 계속 빅엿을 멕이면서 틈틈이 사직을 권고한다. 이런 꾸러기 짓거리에 처음에는 버티기로 마음먹더라도 2~3단계를 거치면 다 싸인한다. 말 그대로 심신이 힘들어지기 때문이다. 회사의 해고 법칙은 그렇다. 단기에 빨리 하고 싶지만, 장기전이 되면 그냥 시간문제라 생각한다.

사직을 처음 강요받을 때 멘탈이 대략 80% 부서지고 시작한다. 이어서 몇 번 똑같이 돌려친다. 그럼 피통은 20%, 10%, 5%, 딸피 딸랑딸랑… 하다가 쓰러지게 되는 원리다.

🙂 버텨 보지만 힘들다. 결국 싸인하게 되는가?

회사가 사직을 권고하는 이유

사실 해고나 권고사직이나 고놈이 고놈이다. "너 나가." 하는 거잖아. 이 둘의 차이는 굴복에 있다.

> **1. 권고사직**: 가스라이팅당해서 나가기로 했어요.
> **2. 해고**: 저것들이 나가래는데 나가기 싫어요.

실제 마주하는 해고 상황은 대부분 권고사직이다. 바로 해고를 하지 않고 권고사직을 계속하는 이유는 리스크 방지다. '왜 계속 사직을 권고할까….'를 잘 생각해보자. 해고를 강행할 때 받아들여지는 수준은 회사 문 닫을 수준이거나, 횡령 같은 사고를 쳐서 크게 회사에 손실을 미쳤거나, 이 정도 되어야 한다. 웬만해서 해고 요건은 그렇게 쉽게 성립하는 게 아니라는 의미다. 또한 조선 다이너스티의 노동법 수준은 가히

Chapter 04 _ 회사의 살육 퀘스트 257

'세계적 엄지 척'급이다.

오피스 게임은 대 어메리칸 제국을 모방하지만, 지켜야 할 선은 유러피언 시민대혁명 왕국을 표방한다. 오피서의 밥줄을 끊었다? 우리나라 정서적으로도 상당히 심각하게 여긴다. 오죽하면 불로소득은 안 된다는 말이 당연하게 받아들여질 정도로 주식, 부동산 이런 거 하면 투기꾼으로 몰리는 나라 아닌가? 그래서 대부분의 오피스 밥줄 분쟁은 오피서가 이긴다.

다만 회사가 이기는 것처럼 보이는 이유는 분쟁에 이르기 전에 끝나기 때문이다. 보통 가스라이팅당해 미리 싸인해서 빼박을 못하거나, 중간에 적당히 유야무야 흐지부지 돈 몇 푼에 협의되어 끝난다.

해고 퀘스트에 접어들면 사람들이 회피한다.

오피서들이 대개 권고사직에서 수긍하는 이유를 보면 몇 가지 공통점이 보인다.

그들이 싸인하는 이유

1. 이렇게 계속 일해봐야 나만 힘들 거 같은데 버티는 게 무슨 의미가 있을까?
2. 인간적으로 1~2개월 치 월급도 챙겨 주네? 아쉽지만 회사 사정도 생각하자.
3. 여기서 문제 일으키면 나중에 이직할 때 평판조회하면 불리해질 거야.
4. 드러워서 진짜. 그냥 다른 데 잘 이직하면 되지.
5. 존심 상해서 이제 내가 더는 못 있겠다.
6. 다른 사람들도 계속 그랬던데 여기까진가 보다.
7. 어차피 여기서 내가 할 수 있는 건 없어.
8. 이 바닥 좁다는데, 또 어떻게 마주칠지 몰라.

회사의 밀어내기가 먹히는 이유는 간단하다. 오피서들이 그냥 순순히 당해줘서다. 애초에 승부를 보려 하지 않는다. 이런 경험들이 쌓이면서 해고 퀘스트는 완성된다. 모든 오피서는 똑같이 당한다.

저는 싸인하지 않겠습니다. 이건 부당합니다.

해고 퀘스트는 시나리오를 미리 짜둔다. 협박할 것도 생각해둔다. 평판조회? 전 회사에 전화해서 얘 어때요 물어보기 있기? 없기? 없다. 속지 마라. 평판조회는 그런 게 아니다.

권고사직을 때리기 전에 HR은 밀어내기 비용을 추산한다. 얘 내보내는 데 얼마 들까이다. 거물이라면 말이 좀 달라지겠지만, 보통 최대 3개월 치 월급까지는 위로금 정도로 생각한다. 권고사직에 싸인해 주더라도 최소 3개월 치가 기본이라는 의미다. 실업급여는 뭐 당연한 거고… 지들이 선심 쓰는 게 아니다. 역설적으로 권고사직에 싸인해 주는데, 3개월 치 위로금도 못 받고 해준다면 호구라는 소리 되겠다.

근데 그것도 안 주면 좋다. "이달까지 일한 거로 쳐줄께요. 자발적 퇴사? 콜?" 그래서 이걸 먼저 하는 것이다. 그럼 한 달 치도 못 받는 거다. 회사는 배려해주는 것처럼 말하지만 실질적으로는 거기서도 세이브 비용을 계산한다.

안 나가고 버티면 이제 한 달 치 위로금 플러스로 얹어주겠다. 이렇게 딜을 보고, 그다음은 권고사직으로 해주겠다. 그럼 너 실업급여도 받을 수 있어! 해주는 거다. 만약 그 말을 듣고, 그걸로 안 된다. 더 주던지 아님 더 다닐 거다. 이렇게 거절하면, 그때부터 저들에게 위선의 가면이 벗겨질 거다.

다른 사람들은 어떤 조건이었는지 물어볼 필요 없다. 다 이 정도였다고 할 거다. 아니다. 그때그때 다르다. 속지 말자. 저들은 너의 사정을 봐주지 않는다. 하물며 막장까지 몰린 이상 회사의 사정을 봐줄 필요가 없다. 물론 너가 크게 밉보이지 않았다면 말이다. 치명적인 결격 사유를 갖추지 않았다면 말이다.

대충 한 달 치 월급 받고 감사하다며 그냥 떨어져줄 것인가? 그럼 고마워할 것 같은가? 천만의 말씀이다. 그들에게는 그냥 호구로 각인될 뿐이다. 치사하게 돈 때문에 그러기 싫다고? 그런 가식은 접자. 오피스 게임은 원래 자본주의가 목적이다. 인생을 나락 보내려는 상대에게는 잘해줄 필요가 없다.

원래 서로 돈 가지고 치사하게 하는 게 오피스 게임이다. 나가려거든 철저하게 챙길 건 다 챙기고, 억울하거든 필사적으로 더 챙기면 된다.

싸인 거부했다구요? 빨리 좀 내보내 달라니까요.

그래도 분이 안 풀린다면 회사도 나락 보내면 될 것 아닌가? 활용할 수 있는 것은 많다. 회사는 생각보다 허술하다. 괜찮다. 이기지 못해도 된다. 그만큼 회사도 진을 빼게 하면 되는 거다.

너를 담그려 한 회사가 앞으로 너에게 잘해줄 가능성은 제로다. 이걸 두 글자로 '막장'이라고 한다.

한 가지만 바로 알자. 밀어내기에 당하는 결정적 이유는 회사가 철옹성 같이 보이기 때문이다. 어디를 가더라도 완벽하게 해고를 해내는 회사는 없다.

아닌 척하지만 사실 해고에 조급한 건 회사다. 제대로 된 한판 승부를 회사는 사실 두려워한다. 한 명 적당히 보내려다가 문제가 생기고 시끄러워지면 그다음 짤리는 건 HR이 되기 때문이다. 이 기본 원리만 명심하면 오피서들이 두려워해야 할 이유는 없다.

해고에 대처하는 현명한 자세

맞다이로 쪼개는 해고 퀘스트

> ""
> **내보내시겠다? 스킬은 회사만 쓰는 게 아냐!**
> ""

사람 알기 우습게 아는 퀘스트. 갑과 을이 뭔지 보여주는 퀘스트. 오피서들에게 평생 잊지 못할 기억을 선사하는 퀘스트. 그렇다. 해고 퀘스트다. 이제부터는 해고 퀘스트를 깨는 방법이다. 상세하게 알려 주도록 하겠다. 더 이상 당하지 말자.

HR에서 연락받고 나가라는 얘기를 듣거든 명확한 이유를 얘기해달라고 해라. 회사의 결정 이런 허무맹랑한 소리 말고. (녹음하고 있지?)

이 정도는 이미 HR의 시나리오에 들어가 있다. 팀원 간 이런저런 문제가 있다고 하더라. 업무 수행이 너무 뒤떨어져서 데리고 있기 어렵다. 사업을 축소할 계획이어서 인원을 줄여야 한다. 보통 이런 얘기들을 할 것이다.

듣고서 그 이유가 맞는지 구체적으로 캐묻자. 회사의 결정 이런 건 정확히 누가 그렇게 말했는지? 사업이 그래서 어떻게 축소되는지? 자본금이 얼마나 모자른지? 근데 굳이 내가 대상으로 선정된 이유가 뭔지? 대상자를 어떻게 추려냈는지? 등등… 두리뭉실한 HR의 답변에 "아… 네." 하지 말고 계속 캐물어라.

점점 말끝을 흐리고 같은 얘기를 반복할 것이다. 그렇다. 애초에 해고할 만한 건덕지가 없는 거다. 자세히 캐물어야 하는 이유는 나중에 분쟁에서 앞뒤를 맞춰 보기 위함이다. 애드립친 거는 이후 서면이 오가거나 대질할 때 안 맞게 되어 있다. 충분히 물어봤으면 이들이 재촉하는 서류 싸인은 자세히 읽어 보겠다 하고 미뤄라. 그리고 서류는 무조건 챙기자. 구두로라도 절대 동의하지 마라. 이들은 언제까지 답변달라고 할 것이다. 무시해라. 그냥 충분히 검토해보고 답변주겠다고 하면 된다.

자 이건 팁이다. 누가 칼이라도 들고 있어 신변의 위기를 느껴 즉석에서 사직서에 싸인할 수밖에 없다? 필체를 다르게 써라. 평소 내 싸인과는 다른 싸인을 해라. 나중에 '내 싸인 이거 아니다. 난 한 적 없다. 쟤들이 조작했다'로 몰아가기를 시전할 수 있다.

그렇다. 위기에서도 함정을 팔 수 있다. 이건 날조에 거짓말 아니냐고? 공정한 방법이 아니라고? 알게 뭐냐? 해고 퀘스트에 공정하고 아름다운 게 어딨냐? 나중에 한번 붙어 봐라. 눈 뜨고 볼 수 없을 만큼 거짓말과 지어내기가 난무한다. 그게 회사의 작태다.

어딘가에 도움을 줄 사람이 하나쯤은 있다.

싸인을 거부하고 부서에 가면 팀장은 이미 알고 있을 것이다. 면담해라. 널 생각해주는 것처럼 얘기할 것이다. 다 거짓말이다. 뭔가 기대하면 오산이다.

자… 이때부터는 아무도 믿어서는 안 된다. 녹음은 디폴트다. 최소한 임원, 팀장,

그 측근 이들은 경계대상이다. 왜냐고? HR의 프락치이기 때문이다. 너를 짤라달라고 한 의뢰인이기 때문이다. 그들은 계속 너의 상태를 감시할 것이다. 그러면서 너에게 계속 챙겨주듯이 접근할 것이다.

"우리도 HR에 다시 재검토해달라고 했어…."
"내가 다른 괜찮은 곳 아는데 추천 좀 해줄까?"
"요새 좀 어때? 많이 힘들지?"

그렇다고 그들과 아무 말하지 않고 철벽을 치면 이상하다. 철저히 이용해야 한다. HR에 흘러 들어갔으면 하는 말만 해라. 내 멘탈이 안 무너진 것처럼 보여라. 그들에게 하소연 같은 건 하지 마라. 배려랍시고 그냥 일찍 퇴근하라고 하면 가지 마라. 책임감 있는 듯 말해라. 일찍 갔다가는 나중에 저들과 붙을 때 함 봐라. 무단결근에 무단퇴근 하고 평소 품행이 불량하다고 난도질되어 있을 거다.

해고 퀘스트에 진입하면 신기하게도 주변 사람들이 뚝 떨어져 나간다. 위에서 이미 지령이 내려갔을 것이다. 투명인간은 그렇게 되어 간다. 매번 오던 팀 공지나 알람이 다 끊긴다. 다 같이 회의실 우르르 들어가는데 혼자 우두커니 앉아 있다. 불안하다.
괜찮다. 우리는 할 일을 하도록 하자. 회사에서 챙길 수 있는 서류와 기록들은 모두 챙겨라. 근로계약서, 급여명세서, 취업규칙, 근무일지, 야근 기록 죄다 싸그리 챙겨라. 이거 나중에 필요할까 긴가민가 하면 일단 겟이다.
퇴근해서는 HR에서 연락을 받은 시점부터 일어난 일을 날짜 시간대별로 자세히 정리해놓자. 그다음 겟해야 하는 것은 회사의 약점이다. 찾아보면 많다. 알고도 불량품 양산, 행사 1등 당첨자 조작, 돈 안 주려 야근 못 찍게 하는 작태 이런 것들이다. 정확하면 좋고, 자료가 있으면 더 좋다. 정확하지 않더라도 그럴싸한 의혹 정도여도 상관없다.
게임 중 덱을 잘 꾸려놓았다면 그래도 나의 어려움을 함께 도와줄 조력자 1~2명 정도는 옆에 있을 거다. 이들에게 정보들을 구하도록 하자. 이유는 그냥 업무와 연관 지어 둘러대자. 여기까지 준비되었다면 대략 1~2주 정도 걸릴 거다.

전쟁을 준비하자. 어디에 가는 것일까?

이 시기 팀장은 업무 인수인계 구상을 한다. 널 치워버리고 업무를 가져가야 하니까. 여기서도 정확히 묻자. 사직을 거부했는데 업무 조정하는 이유를 캐물어라. 팀장은 분명 그것과 관계없이 다들 조정하는 거라고 할 거다. 알았다고 하면 된다. 인수인계를 쉽게 해버리면, 나중에 나가는 것에 암묵적으로 동의한 것 같은 프레임으로 말리게 된다.

인수인계나 매듭 못 지은 업무가 있다면 적당히 야근도 하자. 진짜 야근을 하라는 게 아니다. 시간 수 늘려 성실히 했다는 기록을 찍기 위해서다. 이 과정에서 소심한 복수를 하겠다고 회사 업무 자료를 지워버리거나 하는 빌런 짓은 하지 말자. 나중에 발목 잡혀 역풍을 맞는 큰 오점이 될 것이다. 이 시기 뭣도 흠이 잡혀서는 안 된다.

안 나가고 계속 버티면 이상한 업무를 주거나 상관없는 팀으로 발령을 낼 것이다. 그러면 이해가 안 되고 동의하기 어렵다는 시그널을 보내라. 안 가려는 모양새를 취해라. 자리를 빼면 그때 억지로 가면 된다.

일반적으로 발령을 낼 때 생각해보자. 우리는 발령을 내면 그냥 따라야 한다고 생각한다. 그러나 실제로는 그렇지 않다. 통상적으로 발령이 나기 전 관리자는 그 이유와 앞으로 역할 등 대상자와 여러 면담을 하게 된다.

여기가 킬링 포인트다. 잘 알아야 한다. 이 절차와 과정이 대상자와 합의를 한 게 되는 것이다. 비슷한 일을 하는 부서일지라도 다른 부서라면 일반적으로 다른 역할로 본다. 하물며 이해 안 되고 동의하기 어려운 부서에 발령을 강행했다는 것은 회사에 큰 약점이 된다. 직장 내 괴롭힘이자 부당 전보를 했다는 약점이다. 이미 권고사직을 얻어맞은 상태라면 전후 맥락으로 볼 때 이건 빼박이다. 그러니 강제로 떠밀려 가는 모양새를 만들어라.

그리고 가서 대충 일하고 있어라. 그러면 또 권고사직이 날아올 거다. 똑같이 회피하면 된다. 급기야 회사의 참을성이 떨어질 때쯤 "이달까지 하고 정리해달라. 우린 통보했어요!" 일방에 가까운 압박을 받게 될 것이다. 여기까지 왔으면 갈 데까지 간 거다. "그래서 해고하시겠다는 건가요? 전 일하고 싶어요." 해고를 유도하며 짜증을 돋우자. 그러면 "야, 너 나가! 나오지 마!" 이렇게 일방적이 되곤 한다. 권고사직에서 해고까지 안 갈 수도 있지만, 차라리 해고까지 몰리는 게 오피서들에게 더 유리하다.

모든 정리가 끝나면 이제 작전 개시 타임이다.

틈틈이 정신과를 방문해주자. 스트레스가 있던 없던 그런 건 중요한 게 아니다. 무조건 죽고 싶다. 우울하다. 자살 충동을 느낀다. 세상을 불질러 버리고 싶다. 이렇게 말해라. 진단서는 나오게 되어 있다. 이게 목적이다. 자고로 기쁨은 혼자 누리는 것이고 슬픔은 극대화하는 것이다. 아주 드라마틱하게….

여기까지 잘 참고 준비했는가? 자! 이제 유리지갑으로 탈탈 털려온 세금의 덕을 톡톡히 볼 시간이다.

노동부 관할 지청을 방문하도록 하자. 준비한 서류들과 자료를 챙겨 가면 상담 노무사부터 다 있다. 진정서는 정성 들여 쓰자. 팩트 100%로 쓰지 말고, 팩트 50% + 감성 50%로 쓰는 거다. 이곳에서 너를 도와줄 사람은 근로감독관이다. 오피스 게임의 반칙을 선언하는 자다. 그렇다. 회사에서 받을 돈이 떼이거나 오피스 게임 못하게 괴롭히는 자들에게 반칙을 불고 옐로카드, 레드카드를 먹이는 자다. 오피스 게임은 특이하게도 폴리스가 이런 걸 다루지 않는다. 오피스 게임에 관한 사법 폴리스의 지위는 근로감독관이 대신한다.

자… 진정은 2건으로 나눠서 하자. 1개는 부당한 해고와 권고사직 압박으로 넣고 "억울하옵니다!" 신문고를 두들기자. 포커스는 회사의 부당한 해고 종용이다. 다른 1개는 직장 내 괴롭힘으로 해서 "죽고 싶습니다!" 또 하나 넣자. 포커스는 부당한 업무 전환, 내보내기 위한 강제 발령이다.

1개 넣고 담당관이 배정되면, 그때 또 하나 넣자. 하루에 둘 다 넣으면 같은 담당관으로 묶인다. 물론 하나로 합쳐서 넣어도 된다. 근데 두 개로 넣는 이유는 회사를 압박하고 문제가 더욱 커 보이는 드라마틱한 연출을 위해서다. 못 받은 주말근무 수당이나 야근수당이 많이 있다면? 임금체불까지 1건 더 추가해서 넣자. 할 수 있는 건 다 하란 말이다. (기록 다 챙겼지?)

감독관이 내용을 들여다보면, 줄줄이 나온다. 해고 절차 위반, 예고 위반, 통지 방법 위반, 부당한 해고 사유, 경영상의 이유 부적합, 해고를 피하기 위한 노력 부재 등등… 다른 한쪽에서는 괴롭힘의 유형, 근로자의 정서적 상태, 동의 없는 근로조건 변경, 부당한 전보, 근로자의 불이익 등 마찬가지로 쭈욱 나온다.

근로감독관. 오피스 게임의 심판이다.

이제부터는 감독관의 의지가 중요하다. 감독관과 면담할 때 눈물 한 방울 핑 도는 힘없는 약자의 모습, 세상 가장 무기력한 나를 보여주자. 이들도 사람이다. 회사로는 서면 통지가 가고 출석하라고 한다. 필요에 따라 대질도 한다. 쫄려서 같이 보기 무섭다고 하면 따로따로 한다. 걱정 안 해도 된다.

참고로 감독관이 대충 하는 사람도 많다. 적당히 얼마 정도에 자꾸 합의 봐라… 유도하거나, 위반이 한 5개 있는데, 2개 정도만 얘기해준다? 그럴 땐 민원 넣어서 감독관 교체를 요구하면 된다.

진정서의 내용 확인이 되고 나면 감독관은 회사에 답변을 요구한다. 답변서를 보면 가관일 거다. 거짓말로 온통 도배되어있다. 이건 어디든 오피스 게임 국룰이다. 그래서 해고 퀘스트에서는 공정할 필요가 없다고 하는 것이다. 그럼 지게 되어있다. 지는 건 다른 게 아니다. 증명하지 못하거나 제3자를 설득하지 못하면 그게 지는 거다. 그간 준비한 자료와 녹취들로 회사의 거짓말을 감독관에게 입증해주자.

이때부터 오피스 성지는 연달아 날아온 2개의 진정 건을 얻어맞고 그때서야 심각하게 받아들일 것이다. 자! 여기서 끝내서는 안 된다. 노동위원회로 달려가자. 감독관이 반칙을 선언해 주는 자라면, 노동위원회는 오피서를 구제해주는 곳이다.

여기도 진정서를 써서 준비한 자료들과 함께 제출하면 된다. 또다시 회사로 답변서 요청이 가고 출석 요구가 따를 것이다. 그럼 회사는 3연타를 맞은 거다. 또 휘청일 거다. 생각보다 일이 커졌다. 이쯤 되면 팀장과 HR이 모가지 날아갈 만한 사유다.

아마 첫 번째 진정이 들어가면 회사에서 전화가 올 거다. 팀장이나 HR이다. 3연타 접수 전까지는 회사 전화 받지 마라. 저건 다 회유하는 전화다. 그리고 이후에 다시 뒤통수를 칠 거다. 먼저 연락한다는 건 급하다는 신호다. 연락이 온다면 '아! 이것들 이제 불 떨어졌구나!' 이 정도로 생각하면 된다.

그리고 이런저런 회사의 꾸러기 짓들 모아둔 거 있지? 이제 그걸 풀 때다. 종류별로 잘 나눠서 관련 부처에 공익 제보를 올려라. 식약처, 구청, 환경부 다양할 거다. 잘 모르면 그냥 국민신문고로 넘겨도 좋다. 기자들도 같이 동원하자. 기자 메일로 제보하면 된다. 그럼 누군가 기사 한 개쯤은 띄워줄 것이다. 그 외 이용할 수 있는 커뮤니티들도 모두 동원하자. 그럼 회사는 연이어 최소 5연타 이상의 타격을 받게 된다. 한 번에 여러 군데서 다구리를 얻어맞게 되면 정신 못 차릴 것이다. 네임드 회사일수록 여파는 더욱 커진다.

중간중간 노동부에 가서는 노동위원회 진행과정이나 유리한 것들을 얘기해줘라. 그리고 노동위원회에 가서는 감독관이 하는 상황을 얘기해줘라. 이렇게 양쪽에 유리한 걸 던져주며 게임의 판을 쥐고 흔드는 것이다. 이때면 아마 판세는 회사에서 너에게로 넘어와 있을 것이다. 이제 너가 갑이다.

여기저기서 한 번에 얻어맞은 회사는 이제 너 따위를 신경 쓸 여력이 없을 것이다. 이거 저거 막느라 쓰는 돈도 상당해진다. 회사는 이제 너와 빨리 딜을 보려고 할 것이다. 조건은 진정 취소다. 회사와 밀땅할 때는 끝까지 갈 것처럼 흘려라. 거짓말도 좋다.

치사하게 심판을 불러오다니… VS 반칙인지 아닌지 함 털어볼까?

"저도 이러고 싶지 않은데요. 혹시 몰라서 변호사도 몇 명 붙였고, 국회의원 분도 도와주시더라고요."

이후 감독관이 잘 처리해주거든, 끝나고 손 편지 써서 장관 앞으로 투서해줘라. 칭찬가득, 정성가득이면 된다. 감독관 감사하다고 연락 올 거다.

이 시점 회사 내부는 이미 우당탕탕 와르르, 이런 조사, 저런 조사 막 튀어나온다. 난장판에 아수라장, 개판일 거다. 이 정도 가면 이제 팀장이나 HR은 다 물갈이 각이다. 이렇게 한두 달 지나면 결판이 난다.

보통은 감독관에게 굴복한 회사는 타협안을 가져가서 딜을 성사시켜 달라고 한다. 급한 건 내가 아니니 더 부르며 밀땅해도 된다. 이 무렵 회사는 대부분 맞춰줄 공산이 크다. 감독관이 빡이 치면 회사에 특별 근로감독이나 조사를 추가로 시전하며 극딜을 날려낼 수 있기 때문이다.

그럼 노동위원회는 어떻게 하지? 부당해고라고 복직하라는데? 이 정도 해놨는데 복직하면 다닐 자신 없다는 거? 다 안다. 괜찮다. 복직이 어려우면 금전보상제로 받으면 된다. 정상 복직이면 통상 몇 년 더 근무할 수 있는데, 현실적으로 다니기 어려우니 그 기간 감안해서 돈으로 다 보상하라는 거다.

근무기간이나 조건 따라 다르지만 이게 꽤나 쏠쏠하게 받아낼 수 있다. 그리고 노동부에서 반칙으로 선언된 것들에 대한 보상도 있다. 회사가 제시한 타협 건도 있다. 다 합치면 훅 늘어난다. 그리고 당연히 실업급여도 적용된다. 이렇게 해서 처음 회사가 이달까지 하고 정리하세요… 하며 애당초 1개월 치 주는 것보다 훨씬 많이 정당하게 받아낼 수 있다. 근속이 길거나 위반 항목이 다수라면 경우에 따라 6개월에서 1년 치 이상이 나오기도 한다.

누군가 그럴 수 있다. 이렇게까지 해야 되냐고? 이렇게까지 안 했기에 늘 똑같이 당해 온 것이다. 회사는 대충 100만 원 써서 내보내려다 한 2,000만 원 깨져봐야 멈춘다. 돈을 지키는 게 중요하니까….

해고 퀘스트는 아는 것이 힘이다.

자본주의 게임은 돈이 최고다. 그러니까 권리를 포기하지 말고 다 받아라.

우리가 살면서 아끼면 안 되는 돈은 딱 3가지다.
교육비, 이건 아는 만큼 보이는지라 아끼면 안 된다.
병원비, 저 세상으로 가기 싫으면 아껴서는 안 된다.
변호사비, 인생이 나락이냐 기사회생이냐가 결정되기 때문에 아끼면 안 된다.

늘 지금껏 세금 내며 욕하지 않았는가? 좋은 제도란 써먹는 만큼 덕을 본다. 세금은 바로 이때를 위해 있는 것이다. 풍족하게 공짜 덕을 누려도 된다. 이것이 유리지갑만이 가진 권리이자 권한이다.

오피스 게임은 회사가 게임의 난이도를 정한다. 그러나 회사와 수많은 오피서들이 여전히 한 가지 잊은 게 있다.

오피스 게임을 하고 말고는 내가 결정하는 것이다.
회사가 결정하는 게 아니다.

넌 뭔데 참견이냐고?
나는 초맹. 오피서들의 과거와 현재. 그리고 미래를 연결하는 자다.

MEMO

소속 팀장은 경력직이 연봉 얼마에 들어오는지 크게 관심 없다. 내 돈내산이 아니기 때문이다. 경력직은 나중에 한참 근무하다 알게 된다. '아… 내가 신입사원보다도 못 받고 있었구나….' 설마 그 정도까지? 아닌 것 같지? 진짜 있다. 그것도 많이. 그러고는 경력이랍시고 신입보다 많고 어려운 일을 시킨다. 그러나 이미 늦었다. HR에 따져봐야 다른 사람도 다 그렇다고 할 것이다. 그리고 그때 니가 싸인한 그 초특가 폭탄세일 노비문서를 보여줄 것이다.

Chapter 05
대이직의 시대

우대와 견제를 동시에 받는 경력사원의 법칙

"저 퇴사합니다!" 더 좋은 회사 가요!

> **여기서 너의 게임은 전혀 통하지 않아!**

많은 이들이 오늘도 회사 생활에 만족하지 못한다. 커리어의 성장과 새로운 기회를 갈망한다. 더 나은 회사와 연봉을 꿈꾼다. 이런 고민이 절정에 도달하면 이직을 강행한다. 이직처가 확정되면 '새로운 시작', '또 한 번의 도전'과 같은 키워드를 떠올린다. 스스로에게 희망을 예고한다. 반면 내심 낯선 곳에서의 적응이 부담된다. 같이 일할 사람들은 어떨지 긴장도 된다. 특히 경력직은 실력을 보여줘야 한다는 중압감이 가장 크다.

회사는 점점 경력직을 더 선호하는 추세다. 이미 오피스 게임이 익숙하다. 뉴비보다 적응이 빠르다. 무엇보다 부서에서 즉시 전력감이다. 진짜 이유는 가성비가 좋다는 것이다. 갈수록 활활 타오르는 경력 시장에 넘치는 공급으로 할인율도 높아 싸고 품질 좋은 경력직이 많다.

그러나 이직 뒤에 후회하는 비율은 80%에 달한다. 경력사원 약 35%가 또다시 1년 내에 그만둔다.
신입사원과 경력사원이 1년 내에 그만두는 이유는 다르다. 신입사원은 일단 1년 정도 해보고, 한 살이라도 어릴 때 적성에 맞는 다른 회사를 찾으려 그만둔다.

탈출은 지능순! 안녕히들 계세요. 저는 퇴사합니다!

　반면 경력사원은 1년도 못 채우고 또 이직하면 커리어에 마이너스가 되는 것을 잘 알기 때문에, 최소 1년이라도 꾸역꾸역 채우고 나가자는 것이다. 즉, 경력사원이 입사 1년 만에 그만둔다는 것은, 이미 6개월 전 다시 이직을 준비했다는 얘기다.
　이를 두고 회사는 경력사원이 적응을 못했다고 말한다. 이것을 단순히 적응 실패로 봐야하는 것일까? 경력사원은 회사에 익숙하고 이미 업무도 잘 안다. 게다가 스스로 원해서 이직했는데 뭐가 문제일까?

　새회사의 첫 출근. 팀장님은 부서 동료들에게 뭔가 대단한 일을 하다가 온 사람으로 나를 소개해준다. 같이 일할 사람들과 인사를 나눈다. 대리님, 과장님 하고 불러주며 대우해 주는 것이 내심 흐뭇해진다. 누군가 와서 자기는 아랫사람이니 편하게 대해달라고 하면 기분마저 좋아진다. 잘해주고 싶어진다.
　새로운 오피스 게임의 시작! 직급도 올렸다. 연봉도 마음에 든다. 전직장에서 받았던 푸대접과 설움이 잠시 스쳐 지나간다. '그래. 여기서 잘해보자. 실력으로 인정받겠어!' 둥지를 틀고 의지를 다진다. 동료들에게도 먼저 친하게 다가가려 노력한다.

새회사에 이직해 온 경력사원의 첫날.

　새로운 회사 시스템. 업무 절차와 방법. 어떻게 하는 거지? 여기는 처음이라 잘 모른다. 근데 이상하게 챙겨주는 사람이 없다. 모르는 것을 물어봐도 대충 알려준다. 적당히 찾아서 하라는 반응들이다. 경력직이라 두 번 물어보기는 꽤나 눈치 보인다.
　이전 회사 신입사원 때는 배울 시간도 넉넉했고, 선임들이 잘 알려줬다. 근데 여기는 왜들 이러지? 아무리 경력사원이라도 새로운 회사는 낯설다. 아직 모르는 게 많다. 적응하는 시간도 필요하다. 여러 물음표만을 남긴 채 출근 첫날이 끝난다. 둘째 날부터는 본격적으로 일더미가 날아오기 시작한다.
　경력직의 오피스 게임에는 매뉴얼이나 튜토리얼이 따로 없다. 받은 업무들의 아리송한 퍼즐 조각을 하나둘씩 맞춰가며 혼자 고군분투해나간다. '그래. 신입이 아닌 경력이니까. 일일이 다 물어보기도 그렇다. 뭔가 보여줘야 한다. 경력직이니까…'
　그렇게 몇 가지 일을 해나가다 보면, 처음 채용 공고를 봤을 때와 면접 때가 떠오른다. '내가 하기로 한 일이랑 좀 다른 것 같은데?' 의문을 가지게 된다.

　이 지점에서 경력사원이 처음 고개를 갸우뚱하는 포인트가 온다. 회사 생활 좀 아는지라 업무 배정에 대해 팀장님과 면담해본다. 결과는 안 봐도 뻔하다. 팀장님은 적당히 에둘러서 말한다. 지금 배정받은 업무를 익혀야 나중에 다른 것도 할 수 있다고 한다. 일단 온 지 얼마 안 돼 잘 모른다. 당해 낼 재간이 없다. 새회사의 익숙하지 않은 환경에서 그들의 분위기에 압도되어 이내 수긍하고 만다.

주어진 일이 썩 내키지 않는다. 그래도 경력을 살려, 실크로드를 개척하던 아라비아 상인의 마음으로 하나씩 개척해나간다. 어느덧 동료들의 헬프 요청을 제법 많이 받게 된다. 열심히 이들을 도와준다.
'아직은 새회사 뉴비다. 좋은 인상을 남겨야 한다. 그러면 날 좋게 봐주고 인정해줄 테니까….'

반대로 내가 동료들에게 도움을 청하면, 그들은 보통 겉도는 조언 정도를 해줄 뿐이다. 제대로 나서주는 사람은 없다. 처음에는 단순히 동료들을 도와주던 일들은, 알게 모르게 어느 순간 내 고정 업무가 되어 있다. 이것은 보통 잡일인 경우가 대부분이다. 바로 이 지점이 양미간을 찌푸리게 하는 두 번째 포인트다. 시간이 갈수록 이거 점점 이상해 보인다. 경력사원 입장에서는 아무리 봐도 받기보다는 내주는 게 더 많은 것 같은 불균형을 느끼게 된다.

풀리는 업무보다 안 풀리는 업무가 더 많아진다. 배우는 것보다 알려주는 것이 많다. 남은 덜하고 나는 더하는 기분이 든다. 바로 불균형을 지각하는 과정이다. 이때부터 불안감이 가중된다. '이상하다. 이건 아닌 것 같은데….' 하는 생각이 반복된다.

아무래도 경력직이라 그런 것일까? 새회사에서 일하며 비효율적이고 다소 후진적인 것들이 눈에 많이 들어온다. 동료들이 업무를 상의하러 온다. 이전 회사에서는 어떻게 했느냐는 질문을 많이 받는다. 가끔은 이들이 덜 진화된 크로마뇽인처럼 보인다. 안 되겠다. 경력직의 현대문명을 좀 전수해줘야겠다.
이 과정에서 자연스럽게 전 직장 얘기를 하게 된다. '이전 회사에서는 이런 경우 어떻게 했었다.' '거긴 나름 이런 게 잘 되어 있다.' 이런 류의 얘기들이다.

머엉… 아무리 생각해 봐도 뭔가 이상하단 말이지….

이쯤 되면 경력사원도 궁금했던 것들을 자연스럽게 동료들에게 풀어놓게 된다. 마음을 터놓는 것이다.

"이 회사는 전표 처리를 왜 이렇게 하나 모르겠다."
"단순 업무는 당연히 자동화해야 하는 거 아니냐?"
"품질 검사 만큼은 이전 회사가 확실하게 했어요!"

이렇게 전 회사와 비교한다. 이는 새회사 동료들에게 강력한 네거티브와 반감을 심어준다.

회의 시간에 경력을 살려 아이디어를 낸다. "지금 저희 팀 현장지원 업무는 타 부서와 로테이션으로 하면 어떨까요? 전 직장에서 그렇게 해봤는데요. 여러 부서가 관심가져서 현장 반응이 꽤 좋거든요."

경력직의 제안에 나오는 답변은 대개 비슷하다. "저기요. 과장님. 여기 잘 모르시나 본데, 저희도 그거 재작년에 이미 했다가 망해서 중단한 건데요?" 뭐만 얘기했다 하면 이미 다 해본 거랜다.

머지않아 여러 뒷담이 들려온다.
"전 회사가 그렇게 좋으면 여기 왜 왔대?"
"뭔가 마음에 안 드니까 나왔을 거 아냐!"
"저한테는 벌써부터 선임행세 하던데요?"
"지가 뭔데 원래 하던 거 막 바꿀라 그래?"
"어디 지 혼자 한번 잘해보라 그래!"

그렇다. 오랜 기간 무리를 형성해온 원주민들의 텃세질이 시작되는 것이다. 경력사원은 그렇게 이상한 일만 계속 떠맡게 된다. 필요할 때 동료들의 지원을 제대로 받지 못한다. 한 치 앞도 보이지 않는 어두운 던전 탐험은 미로처럼 계속된다.

아… 괜히 이직한 것 같다. 돌아가고 싶다.

이직해서 새회사에 안착하고 드디어 그들과 동료가 되었다고 생각했다. 그러나 완벽한 착각이었다. 이곳은 처음부터 그들의 리그였던 것이다. 그리고 여전히 나는 다른 마을에서 건너온 이방인이자, 견제와 경계의 대상이었을 뿐이다.

이 지점을 인식하는 순간이 세 번째 괴리감을 느끼는 포인트다. 이때는 멘탈이 요동치기 시작한다. 전 회사가 그리워진다. 향수병이 밀려온다. 후회가 솟구친다. 잘못 온 것이 아닐까 하는 회의감에 또다시 이직을 생각하며 기나긴 여정을 돌아간다.

신입사원의 튜토리얼과 레벨이 어느 정도 되는 경력사원의 오피스 게임은 기본 설정부터 다르다.

경력사원은 이직이 확정된 후 입사하기까지 시일이 좀 있다. 이 시기 새로운 꿈을 꾸며 전 직장의 마지막을 정리한다. 여행도 한번 다녀온다. 같은 시간 새로운 꿈이 될 회사에서는 이미 이벤트가 일어난다.

경력사원이 새로 들어올 팀에서는 게임 환경 설정을 다시 한다. 이를 업무분장이라고 한다. 새로운 사람이 합류하니까 부서에서 업무를 만들어 주는 건 당연하다. 다만 경력사원의 게임은 처음부터 던전을 헤쳐 나가도록 구성하는 것이 암묵적인 법칙이다.

이 업무분장은 이미 팀원들이 맡고 있던 업무들 중 적당히 빼내서 짜집기한다. 원래 하던 사람이 나간 자리를 통으로 메꾸는 것이라 말할 테지만, 이를 액면 그대로 믿어서는 안 된다. 성과 나고 편한 업무들은 기존 사람들이 나눠가지고, 단물 빠진 씹던 껌에 자신들의 기피업무를 끼워 넣는다.

경력사원에게 주로 배정되는 업무 유형이다.

1. 부서 잡일이나 하기 싫은 기피업무
2. 시간과 노력에 비해 성과 안 나는 업무
3. 아무도 관심 없어 안 해도 그만인 업무
4. 금쪽이 마냥 해도해도 답 안 나오는 업무
5. 원래 다른 사람이 하던 완료각 안 나오는 업무
6. 같이 협업하는 사람들 인성이 바닥 치는 업무
7. 헬게이트 열고 던전 속에서 헤매는 업무
8. 출구 없는 막힌 골목길 모퉁이 같은 업무
9. 끝까지 하면 망하게 되어있는 시한폭탄 업무
10. 다른 부서의 잡스러운 문의를 많이 받는 업무

이런 업무를 세트 상품으로 만들어 경력사원이 새로 오면, 앞으로 담당할 업무라며 던져주는 것이다. 꿀 빨거나 핵심 성과를 내는 업무들은 오래 있던 텃새들이 나눠 가진다. 게임에서 전리품이나 보상 아이템 나눠 먹는 것처럼. 이미 당신이 오기 전부터 모두 날조되었다는 것을 이제 알겠는가?

특히 경력사원의 직급이 높은 경우, 적응도 쉽고 일하기도 수월할 것 같지만 실상은 오히려 정반대. 직급이 낮다면 동료들이 대부분 윗사람이기 때문에 다시 시작하는 마음으로 부담 없이 해볼 수 있다. 그러나 경력사원의 직급이 높은 경우, 물경력으로 보일까봐 아랫사람에게 도움을 요청하기가 어려워진다. 또한 눈에 보이지 않는 심리적 저항과 견제를 더욱 많이 받게 된다.

이미 자리 잡고 있던 사람들은 새로 온 사람이 자신보다 레벨 높은 상사인 것을 못마땅해하기 때문이다. 이런 상태에서 원래 하던 것을 바꿔나가려고 하면, 곧바로 저항으로 연결된다. 레지스턴스의 표면적 이유는 가지각색이겠으나 다 거짓말이라고 보면 된다.

'실은 자신들이 꾸며놓은 판이 흔들려 입지가 떨어질까봐 본능적으로 두려워서 이다!'

새로 온 경력직 말야. 재수 없드라!

결국 경력사원은 허울 좋은 찌꺼기만 받아든다. 이방인 디버프 가득 머금은 채, 불리한 게임을 시작할 수밖에 없다.

지금까지 해 온 것들을 잊어야 하는 것은 기본이다. 잊지 못하면 비교라도 하지 말아야 한다. 어떤 경우라도 철저히 전 회사를 부정하고 디스해야만 이 테스트를 통과할 수 있다. 새회사는 그제서야 경력사원을 동료로 맞이하게 되는 것이다.

경력사원의 법칙은 더럽다… 차갑다….

이직하면서 연봉이 팍팍 깎이는 매직

희망연봉은 회사 내규에 따르겠습니다.

> **회사 내규는 니 연봉 깎는 게 내규야!**

회사는 신입사원보다 경력사원을 선호한다. 적응이 빠르고 즉전감이기 때문이다. 그래서 어느 회사던 신입보다 경력직이 훨씬 많다.

대이직의 시대. 경력직 시장은 어느 때보다 호황이다. 채용에서 인건비를 줄이는 광대역 규모의 경제! 바로 경력사원 채용에서 나온다. 경력사원은 보통 충원 부서 팀장이 면접 보고 채용여부를 결정한다. 그러나 처우 사정은 다르다. HR 권한이다. 채용이 결정되면 면접자에게 합격을 통보하고 연봉협상에 들어간다. 이때부터다. 경력에 흠을 잡기 시작한다.

"UI/UX 디자이너에 지원하셨는데, 경력 7년 중 다른 디자인이 2년 되네요? 경력 인정은 5년만 해드립니다." 10~15% 할인된다. 경력이 6년 10개월이면 개월은 자르고 시작한다. 올림은 없다. 반올림도 없다. 내림만 있다. 더럽다. 치사하다.

경력 후려치기에서는 HR이 1년이라도 더 내리려 필사적일 때가 있다. 그것은 경력을 조금만 내리면 직급을 하나 깎을 수 있는 경우다. 예를 들어 경력 8년에 과장이다. 1년만 더 깎으면 대리다. 그럼 미세먼지 흠잡기와 억까를 동원하여 기어이 깎아낸다. 이 경우 20% 이상의 할인 효과를 얻기 때문이다.

드디어 뽑혔다! 잘해봅시다!

    불평하는 합격자에게는 내년에 과장 승진하면 보상된다고 잘 다독인다. 그러나 경력사원이 들어오자마자 다음 해에 곧바로 승진하기란 쉽지 않다. 이방인이 성과를 보여줄 만한 시간적 여유가 절대 부족하다. 실적은 이방인에게 안 넘긴다. 이런 불리함은 설명하지 않는다. 경력 자체를 깎을만한 여지가 없다면 넥스트도 준비되어있다. 고무줄 매직이다. 이건 누구에게나 먹히는 절대 치트키다.

    먼저 고연봉자의 경우, 같은 직급이라도 돈을 많이 줘야 한다. 그래서 회사에 직급대로 정해진 연봉 상한선이 있다고 선빵을 날린다. 거기 맞추도록 한다. 그게 내규라고 한다.

    그럼 뻔하다. 받던 것보다 깎아서 와야 한다는데 누가 좋아할 것인가? 그러면 간을 보다 한 발 빼는 모양새를 취한다. 그다음 전 회사와 동일하게 맞춰줄 테니 입꾹하라고 한다. 고연봉을 형평성으로 들이대 역으로 약점 잡는다. 그럼 올려주지 않아도 된다. 맞다. 목표는 애초에 동결이었던 것이다.

    이직의 대부분은 반대급부가 더 많다. 기본적으로 저연봉자를 선호한다. 저연봉자가 들어오는 경우는 안전마진이 상당하다. 페이밴드와 같이 정해진 연봉선이 있다면 그냥 거기 맞추면 되지만 이 경우 다르게 적용한다. '전 회사 연봉에서 10% 올려주겠다.' 이런 식이다. 연봉 3,000만 원이면 낙찰가는 3,200~3,300만 원이다. 원래 페이밴드대로면 4,500만 원은 받아야 되는데 할인율이 30%나 된다. 이를 숨긴 채 HR은 '전 직장보다 올려줬다.' '넌 더 받고 오는 것이다.'로 혜택성 포장을 한다. 경력사원은 이를 잘 알지 못하기 때문에 그런가 보다 하게 된다.

HR에서 깎았다는 기준 지표는 사내 페이밴드다. 그리고 현 재직자의 연차, 직급별 평균 연봉이다. 이와 비교하여 깎는다고 보면 된다. HR은 내부 수준과 비교 삼아 깎고, 경력직에게는 전 직장을 비교 삼아 최대한 동결에 가깝게 협상을 치는 것이다.

소속 팀장은 경력직이 연봉 얼마에 들어오는지 크게 관심 없다. 내돈내산이 아니기 때문이다. 경력직은 나중에 한참 근무하다 알게 된다. '아… 내가 신입사원보다도 못 받고 있었구나….' 설마 그 정도까지? 아닌 것 같지? 진짜 있다. 그것도 많이. 그리고는 경력이랍시고 신입보다 많고 어려운 일을 시킨다.

그러나 이미 늦었다. HR에 따져봐야 다른 사람도 다 그렇다고 할 것이다. 그리고 그때 니가 싸인한 그 초특가 폭탄세일 노비문서를 보여줄 것이다.

뭐야? 알고 봤더니 신입 연봉이 나보다 많잖아….

만약 채용 시, 경력사원이 "나 안 갈래!"하고 입사를 포기하면? 잘 됐다. 다시 채용 딜레이가 되며 공석 상태로 인건비는 자동 절감된다.

모가 억울해? 니가 여기 싸인하셨거든요?

경력 후려치기는 간단하다. 여기까지 잘 따라왔다면, 다음 실전 연습 문제를 풀며 같이 후려쳐보자!

> **문제: 초맹의 경력 할인율을 구하여라!**
>
> 기획팀 지원자 초맹. 열심히 하겠습니당!
>
> **경력사항**
>
> 1. 마케팅 - 1년 10개월
>
> 2. 언론홍보 - 1년 9개월
>
> 3. 세일즈관리 - 1년 7개월
>
> 4. 미디어기획 - 1년 8개월

뽑아놔도 별로 잘 못할 것 같은 초맹. 일단 얘는 돈이 아까워 보이니 좀 팍팍 후려 치도록 하자.

총경력은 다 더해서 6년 10개월이 나온다. 경력 후려치기의 기본은 년 뒤에 개월을 삭제해버리는 것이다. 그럼 총경력 6년 10개월에서 6년이 된다. 거의 1년 깎았다. 이건 기본 번들이다. 누구나 다 안다. 경력 6년 쳐주면 10개월 줄인 거다. 겨우 초맹 따위에게 대리를 내줘야 할 판이다. 그래서야 되겠는가? 할인율 12%. 회사 살림에 별다른 도움이 되지 않는다. 이런 건 HR 초짜들이나 하는 어리석은 짓이다.

고수들은 그렇게 하지 않는다. 각각의 경력별로 나눠서 개월 수는 다 삭제한다. 그러면 앞에 연수만 더해 경력 4년만 쳐주면 된다. 근데 저러면 대리를 줘야 한다. 연봉을 깎던가 직급을 깎던가 둘 중 하나 더 쳐줘야 할인이 많이 된다. 딱 1년만 어떻게 더 깎아보자. 뭐가 있을까?

그래! 하나 더 있다. 경력 중 가장 연관성이 낮아 보이는 세일즈관리. 여기를 흠잡아 관련 경력 아니니 인정 못하겠다. 1년 더 삭제! 됐다! 초맹에게 이제 대리 직급은 주지 않아도 된다. 이렇게 최종 경력은 3년만 인정. 6년 10개월을 무려 3년까지 깎았다. 할인율 56%. 저 정도면 재고떨이 폭탄 세일이다! 게다가 직급도 깎았으니 급여는 더 낮아지게 된다. 근데 누가 봐도 저 정도면 상도덕상 너무 심하다. 그치? 분명 볼멘 소리가 나올 것이다. 솔직히 저 정도까지 깎으면 채용 안 된다. 진짜 스킬은 여기서부터다. 일부러 이렇게 실망시켜 놓고 연속기로 애프터서비스 들어가는 거다.

"원래 3년만 인정되지만, 특별히 직급은 대리로 해드릴께요." 내지는 "너무 많이 손해 보시면 안 되니 퉁쳐서 경력 4년 인정해드릴께요." 서비스 선심을 쓰면 된다. 이렇게 하면 최종적으로 사원보다는 좀 높으면서 대리보다는 좀 낮은 애매한 수준으로 만들 수 있다. 그리고 그 뒤에 '쉿! 이건 비밀이야!'로 입막음을 해둔다. 최종 할인율 42%. 끝났다. 이겼다.

아무것도 모르는 애송이 초맹. 아마 다행이라고 생각할 것이다. 가격은 바로 이렇게 후려치는 것이다. 어떤 물건을 살지보다 얼마에 살지가 더 중요하다.

HR 애프터서비스 스킬에 다행이라고 안도하게 된다.

만약 퇴사와 이직을 감행하고 있다면? "희망연봉은 회사내규에 따르겠습니다." 이 거 좀 제발 절대 하지 마라! 회사가 가장 좋아하는 말이다. 호구들이나 하는 말이다. 내규 그런 거 없다. 니 연봉 깎는 게 내규다. 그다음 이직러들에게도 민폐다.

연봉은 어차피 깎인다. 보통 올려 부르면 안 뽑아줄까봐 특가 세일에 당한다. '내 가 이 정도 받아도 돼?'싶을 정도로 일단 쎄게 부르고 시작하자. 생각하는 희망연봉에 서 20~30% 정도 올려 불러라. 올려 부른다고 탈락시키지 않는다. 이유만 그럴싸하게 댈 수 있으면 된다. 관련 경력 아니라고 흠 잡거든 다 지원한 업무에 상관있다고 해라. (그렇다고 주제파악 못하고 "3억 희망이요." 이러는 사람은 없겠지?)

부서에서 필요하다 하면 어떻게든 조금만 적당히 깎고 채용한다. 괜찮다. HR도 채 용 안 끝나면 일이 안 끝난 거다. 이번에 더 못 깎은 건 그다음 호구. 회사 내규 잘 따르 는 애한테 옴팡 뒤집어씌워 니 몫까지 팍팍 깎을 거다. 오피스 게임은 계속되니까….

이번 경력 채용은 저희 평균보다 30% 깎았습니다.

'너는 특별히?' 그 스페셜 스킬에 속지 말자. 그거 제너럴 스킬이다. 입꾹닫을 시전하는 건 다 생기는 게 있어서다. 니가 특별해서가 아니다. 오피스 게임에서 너를 특별히 여기는 건 너밖에 없다.

HR은 힐러가 아니다. 인건비 절감 R&D에 특화된 명석한 지능캐다. 여러분의 급여 HP에 극딜을 꽂아넣는 핵심 딜러다.

업그레이드는 하되 옆그레이드는 절대 하지 말자!

좋소와 괜찮은 중소의 판별법

작으면 다 좋소 아닌가요?

> **좋소 갈 레벨이면 괜찮은 중소도 얼마든지 갈 수 있다!**

좋소에 가면 무엇보다 가장 큰 폐해는 시간이 지날수록 스스로를 쓸모없게 여기게 된다는 점이다.

월급날 명세서에 찍힌 185만 원을 보면 서글픔이 밀려 올라온다. 눈물은 자연스럽게 난다. 그냥 주르륵 흐른다는 느낌? 내가 이거밖에 안 되었던가… 이래서 과연 먹고는 살겠는가… 내 나중이 과연 창대해지겠는가… 돈 벌기가 이렇게나 어려운 것이었구나….

이게 좋소의 현실이다. 여기밖에 못 붙어서 여길 왔다? 미안하지만 그게 이 자본주의 사회가 널 취급하는 너의 가치다. 다른 데 갈 수 있다면 그냥 곧바로 도망가라. 예의고 뭐고 말없이 다음 날부터 안 나와도 좋다. 갈 데가 없다면? 그냥 알바하면서 쉬어도 좋다. 쉬면서 다른 일을 찾아봐도 좋다.

좋소를 가면 얻는 건 딱 하나 생긴다. 그다음 어디를 가든 만족해서 행복지수가 마구 상승한다. 그다음 어떤 중소를 가도 살만하고, 월급 200만 원을 받아도 신난다. 좋소란 그런 것이다. 널 거지처럼 대하는 곳. 거지로 만들어버리는 곳.

뒷골목에서나 볼 수 있는 좋소의 시그니처 휴식 광경.

좋소는 어떤 경우라도 가는 게 아니다. 주변에 원수가 있다면 좋소를 추천해주자. 유망한 스타트업이라고 하고. 자기 객관화에 실패해 대기업 노래 부를 거 아니라면, 우리가 할 일은 좋소가 아닌 강소를 찾는 것이다.

좋소의 만행이 판을 치면서 중소와 좋소를 구분하지 못하는 판국에 이르렀다.
청년들은 갈피를 잡지 못한다. 꼰대들은 말한다.
"청년들이 말이야! 눈만 높아가지구!"
"아! 대부분 다 중소기업이지 뭐. 다 눈이 높으니까 취업이 안 되는겨!"
"고생은 말이야! 돈 주고 사서도 하는 거야!"
"노력해서 안 되면 노오력을 하란 말이야!"

중소는 대기업보다 돈이 적을 수밖에 없다. 이건 당연하다. 괜찮은 중소기업이나 스타트업은 많다. 대기업에 갈 깜냥인지 아닌지는 이미 본인 스스로가 잘 알고 있다. 다만 현실 인정을 하지 않을 뿐이다. 오피스 게임에 대기업이 답은 아니다.

좋소의 회의실은 박스 포장 용도로 쓰인다.

돈은 좀 적지만 좋은 워라밸과 복지, 문화를 가진 우량 강소기업도 많다.

오피스 게임은 어떻게든 하고 싶은데, 대기업에 안 먹힌다면, 괜찮은 중소기업을 노리는 건 나중에 갈아타기를 위한 좋은 선택이 될 수 있다.

물론 전제는 중소와 좋소를 명확히 구분할 수 있는 안목을 키우는 게 우선이다.

체크 포인트 1. 채용 공고

좋소의 채용 공고는 보통 허접하다. 그 흔한 입사지원서 양식 하나 안 가지고 있는 곳이 많다. 그러나 성의 있는 채용 공고라면 얘기는 다르다. 일단 괜찮은 중소는 회사명부터 신경 쓴 느낌이 난다. 배너도 붙어있고, 채용 공고에 나름 회사소개도 그럴싸하게 되어 있다. 전형 순서부터 직무 요강도 대체로 뚜렷하다.

이들은 가뜩이나 중소로 사람 잘 안 오려고 하는데 애매하게 쓰면 더 안 온다는 것을 알기 때문에 자세히 쓴다. 가끔 이벤트 형식으로 이번에 입사하면 축하금 300만 원

지금 이렇게 샤이닝 보너스를 걸기도 한다. 어차피 들어가면 계약 연봉은 깎이겠지만, 많은 신경을 쓰는 곳이다.

체크 포인트 2. 면접 분위기

😊 좋소의 면접. 여긴 이러고 면접 보나요?

면접에 가 보면 더욱 확실하게 할 수 있다. 회사 규모나 위치, 환경을 볼 수도 있지만, 면접 환경이나 질문으로도 충분하다. 면접은 구직자도 준비를 하지만, 면접관도 준비를 하는 게 기본이다. 이거 딱 봐도 면접 장소 같지 않고 지저분하다. 믹스 커피를 내온다? 화장실 간다 그러고 나와라.

관상 가지고 이야기를 한다던가, 집이 가깝고 멀고를 살핀다면 좋소다. "일 잘하게 생겼네?" 이 대사를 내뱉는다면 "못해요!" 하고 나와라.

이력서를 미리 안 보고 지금 살펴보고 있다. 지원한 직무와 관계없이 할 줄 아는 게 뭐뭐 있는지를 캐묻는다. 운전면허는 꼭 물어본다. 회사가 뭐 하는 곳인지를 설명해주며 자꾸 대기업을 까내리고 중소의 위대함을 역설한다. 만약 이렇다면 대충 모든

Chapter 05 _ 대이직의 시대   295

질문에 예, 아니오로만 답하고 뒤로가기를 클릭하자.

체크 포인트 3. 회사 규모와 실적

당연히 회사 규모와 실적을 봐야 한다. 일단 개인사업자거나 5인 이하라면 피해라. 직원 수가 한 자리는 일단 거르는 게 좋겠다. 자본금이 등록되지 않거나 몇천만 원 수준이라면 그것도 불안하다. 나중에 돈 꿔오라고 할 수도 있다. 몇 년 안 된 회사라고 사업 안정성이 없겠다 싶어 거르는 경우도 많다.

이보다 위험한 게 있다. 한 20~30년 되었는데 직원 몇 명 없고 실적 없는 회사다. 아마 구인공고가 계속 올라오는 곳일 가능성이 크고, 사장부터 마인드 자체가 개좆소일 가능성이 아주 농후하다.

체크 포인트 4. 회사 인테리어

중소기업의 인테리어가 휘황찬란하기는 어렵다. 그러나 괜찮은 중소는 인원이 적다해도 많은 신경을 쓴다. 공간의 구성에는 사람의 존중이 투영되기 때문이다. 중소기업임에도 괜찮은 인테리어를 보여주는 회사도 있고, 깔끔함과 모던함을 유지하는 곳도 많다.

그러나 좆소는 다르다. 삐그덕거리는 의자, 짝 안 맞는 책상과 서랍, 기울어진 파티션, 올드한 갈색 나무의 가구들이 보인다면? 거기에 심지어 천장 등 하나씩 빼놨다면?

포기해라. 가면 아껴 쓰라는 말을 무쟈게 들을 것이다. 굳건한 각오로 시작해도 곧 포기하게 되는 거지방을 강제 체험하는 것이나 같은 짓이다.

무엇보다 공유 오피스 인테리어를 보고 속지 마라. 공유 오피스가 본사라는 건 다음 달에 사무실이 없어질 수도 있다는 소리다.

체크 포인트 5. 사업 아이템

지원한 회사의 사업성을 살피는 게 중요하다. 물론 가보기 전에 완벽히 알 수는 없다. 근데 모름지기 제대로 된 중소라면 제대로 된 아이템을 가지고 있기 마련이다.

감수성 AI 개발 같은 첨단 산업, 대기업이 안 하는 전동 공구 제조 같은 사업, 캐릭터 전문 디자인 같은 크지 않아도 그 업계에서는 알만한 사업 같은 것들이다.

그런데 대충 물건 떼다 파는 무역 유통, 자체 브랜드도 없는 이상한 쇼핑몰, 조그만 공장은 있는데 마스크 찍어대다 휴대폰 필름 찍어대고, 그다음 청테이프도 좀 찍고 이러는 데는 다 사업 아이템이 없단 얘기다.

괜찮은 중소! 이 초맹폰으로 기술 선점하고 대박 내려구예!

체크 포인트 6. 사장의 전문성

괜찮은 중소나 스타트업은 일단 사장의 생각이 다르다. 될만한 사업 아이템도 가지고 있고 5년 후, 10년 후의 청사진도 이미 서있다.

사장 자체가 그 분야의 전문성을 심오하게 가지고 있는 장인들이 있다. 자금이 넉넉치 못해, 투자 회사나 정부 사업 공모에서 투자를 받아낸 경우가 있다. 이런 데는 가능성이 있는 곳이다. 그런 게 아니라 영업력이나 과거 인맥에 의존하고 있다면 얼마 못 간다. 특히 사장이 영업 출신이고 별다른 재주가 없다면 더 볼 것 없다.

체크 포인트 7. 사내 복지와 문화

중소기업임에도 빵빵한 복지와 문화를 자랑하는 경우가 있다. 본인들도 안다. 대기업처럼 돈 팍팍 못 준다는 것을.

근데 시차출퇴근제, 주 2회 재택, 금요일 오전 근무제, 매월 영화관람권 2매 지급, 전직원 책 1권 무상 구매, 복지포인트제, 무상 스낵바 운영 이런 걸 하고 있다. 어려운데도 좋은 복지를 지향하는 것은 사람 중하다는 것을 안다는 의미다.

또한 퇴근할 때 인사 안 하기, 카톡 금지, 연차 쓸 때 사유 말 안 하기, 한 달에 하루 야자타임, 단체 학습 분위기 조성, 비판하되 비난않기 같은 걸 되든 안 되든 열심히 한다? 사장이 문화의 중요성을 아는 거다.

문화는 형성되는데 오래 걸리는 만큼 오래간다. 그리고 규모가 커지면 문화를 잡기는 불가능에 가까워진다. 그래서 초반부터 이를 가꿔나가는 것이다. 이런 데는 충분히 괜찮다.

반면 좋소는 공짜 믹스 커피랑 주5일제, 전자레인지와 햇반이 복지다. 그냥 복지나 문화 개념이 없다. 어때? 차이가 느껴지는가?

괜찮은 중소는 도서도 주문해주고 간식도 마음껏 준다.

체크 포인트 8. 체계와 의사결정 방식

대부분의 회사는 인력과 자본이 적다. 그래서 그 적은 자원을 사업하는 데만 몰빵을 할 수밖에 없다. 당연히 체계를 만들거나 하는 건 뒷전이다.

그럼 언제부터 체계에 대한 신경을 쓰기 시작하느냐? 회사마다 차이는 있겠으나 보통 인원이 30~40명 정도 선을 넘어가기 시작하면 체계에 대한 고민을 시작한다.

그 전처럼 말로 다 하기에는 커졌기 때문이다. 크고 작은 회사 관리에 대한 문제들이 드러나기 시작한다. 그래서 이쯤 되면 관리에 대한 관심을 갖는다. 결재선, 문서양식, 각종 사내 제도 정비들을 한다.

계약서나 공문, 주간보고 양식 하나만 보면 답이 나온다. 체계가 좀 되어 있는지 개판인지 말이다. 의사결정도 크게 다르지 않다. 체계가 어느 정도 있는 곳이라면 의사결정 또한 그 체계를 따르게 된다.

다만 그런 게 전무하다면 의사결정 또한 안 봐도 뻔하다. 그냥 사장 말이 법이요. 상사 말이 답이다.

좆소 퇴사 때 자주 보는 광경 "내가 드러워서 나간다! Tlqkf toRLdi!"

체크 포인트 9. 가족 참여 여부

가족같은 분위기를 확실히 가르는 여부는 사장 가족이나 친인척이 회사에 있느냐 이다. 가장 골치 아픈 건 사장 마누라가 떡하니 같이 일하고 있는 경우다.

부부싸움을 눈앞에서 관전할 수도 있지만, 보통 그 불똥은 오피서들에게 튀기 마련이다. 사장의 자녀나 친척이 있는 경우 직원 수에서 그 머릿수만큼 마이너스를 하면 찐 직원 수가 나온다. 그들은 일을 하지 않는다. 사장 마누라부터 자녀, 친인척 모두 있다면 그야말로 좆소 중에서도 최악의 좆소다. 가족이 더 많다. 그런 곳은 그냥 가족끼리 하길 권장한다.

체크 포인트 10. 기타 – 취업 커뮤니티 참고

마지막으로 취업 커뮤니티를 참고해볼 수도 있다. 별점이 높거나 긍정적인 얘기가 많다면 좋다고 볼 게 아니라, 나쁘지는 않은데? 정도의 느낌으로 보면 된다.

반면 부정적인 얘기가 많다? 모든 후기는 왜곡될 수 있지만 대부분 부정적인 얘기는 대부분 맞다.

아침에 이상한 체조하는 곳은 피해라.

- (주)초맹: 대표 악덕 기업, 착취가 무엇인지 찐매운맛을 볼 수 있음　★☆☆☆☆
- (주)초맹건설: 다 망해서 돈 지랄난 회사. 별 하나도 아까움　☆☆☆☆☆
- (주)초맹은행: 부실 대출, 금융상품 팔라고 실적 개같이 쪼음　★★☆☆☆
- (주)초맹바이오: 맨날 세포 바꿔쳐서 임상 통과시키는 곳　★☆☆☆☆

이런 수준이면 다시 생각해라. 다만 문제는 좋소는 그 자체가 잘 언급되지도 않는다는 것 뿐….

이래도 모르겠다구?

그럼 직원 수 최소 50명 이상, 업력은 변경 없이 최소 10년 이상 된 곳 중, 위에 해당 안 되는 곳을 찾으면 최소한 그럭저럭 할 만한 중소기업 되겠다.

명심하자. 세상에 괜찮은 중소는 많다. 중소라고 해서 다 좋소는 아니다.

다만 오피스 게임이 가능한 중소를 가야 한다. 그래야 게임을 계속하지. 그치?

| 에필로그

청년들이 회사의 미래? 오피스 꼰대사

회사가 청년들을 좋아하는 이유

> **청년을 좋아하는 건 맞아! 싸고 쉬우니까!**

　최근 수년간 회사는 MZ세대에 맞추기 위해 문화적으로 많은 노력을 하고 있다. 꼰대력을 버려야 한다. 세대 간 조화가 필요하다. MZ에 맞춰야 한다. MZ는 회사의 미래다. 직급도 없애고 수평적인 회사를 만들려고 한다. MZ의 소리를 들어주자고 계도한다.
　근데 좀 이상하지 않아? MZ 그렇게 좋아한다면서 우선 채용을 별로 안 한다. 신입에게 경력 쌓고 지원하라는 소리를 해댄다. 사내에서 MZ의 입지를 넓혀주지도 않는다. 보상은 위에서 다 해 처먹는다.

　회사의 미래라며? 맞아? 근데 청년들에게 왜 이렇게 박하지? 아닌가? 그래, 10번 양보해서 나아질 거라고 치자. 그럼 대체 회사는 언제부터 청년들에게 이렇게 지극정성이었을까? 과연 진심이긴 할까? 이는 오피스의 역사를 후벼 파보면 그 답이 보인다.

　암울한 조선과 대한제국을 지나 일제강점기를 거친다. 마침내 대한민국이 탄생했다. 대한독립 만세!
　모든 관공서는 행정을 해 본 일제 시절 경력 공무원들이 쭈욱 자리를 꿰차고 들어간다. 아리가또 개꿀!

토지와 재산이 반납되는 혼란기를 틈타 지주들과 유학파들이 속속 귀국했다. 주인 없는 자리를 잡고 사업을 열어 제낀다. 이들이 훗날 오피스 위인전에 나오는 회장님이 된다. 이때는 주먹구구로 먼저 벌리면 이기는 거다. 남의 땅도 대충 주인 없어 보이면 내 땅으로 둔갑시킨다. 이름 모를 땅은 나라님이 쏘옥 다 가져갔다. 대땅따먹기 시대. 그런 시대였다. 적어도 뭘 하면 맞다이로 들어오는 낭만파 오피서들의 시대였다. "내가 여기 사장이오." 사장은 부하의 등 뒤에 숨지 않았다.

일제시대 꼰대 1세대. 초대 회장님은 킹갓 레전드다.

일제세대의 키워드는 '애국'이었다. 회사는 '민족주의'였다.

이들의 위인전을 보면 하나같이 나라와 민족을 위해 창업했다고 나온다. 다 거짓말이다. 그냥 돈 벌려고 한 거다. 그러니 오죽하면 그 시대 깡패들마저 애국으로 미화가 될까? 뭐 그럼 그 깡패들은 다 지역상권 경비사업 이런 거냐? 그걸 회사의 전신으로 봐야 한다는 주장도 있으나, 제 아무리 넥타이를 매도 건달은 오피서가 아니다. 그냥 야인이다.

일찌감치 자리 잡아 사업을 벌린 일제세대는 중년이 된다. 이제 청년들을 뽑는다. 이름하여 6.25세대!

"야! 야! 너네는 나라라도 있잖아! 라떼는 나라도 없었어! 나라 없는 설움을 알아? 뭐만 하면 일본이 다 뺏어! 대출받으면 조선인은 이자가 3배야!"

이들의 꼰대질과 세대 갈라치기 기준은 나라가 있냐 없냐였다. 전쟁통의 황무지 속 가난과 싸우며 억세게 자란 6.25세대. 보고 배운 것 없는 이들. 그렇구나. 더 어려운 환경에서 해 오신 분들이구나. 잘 배워야지. 잘살아봐야지. 그런갑다 했다.

6.25세대의 키워드는 '헌신'이었다. 회사는 '가족주의'를 택했다.

합심하는 협동 정신. 무슨 일이든 묵묵히 헤쳐 나갔다. 이후 믿는 회사에 의해 제대로 헌신짝이 되어버리지만 적어도 그때는 그랬다.

꼰대 2세대는 6.25세대. 가난과 싸우며 영양이 부족해 벗겨진 머리.

"죽기밖에 더 하겠어?" 어머니들은 낯선 도이칠란트 땅에서 차별과 수모를 당하며 일했다. 뒤셀도르프 탄광에서 맞은 아버지들의 겨울은 혹독했다. 조국을 지킨 군인들은 낯선 비엣남에서 대 어메리칸 제국의 총알받이가 되어 전쟁을 치러낸다. 그곳의 정글은 미로 같았다. 마침내 사이공은 불타올랐다. 중동의 페르시아 제국에는 사막에다 공장을 지어댔다. 한 여름의 데저트. 오아시스 따위는 없었다.

이 무렵 인류는 부푼 꿈을 안고 중력을 거스르며 달 위를 걸었다. 그리고 셀카를 찍었다. 대륙의 아이들은 붉은 완장을 차고 몽둥이를 든 채 무리 지어 다녔다. 프랑크 왕국 어느 대학 강의실에는 '구조는 거리로 나아간다.'라고 적혀있었다.

"여러분! 아침은 서울에서! 점심은 부산에서! 저녁은 다시 서울에서 먹게 해드리겠습니다." 대한의 왕이 선포했다. 새마을 운동이다. '잘 살아보세'를 외친다.

여기저기 공장이 들어선다. 굴뚝이 연기를 뿜어댄다. 고속도로가 쫘악 깔린다. 아파트라는 건물이 들어선다. 곳곳에 자동차가 굴러다닌다. 마이카 시대라는 말이 생겼다. 우뚝 솟은 63 빌딩의 금빛은 한강을 노랗게 물들였다. 올림픽의 열기에 세계는 하나가 되었다. 모두가 쏘울로 모여들었다.

시간이 지나 6.25세대는 한강의 기적을 일궈낸 산업화의 주역이 되었다.

회식 때 삼겹살에 소주 한잔 들이키면 늘상 하던 이들의 패시브 단골 멘트.

"대한민국 이거 다 우리가 만든 거 아닙니까?"

마침내 이들이 회사의 중심이 되었다. 회사에는 행동으로 보여주는 과감한 운동권 세대가 들어왔다.

"야! 야! 우리 땐 말이야! 허연 쌀밥에 고깃국 먹어보는 게 소원이었어! 니들이 고생을 안 해봤지? 먹고살 만하니까 데모나 하구 말이야!"

운동권세대들은 눈치를 봤다. 말 한마디 잘못하면 어디로 끌려가던 시절이었다. 그렇게 기다려왔다. 새로운 세상이 오기를. 내 할 말 다 하고 살기를. 그리고 기나긴 시간을 지나 마침내 서울의 봄이 왔다. 그리고 광주는 피로 물들며 눈물을 삼켰다.

운동권세대들의 키워드는 '투쟁'이었다. 회사는 '집단주의'를 택했다.

뭉치면 살고 흩어지면 죽는다. 이렇게 주입했다. 인생에 회사가 가장 우선인 세상이 되었다. 야근, 주말근무는 당연한 일상이 되었다.

3세대 꼰대. 운동권세대. 뭉치기와 투쟁의 아이콘이다.

사업의 발달은 문화의 발달로 이어졌다. 화려한 문화예술을 수놓은 90년대를 지나 세상은 1999년을 주목했다. 이 무렵 사이비 종교들도 종말론을 타고 기업화되며 오피스 게임에 합류했다. 결국 노스트라다무스의 세계종말론은 오지 않았다. 요한의 계시는 빗나갔다. 어둠의 대왕은 강림하지 않았다. 전 재산을 바친 사람들은 하늘의 에덴으로 승천하지 못했다. 그냥 땅을 치며 거지가 됐다.

IMF로 나라가 망했다. 회사의 노비 집단 살육 퀘스트가 처음 등장한다. 주역인 6.25세대가 이 시기 수년간 모두 죽어 나갔다. 주니어였던 운동권세대 대부분은 목숨을 보전했다. IMF와 유럽 금융위기를 틈타 비교적 빠르게 치고 올라온 운동권세대. 타이밍도 절묘했다. 좋다, 좋아. 밀레니엄 시대가 도래했다. 회사의 주역도 바뀌어 가고 있었다.

운동권세대들은 개성 있고 반항적인 X세대에 주목했다. X세대는 다르다. 자기만의 색깔을 드러낸다. 평범함은 거부하는 우리들만의 X. 이들과 어우러져야 한다. 회사는 그렇게 홍보했다.

운동권 꼰대들은 회식 때마다 무용담으로 데모하다 깜빵 간 얘기를 해댔다. "야!

너넨 할 말이라도 다 하고 살잖아! 얼마나 민주적이냐? 라떼는 말야! 말 한마디 잘못 하면 그냥 쥐도 새도 모르게 깜빵이야!"

X세대 키워드는 '개성'이다. 회사는 '문화주의'를 택한다.
　월급 이외에도 문화생활 지원비, 복지 카드 같은 사탕들을 내놓았다. 낚시는 어렵지 않았다. X세대들은 조용히 지켜봤다. 아버지들이 한순간에 짤려나가는 모습을. 저렇게 되지 말아야지 하면서도 아버지의 뒤를 잇고 있었다. 운동권세대들은 깨인 자들이니 뭔가 다르겠지, 하는 기대감도 있었을 것이다. 그러나 그들도 내로남불. 다르지 않았다.

4세대 꼰대. X세대. 평범함을 거부했지만 평범한 꼰대가 되었다.

　시간이 지나고 신용사회가 가속화된다. 평생직장이란 말은 이미 사라졌다. 수요 공급의 불균형으로 취업 자체가 어려워졌다. 회사는 어느덧 운동권세대들이 꼭대기에 있는 가운데, X세대들이 임원으로 등극하고 있다. 모두 리더로 자리 잡았다.
　"요새 애들은 지밖에 몰라. 라떼는 말야! 막내가 나서서 다 하고 그랬는데 말야! 요즘 것들은 말이야! 어딜 니 일, 내 일을 따져!"

X세대도 똑같은 꼰대가 되어가며, 오늘날에 이르렀다. 회사는 개인주의적이고 디지털에 익숙한 MZ세대를 잡아야 한다고 외친다. 그들이 회사의 미래라며.
MZ세대의 키워드는 '개인'이다. 회사는 '평등주의'를 택했다.
소통의 평등. 업무의 평등. 직급도 평등. 월급도 평등? 이건 아니지 않아?
실망한 MZ들은 적당히 피해 다닌다. 그렇게 대이직과 대퇴사의 시대가 열린다. 맞다이로 쪼개던 낭만파 오피스 시대는 막을 내렸다. 보스는 부하의 등 뒤에 숨는다. 가족 이런 말을 회사는 쓰지 않는다. 온갖 중상모략이 난무한다.
그래. 이제는 각자도생이다.

꼰대 5세대 MZ. 벌써부터 젊꼰질이다. "야 알파!!"

MZ세대는 극심한 취업난을 뚫고 회사에서 자리 잡았다. 아버지들이 뻑하면 부당하게 짤려나가는 것을 보고 자랐다. 비정한 자본주의. 토 나올 정도로 간신히 취업했더니 별 거 없는 현실을 이미 자각했다. 차가운 자본주의. 그래도 회사는 청년들을 좋아한댄다. 그닥 해주는 건 없는데 말이다.

"라떼는 말야! 취업이 을마나 어려웠는데 말야! 야! 알파! 니들은 머릿수도 적으니까 유리하잖아!" 이제는 한술 더 떠 곧 다가올 알파세대를 맞을 준비를 해야 한다고 한다. 이제는 뭐라고 하려나?

회사는 AI 사고방식을 기본 탑재한 알파세대 청년들이 회사의 미래라고 할 것이다. 알파세대들은 부모의 손에서 제대로 자라고 있지 못하다. 맞벌이가 디폴트된 가정환경에서 외로움과 싸워나가고 있다. AI와 기계에 밀려 허무하게 오피스 게임의 종말을 맞는 아버지와 어머니를 보게 될 것이다. 그들에게 펼쳐질 오피스 게임은 어떠할까?

6세대 꼰대는 일단 알파세대. "엄마! 오피스 게임은 저랑 안 맞아요!"

시대에 따라 회사가 좋아하는 부류가 달라지는 것일까? 아니다. 회사는 그냥 청년들을 좋아할 뿐이다. 회사의 미래여서가 아니다. 진실은 아주 심플하다. 값이 싸다. 부려먹기 쉽다. 가스라이팅이 수월하다. 이게 진짜 이유다. 역사적으로 그래왔다.

여기까지 살펴본 오피스 꼰대사.

아마 조선 고려 삼국시대로 돌아가더라도 대감님들은 청년 노비를 좋아했을 것이다. 힘 잘 쓴다. 비싼 값에 팔기 좋다. 자식 낳으면 노비 한 명 공짜로 추가된다. 그래서 청년 노비가 미래라고 했을 것이다.

미래 같은 소리 하네. 그냥 싸게 부려먹고 이용하기 좋은 거잖아!

이게 진실 아니냐? 맞지? 딱 걸렸지?

대퇴사의 시대! 진정한 나를 찾아가는 여정

퇴사합니다! 경제적 자유, 디지털 노마드의 허상. 속지 마라!

> **망한 놈은 절대 말해주지 않는다. 너도 망해야 하니까!**

"연봉 3억 직장인! 나만의 꿈을 찾아 퇴사합니다. 100억 경제적 자유를 이뤘어요!"

멋지다. 퇴사. 나만의 여정을 찾아서 떠나는 자유로움. 우등생으로 조기 졸업하는 기분인가? 꼭 회사에 매여 사는 삶이 답은 아니잖아?

경제적 자유! 퍼스널 브랜딩! 그렇다. 내가 바로 브랜드다.
"제가 100억을 번 방법은요?"
"연봉 3억 주는 대기업 성에 안 차 때려쳤죠!"
"작은 카페로도 연매출 10억 벌어요!"
"재테크 수익으로 평생 해외여행만 다녀요!"

너도나도 너튜브에 나온다. 그래! 까짓꺼! 남들도 다 저렇게 되는데 나도 나가자!
지금은 다시 돌아오지 않는 이 시간. 아깝다 내 인생. 소중하다 내 인생. 퍼스널 브랜딩으로 부의 추월차선에 올라타자!
사표는 멋있게 던진다. 컨텐츠 각을 재야 하니!
"왜 갑자기 사직서야? 어디 이직했어?"

"아녀! 나 자신을 찾아 떠납니다!"

회사는 한번 잡아보려 하지만, 여기서 낚이지 않는다. 이럴수록 과감히 떠나자! 뭐라도 되겠지. 일단 지른다. 드디어 퇴사라는 것을 해낸다.

여러분 저는 꿈을 찾아 퇴사합니다!

오후의 퇴사일 지하철. 한산하다. 여유가 넘친다. 하늘은 푸르다. 매일 겪던 지옥철이 이렇게 달라 보이는구나. 이제 장밋빛이 기다리고 있다. 집으로 돌아가는 길에는 따스한 햇살이 내 어깨를 감싸준다.

편안한 퇴사 첫날 꿀잠을 보낸 후 다음 날부터 주변의 모든 소음이 사라진다.

기가 막히게 회사의 모든 연락은 뚝 끊긴다.

고요하다. 적막하다. 이제서야 본격적인 홀로서기다.

모든 이들이 출근하는 아침. 공원에서 아침 운동을 한다. 모두가 분주하지만 나만의 시간을 만끽한다. 서점에 들러 책도 읽는다. 주로 보이는 제목은 '퍼스널 브랜딩의 절대원리', '한달 만에 블로그로 1,000만 원 벌기', '퇴사 후 5년 100억 벌다.' 이런 거다.

한적한 카페에 앉아 책 한권 읽고 서칭도 좀 해본다. 퇴사 후 여행 한두 번은 오피스 게임 퇴사 퀘스트 기본 룰. 새로운 세상을 마주한다. 새로운 감성이 솟구친다. 이런 여유를 만끽하는 시간이 하루, 이틀, 한 달이 흘러간다. 이제 슬슬 뭔가 시도할 때다. 생각을 정리한다.

먹방을 해본다.

100만 너튜버 나도 될 수 있다. "안녕하세여! 초맹TV입니당. 오늘의 라이브 먹방은 미라클 피자예여!"

열심히 먹방도 해보지만 반응이 영 신통찮다. 어디 노출도 안 된다. 먹는 거 사느라 돈은 돈대로 쓴다. 계속 먹자니 들어가지도 않는다. 다 토한다. 어우 먹방 이것도 아무나 하는 게 아니었구나.

컨텐츠를 바꾼다. 홈트가 대세인가? 그래. 첫 멘트도 인상적으로!

"여러분 깍꿍! 초맹TV입니당. 바른 몸을 만들어주는 자세를 알려드릴께요!"

자세 한번 잡기 더럽게 힘들다. 땀이 뻐질뻐질. 간신히 촬영한 영상을 보니 엉거주춤하다. 자세가 흔들린다. 아, 안 돼. 다시. 한 번에 찍히지가 않는군.

이번에는 요리로 종목을 바꿔본다.

다른 너튜버들꺼 본다. 우아… 현직 운동 강사들인가? 폼 미쳤네… 대충 보고 따라 할 만한 게 아니었다. 전문성 있는 컨텐츠는 안 돼. 퇴사 후 남는 건 시간 뿐. 그래. 브이로그다. 일상을 보여줘야지. 여기저기 나댕겨본다.

"오늘은 거리에 나왔어여! 브이로그입니당!" 브이로그. 근데 나와서 뭘 찍어야 될지 모르겠다. 자꾸 뭘 해야 될 거 같다. 얼마나 찍어야 될지도 문제다.

이거 분량이 상당하다. 편집이 더 어렵다. 시간 대비 조회수 각이 안 나온다. 브이로그는 할 게 못 되는구나….

이렇게 3개월이 지나간다. 어렵구나. 이대로 포기할 수는 없는 법. 부의 파이프라인은 여러 가지를 동시에 하며 다양하게 뚫는 법.

책을 써보자. 베스트셀러 작가를 꿈꾸고 열심히 쓰며 투고한다. 계속 캔슬 먹다가 간신히 출판에 성공한다. 서점에 가서 혼자서만 흐뭇하게 바라보며 감동하던 것도 잠시뿐. 누가 알아주지 않는다. 불러주지 않는다. 돈도 안 된다.

돈 다 까먹기 전에 재테크도 열심히 해야 한다. 뭘 하려면 돈이 있어야 하니까. 돈은 내가 놀 때도 나를 위해 일하는 법이지. 투자 공부를 한다.

😊 셀카봉 들고 돌아다니며 브이로그도 찍어본다.

이 무렵 너튜브 성공팔이들에게 낚여 주식, 코인, 부동산 쓴 강의료만 500만 원도 넘는다. 근데 왜 내가 산 주식은 반토막 나고 코인은 다 증발할까?

영끌 훅 끌어다 갭으로 산 부동산. 가격이 안 오른다. 대출이자만 급해진다. 이게 하우스 푸어라는 건가?

이런저런 퍼스널 브랜딩을 위한 다양한 시도를 하지만 결국 다 남들 하는 거 따라 하고 있다. 미라클 모닝도 해 보지만 그때뿐이다. 결국 낮에 잠만 더 잔다. 몽롱하다.

어느 순간 이미 낮과 밤이 바뀌어 있다. 만나던 사람도 다 끊긴다. 자신감이 점점 사라진다. 퇴사 후 6개월~1년 정도 지나면 이제 마음이 초조해진다. 불안해진다. 망할 것 같다.

주식이 떡락했다. 아 왜 손만 대면 다 날려먹을까.

　　길을 가다 보면 점심시간 사람 많은 프랜차이즈 카페들이 보인다. 배달음식 시키려고 보면 치킨집은 왜 이렇게 많은지?
　　저거 다 장사되고 먹고살 만하니까 하는 거겠지? 이렇게 결국 장사판에도 기웃거려 본다. 상담을 받아보면 다 매출 잘 나온다고 한다. 뭐가 진짜인지 모르겠다. 어떤 걸 해야 할지도 모르겠다. 문제는 차릴 밑천도 없다.

　　결국 다시 재취업 준비를 하거나, 전 직장 동료들에게 연락을 해본다. 자리 없냐고.

　　퇴사 질렀다가 망하는 이유는 간단하다. 충분히 준비되지 않았기 때문이다. 충동적으로 질렀기 때문이다. 오피스 게임을 하며 자아에 눈을 떠 가는 자들은 다양한 시도를 병행한다. 일명 갓생을 살아보고자 한다.

나도 푸드트럭이나 해볼까?

좋다. 유익하다. 칭찬받아 마땅하다. 퇴사 전에 부업도 해보고 다양한 시도를 해본다. 여기서 어쩌다 월수입 200~300 정도 찍어보면 될 각이 보인다. 가능성을 엿본다. 더 많은 시간을 쓰고 싶다.

그래서 서둘러 오피스 게임 로그아웃에 회원 탈퇴를 눌러 버린다.
근데 문제는 한두 달 월 300만 원을 찍고 그다음부터 다시 50만 원도 못 찍는다.
모아둔 돈을 까먹으며 시간이 흘러가면 마음이 조급해진다. 불안해진다.

결국 조급한 마음에 돈을 따라가게 된다. 돈 되는 건 뭐든 다 한다. 이 지점에서 주객이 바뀐다. 나를 찾고 하고 싶은 것을 찾아서 나왔는데, 다시 돈을 따라가게 되는 것이다. 돈은 결과로 따라오는 것인데 이를 기다리자니 인내심이 받쳐주지 못한다. 현실 생활도 받쳐주지 못한다.
먹방하러 나왔다가 식당 협박하고 테러하며 사이버렉카로 전락하기도 한다. 뭣도 없으면서 가짜 성공팔이가 되기도 한다.

나를 찾겠다고 당차게 나와 더 추잡해져가는 것이다.

퇴사 후 고민은 더욱 깊어진다.

오피스 게임에서 미리 준비되지 않는 자는, 나와서도 퍼스널 거지를 맛보게 되어 있다.

나와서 시작하든 나오기 전 시작하든 준비기간은 최소 3~4년 이상이 필요하다.

자영업이나 새로운 일을 시작해서 3년 이내 망하는 확률은 90%가 넘는다. 즉, 그 이상을 버텨야 새로운 환경에 정착을 했다는 의미다.

그래서 퇴사하기 전에 미리 서버 파서 베타 테스트 충분히 돌려보고 나와야 하는 것이다. 미리 행복회로만 돌려서는 곤란하다. 그러려면 오피스 게임을 영리하게 해야 하는 것은 마땅하다. 시간 활용을 잘 해야 하는 것은 필수. 회사에 갈아 넣어서는 안 된다. 그렇다고 오피스 게임을 대충 막 하라는 것은 아니다. 무엇인가 준비되기 전까지 헛점을 보이면 안 되지 않겠는가?

이런 마음을 먹었다면 월급은 이제부터 생계수단이 아니라, 비축 수단의 레버리지

에필로그 319

로 사용해야 한다. 최소 3년은 준비하여 1년 이상 꾸준히 부수입 월 200~300 이상을 찍어대고, 더 많은 시간을 내서 곱빼기를 할 수 있는 여건이 마련되면 퇴사 각은 그때 재는 것이다. 그것이 너튜브, 글쓰기, 강의팔이, 투자 수입, 카페 창업 뭐든 상관없다.

퇴사할 때는 최대한 불쌍하게 갈 데 없는 것처럼 말한다.

퇴사할 때는 폼 나게 사표 따악 던지고
"난 꿈을 찾아 떠난다. 굿바이 오피서들아!" 이건 절대 하는 게 아니다.
가오는 좀 떨어질지언정 최대한 불쌍하게 해서 밀려나서 나가는 모양새를 취하는 것이 좋다. 그럼 실업급여, 퇴직 위로금 짭짤하게 다 챙길 수 있다.
명심해라. 오피스 게임의 마지막에 받을 수 있는 건 그게 뭐든 다 챙기는 것이다.
지금까지 모은 돈에 최소 +6개월 이상 더 버틸 수 있는 돈을 받는 것이 실리적이다. 하루의 가오를 선택하지 말고 6개월 생활비를 선택하기 바란다.
멋있게 퇴사하는 미친 폼으로 박수받고 우쭐대며 쓸데없는 부심 갖는 건 딱 퇴사날 하루다. 어차피 남은 오피서들에게 너가 잊혀지는데 걸리는 시간은 딱 하루다. 너 없어도 회사는 잘 굴러간다. 오피스 게임은 계속되니까….

오피스 게임에 많은 것을 기대하지 마라. 큰 의미를 두지 마라.
회사는 시간을 넣으면 돈으로 환전해주는 곳이다.
그냥 그뿐이다.

씨익. 이제 나를 찾아 새로운 여정을 향하자!

나와서 갈팡질팡하며 허우적대는 중이라면, 다시 리셋하면 된다. 방향만 잘 잡고 한 우물만 3년 파면 된다.

당장 미라클 모닝 단톡방에서 나와라.
그 경제적 자유 조별 모임 단톡방에서 나와라.
돈이 있는 곳에 여기저기 기웃대지 마라.

삶은 누군가에 끌려가는 것이 아니다. 내 스스로 끌고가는 것이다.
마음은 들키지 않는 것. 시선은 내 안으로 향하는 것이다.
조용히 너 자신을 마주해라. 내 것이 아닌 것은 내려놓아라.
내면을 향해 스스로를 다시 찾아라. 너는 누구인가?

천천히 다시 조용히 쌓아올려라. 너의 길은 어디인가?
여기까지 왔다면 이제부터는 김대리가 아닌 너 자신이 되어라!

책도 쓰고 싸인회도 한다.

강연도 열심히 한다.

스스로를 믿고 천천히 나아가라.

달라질 것이다. 즐거워질 것이다. 행복해질 것이다.

어디에 있던 하고 싶은 걸 한다.

오피스 게임 드라마 촬영 중? "주사기로 목을 콱 찌르라구요!"

넌 누구냐고? 나는 초맹. 오피스 게임의 치트키다.

P.S. 아직도 모르겠다고?
그럼 초맹의 초사고 브랜딩 100만 원짜리 강의를 신청하면 된다.
이제 이런거 낚이는 호구들 없지?

MEMO

설마 나도? 내지는 여긴 할 만한 중소야… 하시는 분들!
당장 해봐라. 매우 그럴싸할 것이다.
너는 이미 알고 있다. 다만 인정하지 않을 뿐이다!

부록

지금 당장 따져보자! 너네 회사 좋소 지수!

좋소 지수 테스트. 너의 좋소 지수는 얼마인가?

뭐야? 건실한 중소인지 알았더니 여기 좋소였어?
가만? 그럼 우리 회사도?
지금 당장 테스트하고 아니다 싶음 탈출하세요!

집에서 모니터랑 노트북 가져왔어요.

> **초맹의 좋소 테스트**
>
> 매우 그렇다 5점, 그렇다 4점, 보통 3점, 아니다 2점, 매우 아니다 1점
>
> 10개 부문 총 100 문항의 테스트를 해보고 총점을 계산하자. 총점은 500점 만점이다.
>
> - **400점 이상**: 아주좋소 (당장 내일부터 나가지 마라!)
> - **300점 이상**: 좋소 (최대한 빨리 떠라!)
> - **200점 이상**: 중소 (적당히 하고 이직하자!)
> - **200점 미만**: 괜찮은 중소 (중소 중 게임 할만하다. 좋소라고 오해말자.)

1. 경영진(사장/임원)

(1) 사장이 회사의 미래에 대한 청사진이 별로 없다.

(2) 여기가 뭐하는 회사인지 설명을 명확하게 못한다.

(3) 사장이 맨날 왕년 자기 자랑질이 겁나 많다.

(4) 사장이 영업 중심이고 사업이나 기술 등 특정 분야에 전문성이 없다.

(5) 사장이 외제차를 굴리고 비싼 거 걸치고 다닌다.

(6) 사장이 일을 열심히 안 한다.

(7) 회사가 우선이라는 마인드 주입을 많이 한다.

(8) 사장이 투자 유치나 사업 설명회 등 돈 꾸러 다니는 일을 안 한다.

(9) 청년 지원금, 중소기업 정부 지원금 같은 제도에 빠삭하다.

(10) 사장이 회사 안에서 아무도 모르는 출장을 종종 다닌다.

2. 회사 규모 및 현황

(1) 직원 수가 매우 적다. (1자릿수 5점, 10명대 4점, 20명대 3점, 30명대 4점, 50명 이상 1점)

(2) 개인사업체로 운영된다.

(3) 가용 자본금이 3억 이내다.

(4) 회사 설립이 5년도 안 되었다.

(5) 회사 설립이 20년 넘었지만 매출, 이익 등 규모의 변함이 없다.
(6) 회사 법인 차량이 다 낡은 1대 있거나 이마저도 없다.
(7) 거래처에 대금 지연이 자주 발생한다.
(8) 강소기업이나 이노비즈 같은 중소기업 인증이 없다.
(9) 회사가 보유하고 있는 기술 특허, 발명 특허, 실용신안 등이 극소수거나 없다.
(10) 회사의 위치를 지인에게 설명하기 매우 어렵다.

3. 회사 사업

(1) 꾸준한 사업 아이템이 없고 그때그때 종종 바뀐다.
(2) 사장과 경영진의 영업력에 의존한다.
(3) 펀딩 회사나 사업공모 같은 투자 유치가 없다.
(4) 공공사업 입찰에 혈안이 되어 있고, 입찰이 안 되면 일이 별로 없다.
(5) 주요 사업이 쇼핑몰, SNS 마케팅, 구매대행, 수출대행 이런 좁쌀 수수료를 받아 먹는 업종이다.
(7) 지인들에게 내가 다니는 회사를 설명하고 이해시키려면 꽤 오랜 시간이 걸릴 것 같다.
(8) 지인들에게 나 여기 다녀라고 말하기가 힘들고 쪽팔린다.
(9) 회사 소개서에 나오는 사업 현황, 부서, 투자 규모, 연구개발 같은 내용의 태반이 구라다.
(10) 현재 사업도 매일 불안불안한데, 뜬구름 잡는 새로운 사업만 모색한다.

4. 업무 처리

(1) 사내 메일은 개인 포털 메일, 메신저는 카톡이나 라인을 쓴다.
(2) 한 명이 서로 다른 일 3~4개 이상 씩 맡고 총괄 담당자라고 부른다.
(3) 업무 담당자라는 개념 없이 주는 대로 한다.
(4) 업무를 혼자 인터넷에서 찾아보고 배운다.
(5) 운전을 매우 중요시 여긴다.
(6) 시간과 일정에 대한 개념이 없다.

(7) 업무 중 박스 포장, 납품 물건 정리 같은 잡일이 공통 업무로 배정되어 있다.
(8) 상사가 업무와 관계없이 할 줄 아는 것들을 물어보고 체크한다.
(9) 업무 중 이거 어떻게 처리할까요? 라고 상사에게 물어보는 일이 허다하다.
(10) 일을 할수록 할 줄 아는 것이 많아지는 느낌이 아니라, 꼼수만 늘어가는 느낌이다.

5. 근무 환경

(1) 회사 위치가 교통 좋고 직장이 많은 핵심지가 아니다.
(2) 책상 의자 사무집기가 전혀 깔맞춤되지 않고 따로 논다.
(3) 청소를 직접 하고, 탕비실이 아지트이며 배달 음식 전단지가 많다.
(4) PC를 재사용하고, 마우스나 포스트잇 하나 사기 눈치 보인다.
(5) 출입문이 철문이나 방문 같고 간판이 이상하다.
(6) 화장실이 더럽고 악취에 찌들어 있으며 변기가 자주 막힌다.
(7) 회의실이나 접견실이 창고 겸용으로 쓰이거나 이마저도 없다.
(8) 무선 인터넷 공유기를 써서 구석에서는 인터넷이 잘 안 잡힌다.
(9) 낡은 파티션은 업무 공간을 나누기도 하고 회의실, 휴게실로 쓰이기도 하며 부서 간 경계를 구분 짓는 등 그 용도가 무궁무진하다.
(10) 건물 관리인이 회사에 자주 출몰하며 별로 안 좋아하는 것 같이 보인다.

6. 가족 참여와 의사결정

(1) 사장 마누라가 주요 보직을 맡고 있다.
(2) 사장 자녀가 일하고 있다.
(3) 사장의 친척이 일하고 있다.
(4) 사장의 가족이 일하지는 않지만 마누라가 종종 먹을 것을 싸들고 온다.
(5) 사장이 장보기나 자녀 숙제 같은 일을 직원에게 시킨다.
(6) 한두 명 말에 의해 회사가 좌지우지된다.
(7) 사업 의사결정을 별다른 분석이나 근거 없이 뻘로 한다.
(8) 전공이 국어면 글쓰기를 시키고, 영어면 해외시장을 개척하라고 한다.

(9) 요새 이런 사업이 괜찮은 것 같아!라는 말을 자주 듣는다.
(10) 즉흥적인 성과급 지급, 즉흥적인 승진, 즉흥적인 보직 이동이 비일비재하다.

7. 사내 체계

(1) 회사에 팀이 5개 이내이고, 한 팀에 평균 3명이 안 된다.
(2) 계약서나 공문서 같은 문서 양식이 허술하거나 없다.
(3) 승진이나 연봉 협상 시기가 정해져 있지 않다.
(4) 회식하고 싶으면 사장에게 굽신거려 법카를 받아야 된다.
(5) 회사 최고 실세가 경리다.
(6) 근로계약을 입사 2~3주 지나서 한다.
(7) 퇴직금이 연봉에 포함이거나, 퇴직금 별도를 고려해 낮춘 연봉이다.
(8) 업무용 물품을 개인 물품을 쓰거나, 급하면 개인 돈으로 선구매하고 나중에 청구한다.
(9) 워크샵은 다 같이 가까운 근교에 1박으로 술 먹으러 가는 것이다.
(10) 승진과 연봉 인상은 별개다.

8. 분위기

(1) 휴직은 곧 퇴사로 여겨진다.
(2) 사장 생일에 직원들이 돈 걷어서 케이크와 선물을 사온다.
(3) 4년제 졸업이면 엘리트 취급받는다.
(4) 지연이 팽배하며 거래처 인맥을 중요시 여긴다.
(5) 밥을 다 같이 우르르 싼 데로 몰려가서 먹는다.
(6) 매달 직원들 줄 세워 애국조회 같은 걸 한다.
(7) 퇴근 시간이 되어도 아무도 자리에서 일어나지 않는다.
(8) 특별한 일도 없는데 저녁 먹고 회의를 하는 일이 빈번하다.
(9) 퇴사는 6개월 이내 퇴사자가 가장 많다.
(10) 내가 과연 몇 개월 버티느냐로 사람들이 내기를 한다.

9. 사내 문화

(1) 뭐든 아껴 쓰라는 말을 많이 듣는다.

(2) 아침이나 오후에 체조를 하거나 힘찬 구호를 외친다.

(3) 직급 호칭 이런 거 없이 다 형 언니 동생하고 있다.

(4) 나이 어리다 싶으면 반말이 기본 디폴트다.

(5) 복지에 대해 개념이 없거나, 탕비실을 복지로 안다.

(6) 명절에 거래처에서 들어온 선물세트를 나눠 갖는다.

(7) 꼰대질이 극에 달해 다들 아무 말도 못한다.

(8) 사람들이 밥에 예민하고 점심 주는 게 최고의 복지다.

(9) 남 사생활을 들쑤셔 캐내는 게 문화다.

(10) 서로가 서로에 대해 너무 잘 알고 있다.

10. 사람들

(1) 2년 정도 다닌 사람이 오래 다닌 축에 속한다.

(2) 사람들이 서로 얼마나 다닐거냐는 말을 많이 한다.

(3) 사람들 대화에 쌍욕이 늘 일상화되어 있다.

(4) PPT에 명조체를 쓰고, 엑셀을 워드같이 쓴다.

(5) 맨날 중견기업, 대기업을 까고, 여기 그래도 괜찮다는 말을 많이 한다.

(6) 사람들이 무기력하거나 늘 화가 나 있다.

(7) 사람들이 자기 자랑보다는 지인 자랑을 많이 한다.

(8) 거래처 사람들과 호형호제 하며 말 트고 지내는 사람이 많다.

(9) 퇴사할 때 싸우고 저주를 내뱉고 나가는 사람이 많다.

(10) 그냥 기초 상식 없는 바보가 많다.

좋소 테스트

설마 나도? 내지는 여긴 할 만한 중소야… 하시는 분들!
당장 해봐라. 매우 그럴싸할 것이다.
너는 이미 알고 있다. 다만 인정하지 않을 뿐이다!

저자협의
인지생략

회사가 원하는 건
너가 망하는 거야
오피스 게임
OFFICE GAME

1판 1쇄 인쇄 2025년 1월 20일
1판 1쇄 발행 2025년 1월 25일

지 은 이 초맹
발 행 인 이미옥
발 행 처 디지털북스
정   가 22,000원
등 록 일 1999년 9월 3일
등록번호 220-90-18139
주   소 (04997) 서울 광진구 능동로 281-1 5층 (군자동 1-4, 고려빌딩)
전화번호 (02) 447-3157~8
팩스번호 (02) 447-3159

ISBN 978-89-6088-474-8 (13000)
D-25-02
Copyright ⓒ 2025 Digital Books Publishing Co,. Ltd